재판으로 만나본 조선의 백성

충청도 진천『사송록』

재판으로 만나본 조선의 백성

충청도 진천『사송록』

최 윤 오 옮김

혜안

책머리에

『재판으로 만나본 조선의 백성－충청도 진천 『사송록』－』은 1891년 진천 지역에서 일어난 민의 소장(訴狀)과 관아의 판결[題辭]을 모아놓은 『사송록(詞訟錄)』(규장각 古5125－19)을 번역한 것이다. 특히 진천 지역의 농촌사회 및 농민의 존재형태를 복원하고 기존의 연구를 보완하기 위해 해제를 붙이고 번역작업을 시작하였다. 『사송록』 역시 민장치부책의 형태를 띠고 있으며 진천 지역민의 일상과 갈등 양상을 잘 보여주고 있다는 점에서 흥미로운 자료가 될 수 있다.

이 시기 진천 역시 조선후기 농촌사회의 급격한 변화가 휘몰아쳤던 곳 중의 하나였으며 그와 같은 양상은 일련의 진천군 광무양안 연구(『광무양안과 진천의 사회경제 변동』, 2007 ; 『광무양안과 충주의 사회경제구조』, 2010. 이상 혜안출판사)를 통해 검토된 바 있다. 『민장치부책』에는 단편적인 사실만 기록되어 있지만 양반과 하층민의 다양한 욕구와 그들의 일상을 읽어낼 수 있다는 점에서 백성 중심의 지역사로 활용될 수 있다. 지역민의 일상을 복원하는 방법은 여러 가지 방법론이 필요하겠지만 진천의 재판기록인 『사송록』 역시 『민장치부책』 연구 자료 중의 하나가 될 것이며 새로운 연구방법론의 모색이 필요하다는 생각에서 시작하게 되었다.

『민장치부책』을 통해 확인될 수 있는 지역민의 존재형태는 조선국가의 예속농민이 아니라 자의식을 가진 농민의 모습으로 등장하고 있었다.

이러한 민의식의 표출은 제도권이 용인하는 선에서 나타나고 있었으며, 글자를 모르는 민들을 위해 소장을 대리로 작성해주는 직업이 등장할 만큼 소송 내용도 급증했으며 건수도 많아졌다는 데서 잘 드러난다. 소장 외에도 상언과 격쟁을 통해 자신의 존재를 표현해 오던 농민들은 1894년 농민전쟁 시기에 이르면 경제투쟁과 신분투쟁을 넘어 정치적 투쟁 단계로까지 나가게 된다. 그들의 생존권 요구가 반영되지 않았기 때문에 반봉건・반제국 농민혁명의 기치를 내걸게 되었던 것이다. 1894년 직전 단계의 진천의 농민들은 어떻게 살고 있었는지를 확인하는 계기가 될 수 있을 것 같다.

민장이란 민들이 지방의 수령에게 올린 청원서나 고소장을 가리킨다. 『민장치부책』은 민들이 올린 소지와 그에 대해 관이 내린 판결을 간략히 기록해서 성책한 것을 말한다. 민이 소지(所志)를 올리면 수령은 소지의 여백에 간단한 제사를 내려서 돌려주는데 그 내용에는 사건의 처리를 지시하는 관의 명령으로 구성되어 있다. 민이 소지의 원본을 갖게 되어 관에서는 소송의 진행, 청원의 처리 등 사태 전개를 파악하기 위해 소지와 관의 처결을 간단히 요약한 기록이 필요하였다. 『민장치부책』은 이런 민장의 구성요소를 간단히 요약하여 기록한 것이다.

당시 진천은 한말 일제하를 거쳐 읍면의 변동이 있었지만 현재의 충청북도 진천군 지방에 해당한다. 당시 인구의 절대 다수가 농업에 종사하였으며, 쌀의 수확량이 좋아 남은 쌀을 외지로 팔고 면화를 생산하는 방식을 통해 삶을 지탱하고 있었다. 진천의 정치사상적 분위기는 19세기 후반에 이르면서 기존 노론 중심의 양반 사회에 소론계 소장 양반들이 등장하면서 갈등이 확산되던 것이 아니었나 추측된다. 이들 소론층들은 특히 주자 이데올로기에 대해 비판적 시각을 가졌던 양명학자이기도 했기 때문이다. 이 같은 측면이 민의 생활에 얼마나 많은 영향을 미쳤는지는 알기 힘들다. 다만 이러한 진천의 분위기가 당시 지역민들간의 갈등과 공존 양상으로 나타날 가능성이 많았다는 점을 짐작할 뿐이다.

그 때문인지는 몰라도 진천의 『사송록』에서 흥미로운 점은 관과 민의 부세 관계 보다 민인 간의 경제적 문제가 그 대다수를 차지하고 있다. 여타 다른 민장의 경우 삼정을 중심으로 한 부세문제가 다수를 차지했다는 점과는 다른 점이다. 물론 일정 시기만을 제한하여 결론을 내리기는 어렵지만 민인 간의 경제적 문제가 상당한 수를 차지한다는 것은 당시 민들 간의 갈등이 자신의 재산이나 토지의 사적 소유권을 배경으로 더욱 확산되고 있었다는 배경으로 할 것이다.

더불어 이 자료는 민의 요구를 통해 당시의 사회상뿐 아니라 작성한 수령의 생각과 입장도 알 수 있다. 수령이 내린 제사를 통해 수령이 생각하는 판결의 우선 순위와 그 내용을 엿볼 수도 있다. 향후 진천의

『민장치부책』을 통해 수령과 농민 간의 관계를 복원하고 나아가 수령의 목민관으로서의 임무를 분석해 내는 연구도 필요할 것이다. 나아가 농민과 농민, 농민과 수령 간의 관계 분석을 통해 지역민의 존재와 조선국가와의 관계도 복원할 수 있는 자료가 되었으면 한다.

수령이 민장을 처리하는 관행은 그 유래가 오래된 것이었다. 고려시기에도, 조선전기에도 수령을 평가하는 항목 중 하나는 소송 처리 문제였다. 또한 조선시기 만들어진 목민서에서도 많은 부분이 소송문제를 해결하는 데 할애되고 있다. 소송의 중요성은 줄곧 강조되어 왔지만 이렇게 『민장치부책』이 만들어지기 시작한 것은 대체로 19세기에 들어서였다. 진천 현감의 『민장치부책』은 목민관으로서의 책무를 다하고 있음을 남기는 근거로 이용되었을 것이다. 특히 부세문제보다 지역민 간의 갈등에 관심을 기울였다면 아마도 해당 지역의 가장 큰 문제가 이 같은 지역민의 갈등과 공존에 있으리라 짐작할 수 있다. 진천 현감의 고과성적이 평균 이하로 남았다는 점이 의문으로 남는다. 지역민의 갈등을 원천적으로 해결해 주었다면 당연히 고과점수가 높았을 텐데 여전히 불만스러운 앙금이 남았을 가능성이 크다는 점을 추측케 할 뿐이다. 향후 자세한 분석이 필요할 것이다.

수령은 한 지역 안에서 국왕을 대신하여 통치하는 사람인만큼 그 규모는 작지만 대다수의 일을 맡아서 하고 있었다. 천하 만기를 다루는 직책이었던 것이다. 또한 수령은 여타 관리와는 다르게 민들의 삶에 가장 가까운 존재이기도 하다. 따라서 수령의 능력은 그 지방 통치에 직결되는 문제였고, 아전을 다루는 방법부터 백성의 요구에 부응하는 것까지 수령은 잘 처리해 나가야만 하였다. 이러한 수령의 책임감은 수령의 역할과 정신을 다루고 있는 목민서가 조선후기에 많이 간행되었고 필사된 측면과도 관련이 있을 것이다.

즉 이 시기에는 책임 있는 목민관의 역할을 요구하는 지역민들이 성장하고 있었고, 이러한 상황을 『민장치부책』 연구를 통해 읽어낼 수 있을 것이다. 이 자료가 비록 조각난 단편 사실을 담고 있는 자료이기는 하지만 농민들의 의식 성장과 그들 간의 삶의 형태를 복원할 수 있는 중요한 자료가 될 수도 있다. 농민에 관한 자료는 단편적이며 조각난 파편으로 남아 있을 수밖에 없다. 『민장치부책』 역시 그러하지만 그것을 연결하여 읽어 낼 방법을 찾는다면 이보다 더 좋은 자료가 어디에 있겠는가?

2012년 9월

옮긴이 최 윤 오

목 차

『사송록(詞訟錄)』 진천(鎭川)편 제2책 107

일러두기

1 번역 대본인 원본 자료는 규장각 소장, 『사송록(詞訟錄)』(古 5125-19)이다.

2 고유명사(고을 이름, 면 이름, 동리 이름, 사람 이름)는 한글과 한자를 병기하였다.

3 특수용어나 오늘날 잘 쓰이지 않는 표현은 한글과 한자를 병기하고 주에서 설명하였다. 이두식 발음으로 독음(讀音)이 통상적인 한자음과 다를 경우 '독음[한자]'로 표시하였다. 풀어쓴 말과 특수 용어를 병기할 때도 '풀어 쓴 말[한자]'로 표시하였다.

4 원본에 없는 내용을 번역 상 필요에 따라 삽입한 경우는 "( )"로 표시하였다.

5 내용의 이해를 돕기 위해서 필요한 경우 주에 해설을 달았다.

6 지명은 표로 정리하여 부록으로 실었다.

7 매 사건마다 고유번호와 주요 쟁점을 표기하였다. 찾아보기에서는 쟁점별 양상을 살펴볼 수 있도록 쟁점사항별로 재정리하였다.

8 성(姓) 뒤에 이름대신 직임이나 출신지역명이 나올 경우, 성과 분리하여 표기하였다.

9 제사(題詞) 말미에 명기된 처결자는 굵은 글씨로 구분하여 표시하였다.

진천 『사송록(詞訟錄)』과 민장치부책(民狀置簿冊)

1. 민장치부책이란?

민장치부책(民狀置簿冊)은 민들이 올린 소지(所志)와 그에 대해 관이 내린 제사(題辭)를 간략히 기록해서 성책(成冊)한 것이다.[1] 민장(民狀)이란 민들이 지방의 수령(守令)에게 올린 청원서나 고소장을 가리킨다. 이런 청원서류는 민장, 소장(訴狀), 소지(所志) 등으로 불렸는데, 그 가운데 소지가 가장 일반적으로 사용된 용어이다. 1895년 민형소송규정(民刑訴訟規程)에 의해 소송이 민형사로 구분되자 민형사상의 고소장은 소장으로 통칭되었다.

조선에서는 신분고하를 막론하고 누구나 소지를 제기할 수 있었다. 하지만 엄격한 신분사회였던 탓에 일반 민의 재판받을 권리는 실제 재판과정에서 크게 제약되었던 것이 사실이다. 소지를 받아들여 재판으로 진행할 것인가는 수령이 판단할 문제였고, 소지를 물리치는 경우도 많았다. 물리쳐진 소지도 의미가 있었는데, 감영(監營) 등의 상급기관에

1) 민장치부책에 대한 자세한 내용은 김선경 역, 『扶安 民狀置簿冊』(扶安文化院, 2008), 8~14쪽 ; 김선경, 「『民狀置簿冊』 解題」, 『韓國地方史資料叢書 民狀篇』(驪江出版社, 1987)을 참고할 것.

상소(上訴)할 때 1심의 증거로 함께 제출해야 했던 것이다.

민이 소지를 올리면 수령은 소지의 여백에 간단한 제사(題辭 : 수령의 처결내용)를 내려서 돌려주었다. 대부분의 제사는 사건의 처리를 지시하는 관의 명령의 형태를 띠었으며, 그 명령을 수행하는 대상이 함께 명기되기도 했다. 따라서 민장의 구성은 제목(또는 소지를 올리는 주체), 소지 내용, 제사, 서압(署押)으로 되어 있다. 실제 민장을 보면 민이 쓴 소지 부분과 관에서 쓴 부분(제사, 서압)이 형태상으로 쉽게 구별된다. 그런데 민이 소지의 원본을 갖게 되므로, 관에서는 소송의 진행, 청원의 처리 등 사태 전개를 파악하기 위해 소지와 관의 처결을 간단히 요약한 기록, 즉 일종의 부본이 필요하게 되었다.

민장치부책은 이런 민장의 구성요소를 간단히 요약하여 기록한 것이다. 즉 민이 제출한 소지를 그대로 전재(全載)한 것이 아니라, 관아에서 민장의 내용(초록)과 처결내용, 해당부서 등을 간략히 기록한 후 이를 모아놓은 장부인 것이다. 현전하는 민장치부책의 양식은 19세기에 들어서 거의 통일적으로 나타나는데, 그 구성은 제목(또는 소지를 올린 주체), 소지 내용, 제사 순으로 요약할 수 있다.

제사의 끝 부분에 주인(主人)과 같은 내용이 부가되기도 하는데, 주인은 경주인(京主人), 영주인(營主人), 면주인(面主人)을 의미한다. 이들은 지방 군현과 중앙, 도, 면을 연결시키는 직임을 담당하는 이서(吏胥)이다. 간혹 그 뒤에 사람의 이름이 더 기재되어 있기도 한다. 이처럼 제사 뒤에 쓰여 있는 직임이나 이름은 수령이 제결(題決)을 시행할 사람으로 지정한 인물을 가리키거나, 고과형리의 이름을 가리키는 것이다. 고과형리는 소지를 받고 수령에게 아뢰고 수령이 내린 제결을 받아 적고 서압하는 일련의 일들을 처리한 담당자였을 것이다.

2. 민장치부책의 기원과 사료적 가치

군현단위에서 작성된 민장치부책 중 현전하는 것은 대부분 19세기 이후에 작성된 것들이다. 그런데 수령이 민장을 처리하는 관행은 실로 그 유래가 오랜 것이었다. 이미 고려 말 교서에서 수령에 대한 평가기준의 하나로 '사송간(詞訟簡)'이 포함되어 있었고,[2] 개별적으로 흩어져 전하기는 하지만 고려 말의 소지도 확인되고 있기 때문이다. 그러나 수령들이 각 민장에 대한 처리결과들을 모아놓고 정사에 참고하게 된 것은 그리 오랜 일이 아니었던 것으로 생각된다. 그것은 18세기 이래 본격적으로 작성되기 시작한 각종 목민서 류의 지침에서 확인해 볼 수 있다.[3]

18세기 영조대에 작성되었다고 알려진『치군요결(治郡要訣)』에서는 '소위 민장이라고 하는 것은 모두 대수롭지 않은 다툼에 관련된 것이다'라고 전제하고 민의 삶을 살피기 위해 4절목을 잘 처리하는 데 힘쓰라고 권고한 바 있다.[4] 한편 19세기 순조대에 작성된 것으로 추정되는『거관대요(居官大要)』에서는 이 문제가 보다 본격적으로 다루어지고 있다. 소지를 매일 형방으로 하여금 요약하고 일일이 책자에 기록하게 하여 한 가지 일로 두 번 소송한다든가, 잡아 대령하라고 하였는데 오지 않는 일 등 잘못되는 폐단을 막을 수 있다고 쓰고 있는 것이다.[5] 같은 맥락에서 19세기 중반에 쓰인『목강(牧綱)』이라는 목민서의 한 부분은 이런 필요성을 잘 드러내준다.

---

2)『고려사』권75, 選擧3 銓注 : "辛禑元年二月 敎, 守令考績之法, 以田野闢·戶口增·賦役均·詞訟簡·盜賊息五事, 爲殿最. 其遞任者, 必待新官交付, 去任朝參".

3) 金仁杰,「'民狀'을 통해 본 19세기 전반 향촌 사회문제」,『韓國史論』23(1990), 237~238쪽.

4) 內藤吉之助 編,「治郡要訣」,『朝鮮民政資料 牧民篇』(이문사, 1977), 6쪽.

5) 內藤吉之助 編,「居官大要」,『朝鮮民政資料 牧民篇』(이문사, 1977), 259쪽.

> 무릇 소지는 제사의 말단에 반드시 고과(告課) 형리(刑吏)의 성명을 써서 농간을 방지한다. 또 공책을 여럿 만들어 면 단위로 분류하여 원래의 민장은 장민(狀民 : 소지를 낸 사람)에게 내주기 전에, 민소의 골자와 제사를 일일이 베껴 뒷날 살피는 자료로 삼는다. 간혹 제사를 얻지 못하여 이름을 바꾸어 다시 소를 내는 자, 하루에 거듭 정소하는 자가 있어도 두루 다 살피기 어려우므로, 이전에 베껴놓은 것을 자주 들추어보면 얻는 바가 적지 않다.[6)]

조선시대에 민소행위는 정당성을 얻은 정치적 행위의 한 형태였다. 또한 지방관 역시 민들의 소장을 처리하는 일을 중요한 과제로 파악하고 있었다. 사실 지방관청의 재판은 조선시대 재판제도의 저변을 이루고 있었으며, 대부분의 민에게도 재판이라면 곧 지방관청의 재판을 의미하는 것이었다. 19세기에 들어와 민장과 이에 대한 지방관의 처리와 대응, 나아가 이에 대한 기록이 강조된 것도 민소가 갖는 나름대로의 정치적 의미를 불가피하게나마 인식할 수밖에 없었던 상황 때문이었을 것이다.[7)]

19세기 향촌사회에서 '소송의 홍수'라고 불릴 만큼 많은 송사가 나타나는 것에 대해 학계에서는 18세기 중엽 이래 조선사회에서 공동체적 관계가 사실상 동요, 해체 단계에 들어서고 있었음을 반영하는 것으로 이해했다. 특히 양란 이후 노정된 모순이 세도정치와 삼정문란을 통해 체제위기에까지 이른 19세기에는 향촌 단위의 민은(民隱)과 민간의 분쟁·갈등이 한층 증폭되고 격화되었다고 분석했다.[8)]

---

6) 김선경 편, 「牧綱」, 『朝鮮民政資料叢書』(驪江出版社, 1987), 201쪽.

7) 박명규, 「19세기 후반 향촌사회의 갈등구조－영광지방의 민장내용분석」, 『韓國文化』 14(1993), 339쪽.

8) 鄭勝振, 「靈光『民狀置簿冊』의 분석」, 『東方學志』 113(2001), 327~330쪽.

이와 같은 맥락에서 본다면 19세기에 들어와 지방관의 소송에 대한 처리와 그 기록이 강조된 것은 그만큼 민장의 내용이 다양해지고 그 처리의 중요성이 증대하고 있었다는 점을 보여주는 것이다. 그것은 역으로 민의 요구가 점차 거세어지고 있었던 사실을 반영한다고 보아도 무방할 것이다.[9)]

그러나 민장이 증가하는 현상을 온전히 기존질서에 대한 격렬한 반대나 체제에 대한 저항 혹은 전복으로 읽는 것은 무리이다. 민장은 본질적으로 법의 테두리 내에서 그들이 모순으로 여기는 문제들을 관권의 힘을 빌어서 해결하고자 작성되었기 때문이다. 따라서 그 자체가 민의 동향이나 입장을 모두 반영하는 것이었다고는 볼 수 없을 것이다. 더구나 그와 같은 민장마저도 민 스스로 작성하지 못하는 경우가 대부분이었으며, 그것이 관정에 올라가는 데 있어서도 하급관리들의 방해와 같은 장해요소들 또한 존재했다.[10)]

나아가 민장을 요약해 놓은 민장치부책과 같은 기록은 민의 필요가 아닌 이 모든 민장을 받아서 처리하는 책임을 가진 수령의 필요에 의해 만들어진 것이었다. 따라서 관의 입장이 반영된 것일 뿐만 아니라, 민장과 제사의 대강만을 적어서 묶은 것이기 때문에 개별 민장의 자세한 내용을 파악하는 데는 한계가 있다.

이상의 한계에도 불구하고 민장치부책은 매우 유용한 사료적 가치를 지니고 있다. 원래 민장은 소지(所志), 등장(等狀), 단자(單子), 원정(原情), 상서(上書) 등과 같은 고문서의 형태로 전해오는데, 그것이 시기적·지역적으로 분산되어 있어 연구 활용에 어려운 면이 있다. 반면 민장치부

9) 金仁杰, 앞의 글, 238~239쪽.
10) 金仁杰, 앞의 글, 239~240쪽.

책은 특정 지역과 시기의 문제를 집중적으로 반영하고 있어 특정 주제를 한눈에 파악하기에 편리한 점이 있다.[11]

또한 민장치부책은 소송뿐만 아니라 청원이나 진정 등 관부의 판결과 도움을 요청하는 모든 민원을 담고 있기 때문에 당시의 사회상과 사회문제들을 파악할 수 있는 일차적인 자료가 된다. 사실 조선시대 민들 내부의 '사적 영역'을 구체적으로 확인하는 작업은 대단히 어려운 일이다. 향촌사회상에 대한 자료들 대부분이 관찬사료 혹은 재지사족들 중심의 기록인 반면 일반 민중의 생활사를 생생하게 보여주는 자료는 적기 때문이다. 그래서 민장류의 분석은 비록 제한적이기는 하지만 민의 삶을 미시적 영역에서 살펴볼 수 있는 기회를 제공한다.[12] 민장류나 추안급국안과 같은 공초자료 등을 이용해 민의 사회상을 구체화시키는 연구가 요청되는 것도 이러한 이유에서이다.[13]

앞서 언급했듯이 수령은 향촌에서의 송사에 대한 재판뿐만 아니라 각종 청원의 처결을 담당하고 있었다. 따라서 민장치부책에는 소송사건은 물론이고 재판까지는 가지 않지만 수령이 해결해 주기를 원하는 많은 문제들, 그리고 이에 대한 민의 목소리가 담겨있다. 이때 청원의

---

11) 金仁杰, 앞의 글, 236쪽.

12) 박명규, 앞의 글, 338쪽.

13) 최근까지의 민장을 활용한 대표적인 연구 성과를 소개하면 다음과 같다. 김선경, 「『민장치부책』 解題」, 『韓國地方史資料叢書 民狀篇』(驪江出版社, 1987) ; 金仁杰, 「'民狀'을 통해 본 19세기 전반 향촌 사회문제」, 『韓國史論』 23(1990) ; 金仙卿, 「'民狀置簿冊'을 통해서 본 조선시대의 재판제도」, 『역사연구』 창간호(1992) ; 박명규, 「19세기 후반 향촌사회의 갈등구조 — 영광지방의 민장내용분석」, 『韓國文化』 14(1993) ; 趙允旋, 「조선후기의 田畓訟과 法的대응책 — 19세기 民狀을 중심으로」, 『民族文化硏究』 29(1996) ; 시귀선, 「광무개혁기의 순창지방 향촌사회 연구」, 『全北史學』 19·20(1997) ; 鄭勝振, 「靈光 『民狀置簿冊』의 분석」, 『東方學志』 113(2001).

주체는 일반 민인은 물론이고 면리임이나 아전 등의 관속, 향교나 서원, 유생 등 향촌구성원 모두를 망라한다. 이들의 청원이나 보고는 품장(稟狀), 품목(稟目), 문보(文報), 문장(文狀), 고목(告目) 등으로 칭해졌다. 1891년 1월 12일『진천 민장치부책』에 기록된 다음의 사례(일련번호 19)가 그런 보고의 한 예라 하겠다.

19. 도적

백(곡면) 용진(龍津), 유곡(楡谷), 덕가(德加)의 민인이 등소하기를, "저희 3동(洞)은 모두 힘을 합쳐 도적을 막는 것으로 계획을 세웠습니다. 도적의 우환을 만나도 (관아에서) 구해주시지 않아도 됩니다."라고 하였다.

제사(題辭) : "절발(竊發)[14]을 함께 살피고 쫓아 잡는 것은, 위로는 묘당(廟堂)[15]에서 이미 영칙(令飭)[16]이 있었고 또한 순영(巡營)[17]에서도 감결(甘結)[18]이 있었다. 관에서도 또한 그것에 대해 근심하며 힘쓰고 있는데, 지금 이 같은 보고를 들으니 그 수고가 매우 아름답다. 만약 약속을 지키지 않는 자가 있으면, 마땅히 도적의 무리로 여겨 엄하게 통치할 것이다. 힘을 아우르고 마음을 하나로 하여 근심을 막고 거처를 편히 함이 마땅할 일."

현재 남아 있는 민장치부책은 대부분 서울대학교 규장각에 소장되어 있다. 자료의 표제는『민장치부책』,『민소소개책(民訴抄槪冊)』,『사송록

14) 절발(竊發) : 강도나 절도의 사건이 생김.
15) 묘당(廟堂) : 비변사(備邊司).
16) 영칙(令飭) : 명령을 내려서 단단히 일러 경계함.
17) 순영(巡營) : 감사(監司).
18) 감결(甘結) : 상급 관서에서 하급 관서로 내리는 문서.

(詞訟錄)』, 『민송등록(民訟謄錄)』 등 다양하다. 이 책의 원문사료인 진천의 민장치부책은 『사송록』이라는 표제를 달고 있다.

3. 원문사료 : 『사송록(詞訟錄)』

『사송록』은 1891년(고종 28) 1월부터 4월까지 충청도 진천현 민인들이 현감에게 올린 민장과 이에 대한 현감의 처리 내용을 요약한 것으로, 현재 규장각에 소장되어 있다. 자세한 서지사항은 다음과 같다.[19]

『詞訟錄』(古 5125-19)
鎭川縣 편, 1891년(고종 28).
4책, 필사본, 27×19cm.

현전하는 민장치부책에는 대부분 작성주체(편자)와 시기가 명시되어 있지 않기 때문에, 내용을 통해 이를 추정해야 한다. 우선 작성주체는 민장제출자의 거주지역을 통해 확인할 수 있는데, 『사송록』에서의 거주지역이 만승면(萬升面)·초평면(草坪面)·이곡면(梨谷面)·방동면(方洞面)·백곡면(栢谷面) 등임을 볼 때 작성주체는 진천현임이 확실하다. 작성시기는 간지나 내용의 분석을 통해 파악할 수 있는데, 『사송록』의 총 4책 중 2책부터 속표지에 '辛卯'라는 간지가 기재되어 있어 연도 추정이 가능하다. 특히 2월 20일자의 등장(等狀)을 비롯한 여러 곳에 호포(戶布)의 하(下)를 요구하고 있는 점을 통해 이 책의 신묘년은 고종대

19) 원본사료인 『사송록』에 대한 해제는 다음을 참고할 수 있다. 심재우, 「『詞訟錄』(3)」, 『奎章閣韓國本圖書解題 續集-史部 4』(서울大學校 奎章閣, 1997), 205쪽.

호포법(戶布法)의 시행 이후인 1891년임에 틀림없다.

그런데 나머지 책들과 달리 1책에는 간지가 없고 월도 표기되지 않았다. 또한 6일부터 21일까지의 민장을 적은 후 낙장(기사 55번과 56번 사이)이 있고, 다시 5일부터 29일까지의 민장이 수록되어 있다. 따라서 얼핏 두 달간의 기록처럼 보인다. 하지만 2책부터 4책까지가 1891년 2월부터 4월 중 각각 1개월씩의 분량으로 분책되어 있음을 감안한다면, 1책 역시 1891년 2월 이전의 1개월 분량을 담고 있다고 추측할 수 있다.

그렇다면 1책의 해당 연도를 언제로 비정할 수 있을까? 규장각본의 해제를 쓴 심재우는 1책의 첫 번째 기사(일련번호 1)에서 안성(安城)에 거주하는 자가 권매(權賣) 후 되돌려받지 못했다고 하소연한 토지의 환퇴(還退) 기한이 기축년(己丑年, 1889)으로부터 3년이었음을 근거로 들어, 1책의 해당 년도가 1890년이라기보다는 1891년으로 보는 것이 합리적이라고 하였다. 즉 1책에는 1891년 1월분의 민장만을 수록한 것으로 보며, 낙장 이후의 내용 역시 1월분 민장을 필사한 후 빠진 부분을 추가로 보충한 것으로 판단하고 있다.

하지만 이 사례는 1책의 연월을 확정할 충분하고도 분명한 근거는 되지 못한다. 다만 1책에 등장하는 사건들 중 2, 3, 4책과 인접한 시기에 선행해서 발생한 것으로 보이는 것이 다수 등장하는 것으로 보아, 1책의 해당 연월이 2책의 연월인 1891년 2월 직전임은 확실해 보인다. 예를 들어 기사 5번(1책, 초8일)과 기사 132번(2책, 2월 22일)은 동일한 사안에 대한 중복된 처결인데, 그 내용이 순차적임을 확인할 수 있었다. 따라서 이 책에서 번역하는『사송록』전체가 1책 앞부분의 애매한 시점을 제외하고 대부분이 1891년을 다루고 있기 때문에 편의상 '1891년의『진천 민장치부책』'이라고 칭하기로 한다.

제2책은 1891년 2월, 제3책은 3월, 제4책은 4월에 올라온 민장을 초록하였다. 내용은 이 시기 다른 지역 민장에 자주 등장하는 부세(賦稅) 견감(蠲減)의 요구와 산송(山訟)을 비롯하여 향촌 사회에서 벌어지는 다양한 문제가 망라되어 있다. 오늘날의 민사소송·형사소송·행정소송·청원 등에 해당하는 민장이 수록되어 있으며, 이 지역의 사회상과 지역민의 생활상을 추정할 수 있는 내용이 많다.

진천의 민장치부책으로는 이 밖에도 1901년 12월부터 1904년 12월까지 3년간 진천군 민인들이 올린 민장을 치부한 『진천군사송록(鎭川郡詞訟錄)』(古 5125-24)이 있다. 이 책 역시 규장각에 함께 소장되어 있는데, 한말 진천의 사회 문제를 살피기 위해 향후 함께 검토하는 것이 필요하다.

4. 19세기 말 진천

진천은 충청도 북서부에 위치한 작은 군현의 하나이다.[20] 1751년의 『택리지(擇里志)』에서 "들이 적고 산이 많다. 산골이 겹쳐졌고 또 큰 내가 많다. 그러나 모두 화창한 기운이 있고, 땅이 제법 기름진 곳"이라고 묘사된 것처럼 기름진 옥토와 자연재난이 적은 온화한 기후로 산물이 풍성하고 인심이 후덕하여 살기 좋은 고장으로 알려져 왔다. 그 결과 '생거진천(生居鎭川)'이라는 말이 나타났을 정도이다.

1901년에 작성된 광무양안을 기준으로 진천군은 총 15개의 면으로 이루어졌다. 각 면의 이름은 남변면(南邊面), 행정면(杏井面), 성암면(聖巖面), 덕문면(德文面), 산정면(山井面), 방동면(方洞面), 초평면(草坪

---

20) 진천의 역사에 대해서는 신영우, 「제1편 : 역사」, 『鎭川郡誌』(진천군지 편찬위원회, 1994)를 참조할 것.

面), 소답면(所畓面), 문방면(文方面), 백락면(白洛面), 백곡면(栢谷面), 이곡면(梨谷面), 월촌면(月村面), 북변면(北邊面), 만승면(萬升面)이다.

진천의 지형은 크게 평야지대, 중간지대, 산간지대로 나눌 수 있다. 이 가운데 평야지대는 주로 남변면, 북변면, 행정면 등 현재의 진천읍(鎭川邑) 일대와 이곡면, 월촌면 등 현재의 이월면(梨月面) 지역, 소답면, 방동면, 덕문면 등 현재의 덕산면(德山面)과 초평면 서부지역, 그리고 문방면 등 현재의 문백면 북부와 초평면 서부지역이 중심을 이루며, 북쪽으로는 만승면 동부(현재의 광혜원면)까지 넓게 분포되어 있다.

한편 중간지대는 진천읍을 남쪽에서 둘러싼 형태로 초평면, 백락면, 성암면, 이곡면 서부, 만승면 일부에 해당하며, 해발 101~250m 정도의 농업지대이다. 또한 산간지대는 백곡면과 성암면, 백락면 일부, 만승면 서부지역 등 해발 250m 이상의 진천군 서부 산악지역이다.[21)]

진천의 대표적 산물은 뛰어난 질을 자랑하는 쌀이었다. 전국적으로 널리 그 우수성이 알려진 진천의 쌀은 경내의 소비량보다 많이 생산되어 외지로 팔려나갔다. 그 외에 야산의 밭에서는 면화를 재배했는데 진천은 청주(淸州), 문의(文義), 연기(燕岐) 일대와 함께 전국에서 손꼽히는 면화의 재배지였다. 면화는 벼농사보다 농민들의 수익을 높여주었다. 진천의 장터는 읍내와 한천 그리고 광혜원(廣惠院)에 있었다. 광혜원장이 진천에서 가장 큰 장이었고, 인접한 경기도 군현의 사람들도 몰려들었다. 이들 장터에서는 쌀, 콩 등 곡식과 면화, 삼베, 담배 및 산에서 잡은 짐승들이 거래되었다.[22)]

---

21) 최윤오, 「대한제국기 광무양안의 토지소유구조와 농민층의 동향 : 충북 진천군 양안 전체분석」, 『광무양안과 진천의 사회경제 변동』(혜안, 2007), 45쪽.
22) 신영우, 앞의 책, 1994, 127~128쪽.

19세기 후반 조선은 국내외에서 심각한 위기에 직면해 있었다. 특히 국내정세는 붕당정치와 세도정권의 폐해로 양반 지배세력이 분열되었고, 피지배층에 대한 통제력도 약화되어가고 있었다. 더불어 중앙과 지방의 재정부족과 이로 인한 과도한 조세수취가 여러 형태의 부작용을 초래하고 있었다. 그런 까닭에 전국적으로 크고 작은 농민항쟁이 빈번히 발생했다. 이처럼 격변하던 19세기의 모습은 충청도의 작은 현인 진천에서도 현저하게 드러나게 된다.[23]

19세기 말 진천의 인구는 현의 규모로서 적은 것이 아니었다. 1872년의 『진천현지도』에[24] 따르면 총 5,169호에 7,185구의 규모였고, 1909년의 통계에 따르면[25] 7,457호에 인구는 33,223명에 달했다. 당시 인구의 절대다수가 농업에 종사하면서 생계를 이어가고 있었는데, 농민들에게는 무거운 세금이 부과되어 생존 자체를 어렵게 만들었다. 19세기 후반 진천의 현민에게 부과된 조세 명목은 전정, 군정, 환곡과 진상, 요역, 잡세 등이었다. 이중 토지세는 결전을 매겨 징수하였는데, 1876년 진천의 결가는 42냥(兩)으로 충청도에서 가장 높은 수준이었던 청주[45냥(兩)]에 버금갈 정도로 많은 액수였다. 농경지가 넓고 토지가 기름진 탓에 조세수탈이 극심했던 것이다.[26]

여느 다른 지방과 마찬가지로 19세기 진천의 정치질서는 지방관인 현감을 중심으로 계서화되었고, 공간적으로는 관아(官衙)가 그 중심을 이루었다. 관아 건물은 20여 채나 되었고, 현감이 기거하는 집을 비롯하여 객사(客舍), 창고, 무기고 및 감옥도 있었다. 진천의 상급양반들이 조직해

23) 신영우, 위의 책, 121~125쪽.
24) 『鎭川縣地圖』(奎10409), 1872.
25) 『韓國忠淸北道一般』, 제4장 民籍.
26) 신영우, 앞의 책, 1994, 128쪽.

서 운영하고 있던 향청(鄕廳)의 건물도 관아와 함께 있었다. 향청은 원래 진천현의 경내에 사는 양반들로 구성된 일종의 자치기구였으나, 이 시기에는 강력해진 현감의 권위 아래 예속되어 있었다. 그래서 좌수(座首) 1인, 별감(別監) 2인이 직무를 맡으며 관아와 협조관계를 유지하였다.[27)]

1871년경에 작성된『진천읍지(鎭川邑誌)』를 보면 관속의 정원을 알 수 있다. 치안을 책임지는 군관(軍官)은 32인이었고, 행정실무를 맡은 아전(衙前)은 32인, 지인(知印)은 23명이 정원이었다. 이들의 핵심은 이방(吏房)을 대표로 하는 육방(六房)이다. 이방의 통제를 받으며 아전들이 각기 여러 분야를 나누어 실무를 담당했는데, 조세수취는 도서원(都書員) 아래 각 면에서 서원(書員)들이 분담하였고 이 밖에 관아에서 관리하는 각 창고를 책임지는 색리(色吏) 등이 있었다.[28)]

이 책의 배경이 되는 1891년 진천의 현감은 민상호(閔尙鎬, 생몰미상)였다. 본관은 여흥(驪興)이고, 선전관(宣箋官), 승정원(承政院), 승지(承旨) 등을 지낸 민영회(閔泳會, 1872~?)를 아들로 두었던 자이다. 고종 23년(1886년) 동몽교관[29)]으로 제수된 이래 곧 부사용,[30)] 돈녕부 도정[31)]

27) 신영우, 위의 책, 127쪽.

28) 신영우, 위의 책, 125~126쪽.

29) 동몽교관(童蒙敎官) : 조선시대에 서울의 사학(四學)과 각 지방에서 학동들을 가르치던 종9품의 관직. 사과(司果) 이하의 체아직을 받았으며, 9백일을 근무하면 6품으로 승급하였음. 이조와 예조에서 함께 의논하여 천거하였으며, 한 달에 3번씩 예조 당상관들이 모여 학동들의 실력을 테스트한 후 이를 고과에 반영하였음. 그러나 실제로 동몽교관 제도는 유명무실화했으며, 영조 연간에는 이를 활성화시키기 위해 임금이 직접 교관들이 가르친 학동들을 불러다놓고 강독을 실시하기도 하였음.

30) 부사용(副司勇) : 조선시대 오위(五衛)에 두었던 종구품(從九品)의 무관직(武官職)이다. 오위에서 최하위 말단직으로, 다른 관아에서 만기로 거관(去官)된

등의 한직을 맡다가 우익위,[32] 좌익위를 거쳐 고종 27년(1890) 1월 29일 진천(鎭川)의 현감으로 제수되었다. 진천에서의 1년 6개월간 관직생활에 이어, 고종 28년(1891) 7월 29일에는 덕천군수 자리로 옮겼다. 이후 뇌물수수 등의 죄목으로 탄핵을 당하고 파직(1894년)되기도 했지만, 8년 후에는 다시 관직에 복귀하여 차례로 노성(魯城)군수와 부여(扶餘)군수 등을 지냈다. 하지만 결국 1905년 9월 11일 충남관찰사 이도재(李道宰)의 전최(殿最) 보고서에서 '하고(下考 : 가장 낮은 고과)'에 해당하는 평가를 받고 파직, 이듬해 사면을 받기도 했다.

한편 19세기 후반 진천의 양반사회에는 새로운 변화가 나타났다. 본래 노론 중심의 양반사회였던 이곳에서 소론계 소장 양반들이 등장하여 중앙정계에 나아가 활동하는 등 변화가 나타난 것이다. 이들은 주자의 설보다 양명학에 심취하였고, 배운 바를 현실에 적용하는 실천력을 가지고 있었다. 이들은 학문에 깊이가 있고 관직에 나아가서도 역량을 발휘하였다. 그리하여 강화에서 멀리 떨어진 충청도에 또 하나의 양명학 근거지를 형성하게 된 것이다.[33]

하지만 민의 일상적인 생활이라는 측면에서 양명학의 영향력이 얼마나 큰 것이었는지는 가늠하기 힘들다. 오히려 진천군은 중부지방에 위치하며 조선시대 300여 개 군현 중에서 중간 수준의 군현이므로 민의 삶의

자 중 미보직(未補職)의 문관·무관·음관(蔭官)으로 임용하였으나 실무는 보지 않고 녹봉만 받는 체아직(遞兒職)으로 정원 581명이다.

31) 돈녕부(敦寧府) 도정(都正) : 돈녕부는 조선시대 종친부에 속하지 않은 종친과 외척을 위해 설치되었던 관서이며, 도정은 돈녕부 내의 종3품 관직이다.

32) 우익위(右翊衛) : 조선시대 세자익위사(世子翊衛司)에 두었던 정5품(正五品)의 서반직으로 정원은 1원이다. 위로 좌익위(左翊衛 : 正五品)가 있다.

33) 신영우, 「한말 일제하 충북 진천의 유교지식인 연구」, 『광무양안과 진천의 사회경제 변동』(혜안, 2007), 191쪽.

평균적인 모습을 잘 보여줄 수 있는 위치에 놓여있다고 할 수 있다.[34)]

5. 진천 민장치부책이 말하는 사회상

1891년 진천 민장치부책에는 총 350건의 사건이 기록되어 있다. 소송 당사자 간의 관계와 갈등 내용을 기준으로 분류한 내용은 다음의 표와 같다.

일반적으로는 사안 당 하나의 소장으로 분쟁이 해결되었다. 하지만 당사자가 여러 명인 경우 각각이 소장을 제출하기도 했으며, 이미 관의 처분이 있었지만 이를 이행하지 않아 거듭 소장을 제출하는 경우도 있었다.

19세기 민장을 다룬 연구들은 부세문제가 민의 청원 가운데 가장 큰 비중을 차지하고 있다고 지적한다. 전라도 영광군의 민장치부책 두 종(1838년, 1839년)과 경상도 영천군의 민장치부책(1846년)에 기록된 775건의 기사를 분석한 김인걸은 민장 가운데 부세문제와 관련된 것이 47%를 점하고 있었다고 보고했다.[35)] 하지만 진천의 경우 350건 가운데 부세문제와 관련된 민원은 48건인 13%에 불과한 것으로 나타나고 있다. 이러한 양상은 진천의 민장치부책이 1월부터 4월까지라는 제한된 시기만을 담고 있기 때문일 것이다. 하지만 여타 지역과는 다른 진천 고유의 지역성과 연관되었을 가능성도 완전히 배제할 수 없기 때문에 향후

---

34) 임용한, 「한말 진천군의 면리구조」, 『광무양안과 진천의 사회경제 변동』(혜안, 2007), 263쪽.

35) 金仁杰, 앞의 글, 270쪽. 1872년 영광군의 민장을 다룬 연구에서도 부세갈등을 가장 중요한 문제로 파악한 바 있다(박명규, 앞의 글, 350쪽).

분류	세부분류	기사 수	총계
유형 1 (관과 개인 간의 경제적 문제)	田政	38	48
	軍政	9	
	雜役	1	
유형 2 (민인 간의 경제적 문제)	債貸	67	243
	田畓訟	37	
	還退	16	
	勒奪	4	
	奪作	6	
	山訟	113	
유형 3 (민인 간의 사회적 문제)	悖惡	13	17
	凌辱	1	
	行不	3	
유형 4 (관에 대한 민의 청원이나 보고)	災難	4	23
	立旨	3	
	去皮立本	4	
	灌漑	3	
	怨望	1	
	別神	2	
	議送(上訴)	1	
	賑恤	1	
	破婚	1	
	伐木	1	
	報告	2	
유형 5 (관에 대한 관인의 청원이나 보고)	任賴	3	15
	給由(任免)	9	
	報告	3	
미상	미상	4	4
총계			350

비고 : 위의 통계는 관–관, 관–민, 민–민 등의 관계를 중심으로 살펴본 것이기에 찾아보기의 쟁점과 분류상의 차이가 발생하였다.

정밀한 연구가 요구되는 부분이다.

진천의 민장치부책을 살펴볼 때 부세나 역의 견감(蠲減)을 요청하는 민원에 대해 수령의 태도는 이중적이었다. 민의 입장과 고통에 공감하며 부담을 덜어주는 경우가 나타나기도 했지만, 원칙을 내세우며 부가된 역을 수행할 것을 강제하는 모습도 보인다. 부세문제를 처리하는 수령의 다양한 태도를 보여주는 몇 가지 예들을 잠깐 살펴보자.

313. 전결세

목천(木川) 한만석(韓萬石)이 정소(呈訴)하기를, "제가 애당초 백락면(白洛面) 화전(火田)을 경작한 적이 없는데 작년에 호미를 빼앗더니[奪鋤] 올해에는 숟가락까지 빼앗아[奪匙] 갔습니다."라고 하였다.

제사(題辭) : "과연 소장 내용대로라면 사실을 조사해서 탈급(頉給)해 주고 (빼앗긴) 세간[什物]을 가지고 즉시 내주어 원통함을 호소하지 않게 함이 마땅할 일." **해당 서원[該書員] 수조색(收租色) 수쇄색(收刷色)**

282. 청원-호포

이곡면(梨谷面) 맹봉(孟峰) 조경쇠(趙敬釗)가 정소(呈訴)하기를, "허물어진 집[毁戶] 4호의 호포(戶布)를 면제[頉給]해 주십시오."라고 하였다.

제사(題辭) : "왜 허물어지고 파괴되었을 때 소송을 하지 않았는가! 지금 만약 그 4호의 호포를 감해준다면 어느 곳에 (부족한 호포를) 더해 징수할 것인가? 그전에 (행해진) 절목(節目)에 따라 시행하는 것이 마땅할 일."

진천의 민장치부책에서 부세문제보다 훨씬 더 큰 비중을 차지하고 있는 것은 개인과 개인 간의 경제적 분쟁이다. 이것은 주로 산송(山訟),

채대(債貸, 채무관계), 전답송(田畓訟, 토지매매), 환퇴(還退, 권매관련), 늑탈(勒奪) 등을 중심으로 나타났다. 조선시대 사적소유권이 상당한 정도로 발달하고 있었던 만큼 소유권과 관련된 갈등이 적지 않았는데, 진천의 민장치부책은 그런 움직임을 분명하게 보여주는 좋은 예라 할 수 있을 것이다.

민인 간의 경제적 분쟁 중에서 가장 많은 수를 점하고 있는 것은 산송(山訟)이다. 조상의 묘지에 몰래 쓴[偸葬] 무덤을 파내가도록 독촉해 달라는 송사, 묘역의 송추(松楸)를 몰래 베어갔다는 고발 등과 같이 묘지를 둘러싼 다양한 민원이 제기되었다. 투장에 대해서 대체로 수령은 묘주를 알 경우 즉시 파내어가도록 처결했다. 하지만 묘주를 알 수 없을 경우에는 임의로 파내지 않고 묘주를 찾아내기 위한 다른 방법을 강구했다. 예컨대 투장묘 주위에 팻말을 세워 알린다던지, 무덤을 곧 파겠다는 표시로 무덤 주위에 고랑을 파는 등의 행위이다. 산송에 대한 대표적인 사례는 아래와 같다.

185. 산송－투장

문방면(文方面) 외굴(外屈)에 사는 임중변(林重變)이 정소(呈訴)하기를, "저의 8대조 산소가 보시동(保時洞)에 있는데, 족인(族人) 정언(鼎彦)이 그 부모를 몰래 매장하고 파내지 않습니다."라고 하였다.

제사(題辭) : "과연 소장에서 말한 것과 같다면, 자손된 자가 남이 와서 매장하는 것을 금지할 겨를도 없는데 도리어 스스로 매우 가까운 곳에 매장하니, 비단 족척(族戚)에만 죄를 얻을 뿐 아니라 조상에게까지 욕을 보이는 것이다. 이 어찌 사람의 아들로서 차마 할 수 있는 바의 일이겠는가? 만약 털끝 하나라도 사람의 마음이 있다면 어찌 용납할 수 있겠는가? 이 제사[題旨]를 가지고 가서 정언(鼎彦)에게 보이고 즉시 파내어 옮기고, 오래 지체함[久滯][36] 없이 행하는 것이 마땅할 일."

165. 산송-투장

서암면(西巖面) 신리(新里)에 사는 김유선(金有善)이 정소(呈訴)하기를, "저의 조부 산소의 뇌후(腦後)에 알 수 없는 누군가가 몰래 매장하였으니 파낼 것을 독촉해 주십시오."

제사(題辭) : "기어이 무덤 주인을 찾은 후에 와서 고하고, 무덤 둘레에 고랑을 파는[掘垓] 일관(一款)은 급히 너에게 허급해 줄 수는 없는 일."

조선시대 민장치부책에서 농번기에 산송과 같은 자잘한 송사를 피하도록 하는 조치는 흔한 일이었다. 『부안 민장치부책(扶安 民狀置簿冊)』의 경우에도 5월에 농번기를 이유로 채무송사를 정지한 사례가 있었다.[37] 진천의 경우 1월에서 4월까지의 기록만을 다루고 있음에도 불구하고 농사일을 이유로 들어 산송을 피하라고 권고하거나, 이장의 기한을 넉넉히 잡는 경우를 볼 수 있었다.

90. 산송-투장

초평면(草坪面) 양촌(楊村)의 김상현(金商鉉)이 정소(呈訴)하기를, "이(李)씨와의 산송(山訟) 중에 25일을 기한으로 정하도록 명하였으나, 농사의 일이 바야흐로 한참 성하니[方殷] 곡식이 익은 후에 (무덤을)

36) 원문에서 "久滯" 옆의 공란에 발음에 같은 "狗彘"라고 나란히 적혀 있어, 뒤에 단어를 수정한 것으로도 추정된다. "狗彘"로 해석한다면 "개돼지의 행동이 없도록 함이 마땅할 일"로 해석될 수 있을 것이다.

37) 김선경 역, 앞의 책, 26쪽.

파서 옮기도록 하는 뜻의 제사(題辭)를 내려주시기 바랍니다."라고 하였다.

제사(題辭) : "이같이 정소한 바는 알맞게 고려함[參量][38]이 있다. 특별히 더욱 기한을 넉넉히 연장하여 곡식이 익을 때를 기다려 (무덤을) 파내어 옮기도록 할 일."

191. 산송-장지

월촌면(月村面) 장산(長山) 이형표(李衡杓)가 정소(呈訴)하기를, "이동우(李棟宇)와 더불어 산송(山訟)한 일에서 정경규(鄭敬圭)가 증인으로서 끝내 대령하지 않으니, 자기 손으로 제명[劄名]한 것입니다."라고 하였다.

제사(題辭) : "지금은 농사일이 바야흐로 바쁘니 산송할 때가 아니다. 추수기[秋成]를 기다린 후에 와서 고할 일."

산송에 관한 송사에서 수령은 대부분 즉각적인 시정을 명령하였지만 수령의 명령이 잘 지켜지지 않았음을 보여주는 사례들이 적지 않게 나타난다.

121. 산송-투장

남변면(南邊面) 적현(笛峴) 정인춘(鄭寅春)이 정소(呈訴)하기를, "한(韓)씨 양반 용직(龍直)이 한 자[尺]가 되지 않는 땅에 몰래 매장하여 누차 패소[落科]하였는데 끝내 이장하지 않았습니다."라고 하였다.

제사(題辭) : "누차 패소하였고 또 (관가에서) 다짐[納侤]하였는데 끝내 옮기지 않았으니, 민습(民習)이 놀랍다. 일이 마땅히 엄하게 곤장을

---

38) 참량(參量) : 참작(參酌). 이리저리 비추어 보아서 알맞게 고려함.

치고 파낼 것을 독촉해할 것이다. 잠시 용서하니 즉시 파내어 가고 다시는 번거롭게 호소함이 없도록 할 일." **피고[彼隻]**

여기서 문제가 된 무덤은 여러 차례의 명령에도 불구하고 이장되지 않았다. 청원자인 정인춘은 1891년 2월 21일 같은 내용의 상소를 또 올렸는데, 수령은 "관아의 제사에 같은 사실을 거듭 상신(上申)하니 한결같이 완강한 민습이 놀랍다. 즉각 파서 옮겨서 다시는 번거롭게 떠들썩한 일이 없도록 함이 마땅할 일."이라는 제사를 내렸다. 이와 같은 문제에 대해 수령은 때때로 추가 제사까지 내리며 "(몰래 묻은 시신을) 파서 이장하지도 않고 또한 소송에 응하지도 않으니 다만 패악한 습성일 뿐만 아니라 역시 법을 멸시하는 것이 극히 놀라울 만하다"(일련번호 245)고 한탄하곤 하였다.

이런 사례는 수령이 지닌 형벌권으로 표현되는 인민에 대한 지배력의 한계를 나타내는 것이다. 대다수의 민은 관의 판결을 거스를만한 힘을 지니지는 못했으나 피고가 판결에 따르지 않아 다시 소를 내는 일은 민장치부책에 흔히 보이는 사례이다. 형사재판의 경우 판결이 내려지면 재판기관의 형벌권 내에 있는 사건은 곧바로 형이 집행되므로 판결의 효력이 즉각 발생한다고 할 수 있다. 하지만 민사사건, 특히 산송과 같은 문제는 수령의 명령에 대한 효력이 즉각적으로, 또 완전한 형태로 발생하기를 기대하기가 어려웠다.

민인 간의 경제적 분쟁 중에는 채대, 즉 채무이행에 대한 소송도 다수 차지하고 있었다. 주로 개인 간의 단순채무관계가 주를 이루었지만, 특히 도박빚의 추급·늑탈과 관련한 소송도 다수 등장하는 등 당시 진천에서 도박이 사회적 문제로 대두되고 있음을 알 수 있었다. 대표적인 채대 관련 사례를 살펴보면 아래와 같다.

66. 추심

산정면(山井面) 진석(眞石)에 거주하는 김진옥(金振玉)이 정소(呈訴)하기를, "족인(族人)인 경계(卿契)에게 빌려준 전(錢) 70냥(兩) 및 도조(賭租) 12석(石)을 잡아다가 받아 주시기 바랍니다."라고 하였다.

제사(題辭) : "과연 소장의 말과 같다면, 김(金)씨가 미루어[延拖] 갚지 않는 것은 어떤 인심(人心)이며, 무릇 백성이 상(喪)을 당하면 힘을 다하여 돕는데[匍匐救之][39] 하물며 동족(同族)의 사이에 갚지 못한 빚이라니? 일일이 준비하여 지급하고, 이처럼 재물로써 동족(同族)의 도리(道理)가 상하지 않는다면 이 또한 풍화(風化)의 아름다움이 아니겠는가?"

채대에 대한 소송 중 군(郡)의 경계를 넘어 이루어졌음을 보여주는 사례도 있다. 1891년 1월 10일 서울에 사는 이(李) 별제(別提)[40] 댁(宅) 노비 귀봉(貴奉)이 정소(呈訴)하기를, "이순길(李順吉)과 박연규(朴然圭)가 진 빚을 받아 주십시오."라고 하였다는 기사가 있고, 이에 대해 수령은 "사실을 조사하여 (돈을) 받아낼 것이니 이(李)씨와 박(朴)씨 두 놈을 즉시 데리고 올 일."이라는 제사를 내렸다. 채권자가 군민이 아닌, 먼 곳에 사는 사람임에도 수령이 적극적으로 이 문제를 해결하려는 모습을 보이고 있어 흥미롭다고 하겠다.

경제적 분쟁은 비단 개인과 개인 사이에서만 발생한 것은 아니었다.

---

39) 포복구지(匍匐救之) : 급히 서둘러 구한다는 뜻으로, 남의 상사(喪事)에 힘을 다하여 돕는 것을 뜻함.

40) 별제(別提) : 조선시대 여러 관서의 정·종6품 관직.

개인과 집단, 특히 문중이나 동민(洞民) 여러 명이 특정 개인을 대상으로 소송을 제기하기도 했다. 『진천 민장치부책』에도 그런 사례들을 심심치 않게 찾아볼 수 있었다. 대표적으로 특정 집단이 내부의 담당자를 고발한 사례인데, 향교(鄕校)에서 발생한 아래의 민장이 그것이다.

154. 향교

향교(鄕校)에서 아뢰기를, "비를 세우기 위해 수렴한 돈[立碑收斂錢]을 유사(有司)[41]에게서 지급하게 해주십시오."라고 하였다.

제사(題辭) : "비전(碑錢)을 건몰(乾沒)한 유사(有司)가 이 어떤 마음[心腸]인가? 일이 마땅히 잡아 가두고 낼 것을 독촉함이 옳으나 잠시 용서하니 즉시 일일이 갖추어 바치고, 만약 한결같이 연기하여 시행하면 엄히 장을 쳐서 낼 것을 독촉할 일."

경제적 분쟁 중에서 토지의 매매나 환퇴(還退, 권매) 등과 관련한 전답송도 다수 나타났다. 사적 소유권을 완전 이전하는 것이 매매라면, 환퇴는 조건부 매매로서 채무를 이행하면 다시 소유권을 되돌려 받는 거래이다. 하지만 많은 경우 매수자가 환퇴를 수긍하지 않아 분쟁이 발생하였다.

183. 산송-장지

행정면(杏井面) 이택수(李宅洙)가 정소(呈訴)하기를, "양반 유기완(柳基完)에게서 산소를 사서 부모를 묻었습니다. 또한 산 아래에 사는 백성 6명에게 산값을 내고 화전(火田)을 경작케 하였는데, 그 중 5명은

41) 유사(有司) : 단체 또는 자생적 모임에서 사무를 맡아보는 직책의 이름. 소임(所任)이라고도 한다.

환퇴(還退)한다고 말하였으나 유독 윤도정(尹都正)만이 퇴급(退給)을 긍정하지 않습니다."라고 하였다.

제사(題辭) : "과연 소장에서 말한 것과 같이 조상을 위하는 마음[爲先之心]은 사람마다 각자 있으며 비록 상천민이라도 또한 그러한데, 하물며 윤도정이겠는가? 통정대부(通政大夫)로서 사체(事體)를 응지(應知)하는데도 도리어 저들만 같지 못하니, 듣건대 매우 개탄스럽다. 지금 이후로는 번연히 뉘우치고 깨달아서 하나같이 여섯 명의 응낙(應諾)을 따라, 이(李)씨 양반으로 하여금 그 조상의 무덤[先壟]을 지킬 수 있도록 함이 마땅할 일."

이상이 민인 간의 경제적 분쟁이었다면, 그 비중은 적지만 민인 간의 사회적 분쟁에 대한 내용도 다양하게 나타나 있다. 우선 농민들의 생존에 필수적이었던 초지, 수리 등의 이용권을 둘러싼 갈등이 보인다. 공동수리 시설이 개인의 이해관계와 대립함으로써 야기되는 갈등도 있었다. 『진천민장치부책』에는 관개문제를 다룬 기사가 세 건이 실려 있다. 이런 기사는 분쟁의 원인뿐만 아니라 당시 해당 지역의 민들 가운데 덕망이 있던 사람을 유추할 수 있는 실마리가 되기도 한다.

155. 수리

월촌면(月村面) 장결보(長結洑)의 작인(作人)들이 정소(呈訴)하기를, "보(洑)의 주인 정상원(鄭尙遠)이 홀로 많은 수로[灌]를 욕심내어 정윤원(鄭允遠)으로 이화실(李化實)을 바꿔[改差]주십시오."라고 하였다.

제사(題辭) : "이들이 보고한 소장은 듣건대 매우 가상하다. 호소한 바에 의해 정(鄭)씨 양반으로 이화실(李化實)을 차출하였으니, 관개(灌漑)를 균평하게 하여 이 한 평의 작인들로 하여금 즐겁게 살도록 함이 마땅할 일."

187. 수리

덕(문면) 상덕(上德), 차상(次上), 덕(문면) 차하(次下), 장척(長尺), 중리(中里)에 사는 백성들이 정소(呈訴)하기를, "다섯 동의 보(洑) 주인을 이덕호(李德浩)로 바꿔[改差] 주십시오."라고 하였다.

제사(題辭) : "땅에는 결(結)이 아닌 땅이 없고 또한 경작하지 않고는 먹고 살 수 없으니, 이러한 까닭으로 농사짓는 자는 천하의 대본(大本)이다. 해당 동이 보를 축조하고 근면하게 농사짓는 것은 듣건대 매우 가상하다. 결(結)이 있는 땅을 경작하되 결세[結]를 내지 않음은 이 어떤 민습이고, 보의 주인에 이르러서는 작자(作者)들이 원하는 대로 이덕호로 바꾸는 것을 허락하니 결전(結錢)은 즉시 일일이 납부를 마침으로써 공(公)을 먼저하고 사(私)를 나중에 하는 것[先公後私]으로 한다. 만약 한결같이 연기하여 미루면, 잡아가두고 바칠 것을 독촉할 일." **5동존두민(五洞尊頭民)**

거피입본(去皮立本)에 관한 내용도 4건이 나타난다. 거피입본이란 소가죽을 벗겨 관청에 바치고, 고기는 시중에 팔아서 그 돈으로 다시 어린 송아지를 구입해서 키우는 관행이다. 소를 잡는 데 관청의 허가가 필요했던 이유는 조선시대에 이른바 삼금(三禁)이 정책화되어 있었기 때문이다. 삼금이란 송금(松禁), 우금(牛禁), 주금(酒禁)을 말하는 것으로, 송금은 집을 짓거나 배를 만드는 데 쓰이는 소나무를 함부로 베지 못하게 한 것이고, 우금은 농사일에 소중하게 쓰이는 소를 함부로 도살하지 못하게 한 것이며, 주금은 함부로 술을 빚는 걸 법으로 금지하는 것이었다. 거피입본은 도살을 원하는 민과 관청의 일종의 타협책이었다. 그렇기 때문에 민은 도살의 정당한 근거, 즉 소가 더 이상 농사일에 쓰이지 못하는 상태가 되었음을 설득력 있게 제시해야 했다.

21. 농우

문방면(文方面) 원암(元岩)의 노비 민용복(閔用卜)이 정소(呈訴)하기를, "인근 동리에서 소를 몰아 절구질[舂米]을 하던 중에 (소의) 다리가 부러졌습니다. 병든 소를 잡아 그 가죽으로 송아지를 살 수 있게[去皮立本][42] 해주십시오."라고 하였다.

제사(題辭) : "소를 잡아 송아지를 사도록[去皮立本]할 일." **공고자(工庫者)**[43]

『진천 민장치부책』의 제사 내용을 살펴보면 가부장적인 조선시대의 정서 속에서 과부나 고아에 대해 가엾게 여기고 배려하려는 움직임도 찾아볼 수 있다. 이것은 특히 '외로운 과부' 내지 '하물며 과부에게'라는 식의 표현으로 나타난다.

2. 추심

만승면(萬升面) 내당(內堂)의 노비 정원복(鄭元卜)이 정소(呈訴)하기를, "제 상전(上典)인 과부[寡居] 부인이 월촌면(月村面) 성평(城坪)의 양반 이덕일(李德一)에게 이자로 5할을 변급하기로 하여 침전(針錢) 70냥(兩)을 빌려주었습니다. 원금[元錢]은 갚았으나 이자[利錢] 35냥은 끝내 갚지 못하였으니, 관에서 받아 주십시오."라고 하였다.

제사(題辭) : "돈을 쓴 자가 갚는 것은 당연한 것인데, 하물며 과부의 돈이랴? 이자 35냥은 즉시 준비해서 갚도록 하라. 만약 한결같이 미루어 다시 호소하는 단서가 생기면 이덕일을 곧장 잡아 가두어 낼 것을 독촉[督捧][44]할 일."

---

42) 거피입본(去皮立本) : 병든 소를 잡아 그 가죽을 팔아 송아지를 산다는 뜻.
43) 공고자(工庫者) : 각 관아에서 기구를 넣어두는 창고를 지키던 종.
44) 독봉(督捧) : 요금 또는 빌려준 돈이나 물건 등을 독촉하여 거두어들임.

7. 종중답

이곡면(梨谷面) 장양(長楊)의 정(鄭)씨 과부(寡婦)가 정소(呈訴)하기를, "종답(宗畓) 1석락(石落) 1두락(斗落)을 시당숙(媤堂叔)[45]이 방매(放賣)하려고 하니, 관에서 금단하는 뜻의 완문(完文)[46]을 내려주십시오."라고 하였다.

제사(題辭) : "홀아비와 자식이 없는 사람조차도 쇠약한데 하물며 외로운 과부야 (어떠하겠는가?) 그 당내(堂內)[47]의 사람으로 하여금 마땅히[理當] 보호하도록 해야 함에도, 반대로 속여서 빼앗으려는 것이 차마 할 일인가? 이 같은 마음이 다시 생기지 못하게 하고 더욱 돌보아서[顧護] 그 외로운 과부로 하여금 보호받도록 하고, 또한 그 집안이 두터워지고 화목하며 사랑하고 구휼함이 넘치게 할 것. 이를 마땅히 완문으로 내리니, 이 제사(題辭)를 즉시 입지(立旨)[48]할 일."

14. 산송-투장

이곡면(梨谷面) 장양(長楊)의 김장손(金長孫)이 정소(呈訴)하기를, "제 아버지의 묘소 근처 방(동면) 화성(花城)에 이름을 알 수 없는 김가(金哥)가 몰래 매장[偸葬]하였으니, 잡아서 독촉하여 파내게 해주십시오."라고 하였다.

제사(題辭) : "김가가 고아를 멸시하여 매우 가까운 땅[狎近之地][49]에

---

45) 시당숙(媤堂叔) : 남편의 당숙.

46) 완문(完文) : 조선시대 관부에서 고을, 동리, 단체, 민에게 발급하여 사실이나 권리를 인정하는 확인서.

47) 당내(堂內) : 같은 성(姓)을 가진 팔촌 안에 드는 일가. 집안에 초상이 나면 상복을 입게 되는 가까운 친척을 이른다.

48) 입지(立旨) : 신청서 끝에 신청한 사실을 입증하는 뜻을 부기하는 관부의 증명. 소장을 내고, 그에 대해 간단한 제사를 받은 이 소장이 바로 입지가 된다.

몰래 매장하니 이 어떤 악습인가? 곧 무덤을 파서 옮기고, 곤장을 때리거나 가두지 말고 독촉하여 파내게 하라." **피고[彼隻]**[50]

이런 온정주의적 태도가 미혼 남성에게도 마찬가지로 적용되었던 사례도 있다. 결혼하여 일가를 이루는 것이 백성의 기본적인 삶의 형태로 여겨졌기 때문이었던 탓이리라.

332. 혼인

경상도 예천(醴泉) 이혹석(李或石)이 정소(呈訴)하기를, "어린 제[小童]가 비둘기처럼 (푼푼이) 품삯[雇錢]을 모아[鳩取] 결혼을 하려고 하는데, 이제 갑자기 파혼[背婚] 당해 지극히 원통합니다."라고 하였다.

제사(題辭) : "너의 신세가 딱하게도 타향을 떠돌아다니니[飄零] 하물며 총각이라 (더 말할 필요가 있겠는가?) 요행히 상하삼숙(桑下三宿)[51]의 인연을 얻었다가 (그) 행운이, 밭이 변해 바다가 되듯이[田易改海] (역전되었으니 결혼의) 맹세는 기약하기 어렵구나[誓難期]. 네가 비록 미생지신(尾生之信)[52]이라고 해도 그 여자가 다시 다른 사람을

---

49) 압근지지(狎近之地) : 무덤이나 집터 따위의 바로 곁에 이웃하여 있는 땅. 가까이 있는 땅.

50) 피척(彼隻) : 고소를 당한 상대방. 척(隻)이라고도 한다. 군수가 피고 정씨에게 형벌을 적용하기 전에 돈을 갚으라고 기회를 준 것이다.

51) 상하삼숙(桑下三宿) : 한 곳에서 3일을 지내면 그 곳을 잊지 못하여 그리워하는 마음이 생긴다는 의미로 쓰임. 『사십이장경(四十二章經)』의 뽕나무 밑에서 3일 밤을 자면서 도(道)를 닦은 승려가 그곳을 잊지 못하여 그리움이 생겼다는 구절에서 유래함.

52) 미생지신(尾生之信) : 우직하여 융통성이 없이 약속만을 굳게 지킴을 비유적으로 이르는 말. 중국 춘추시대에 미생(尾生)이라는 자가 다리 밑에서 만나자고 한 여자와의 약속을 지키기 위하여 홍수에도 피하지 않고 기다리다가 마침내 익사하였다는 고사에서 유래한다. 『사기』 「소진전(蘇秦傳)」에 나오는

좋아한다[耽]는 것은 말이 안 된다.”

민장치부책의 제사는 대부분 간략하게 기록되어 있지만 예외적으로 고사성어나 시적인 표현을 동원하여 상세한 기록을 남긴 경우도 있다. 그런 기사는 내용상 전통적 질서가 흔들리는 사회상에 대한 수령의 한탄이 주를 이룬다. 흥미로운 두 사례를 살펴보자.

248. 청원 – 구휼

강원도 철원(鐵原) 황기현(黃琦絃)이 정소(呈訴)하기를, “객지에 살아 주머니가 비어있으니 도와주셔서 진휼을 행하시기 바랍니다.”라고 하였다.

제사(題辭) : “이 소장을 보고서 그 용모를 살펴보니 문사(文士)라고 할 수 있지 구걸하는 사람이라고 할 수는 없다. 빈손으로 왔다가 빈손으로 가는 게 (인생이라지만) 어떤 우여곡절[委折]이 있었길래 (이 지경이 되었는가!) 시름겨운 두견새가 달밤에 슬피 운 적[愁鵑啼月][53]이 반드시 많았을 것이니 슬픈 (감정으로만 그 원인을) 돌리는 것과는 같지 않다. 외로운 등불 비추고 나그네 집에 있는데 게다가 배를 곯은 탄식이 더하니, 두꺼운 솜옷[締袍][54]을 선물하고 (돈) 주머니와 (음식) 그릇[囊鐥]을 주는 것이 오히려 득중(得重)[55]할 수 있을

말이다.

53) 수견제월(愁鵑啼月) : 구전되는 한시의 한 구절로 추정된다. “공수래공수거(空手來空手去)하니 인생일장춘몽(人生一場春夢)이라. 평토제인산후(平土祭人散後)에 두견제월황혼(杜鵑啼月黃昏)이라.” (빈 손으로 왔다가 빈 손으로 가니 인생 봄날에 한순간의 꿈이요, 땅에 묻고 하산하여 각기 흩어지니 달밤에 두견새만 울더라.)

54) 체포(締袍) : 제포(綈袍, 두꺼운 비단으로 만든 솜옷)를 가리키는 것으로 보인다.

것이다. 하물며 큰 강의 물가[濆]에서 괴물(怪物)이 꼬리를 흔들며 불쌍하게 구걸하는 경우야 (더 말할 필요가) 있겠는가?[56] 한 잔의 물로 목말라 위급한 사람[涸轍][57]을 구하려 해도 역시 어찌 쉽겠는가? 3냥의 돈을 자선 명목으로 지급하여 3일치의 양식을 마련케 하는 것이 마땅할 일."

294. 산송 - 송추

산정면(山井面) 두촌(斗村) 송필현(宋必鉉)이 정소(呈訴)하기를, "선조이신 상산백(常山伯)[58]의 분묘 선산이 두촌 뒷기슭에 있는데 안락규(安樂奎)가 송추(松楸)를 몰래 벌채하고 함부로 억새풀[荻草]을 개간했으니 잡아다가 속전을 거두고 죄를 판결해 주십시오."라고 하였다.

제사(題辭) : "상산백(常山伯)의 공훈은 비록 어리석은 아낙네라도 다 알고 칭송하는데 하물며 그 의관이 현동(縣東)에 소장되어 있으니

55) 득중(得重) : 소중한 바를 얻는다, (일의 중요한) 요점을 얻는다 정도의 의미가 아닌가 한다.

56) 大江之濆 … 乞憐者乎 : 『고문진보』(후집) 「한유(韓愈) 응과목시여인서(應科目時與人書)」에 나오는 고사. 물을 만나면 크게 조화를 부리지만 물이 말라버리면 하잘 것 없는 '괴물'에게 힘 있는 사람이 그 처지를 안타깝게 여겨 작은 수고를 해서 옮겨주면 큰 기회를 얻을 수 있다는 내용으로, 과거 시험에 응하는 한유가 시험관에게 자신을 소개하는 글로 유명하다. 여기서는 진천군수가 소장을 낸 황기현을 어려운 처지에 있어 아직 기회를 얻지 못한 인재로 여기고 한유의 글을 인용하여 동정한 것이다.

57) 학철(涸轍) : 학철부어(涸轍鮒魚)의 준말로, 수레바퀴 자국에 괸 물 속에 있는 붕어라는 뜻으로, 매우 위급한 상황에 처한 사람을 이르는 말이다.

58) 상산백(常山伯) : 고려중기 문신으로 진천송씨 중시조인 송인(宋仁, ?~1126)을 가리킨다. 그의 묘소는 현재 진천군 덕산면 두촌리에 있다. 송인은 고려시대인 1126년(인종 4) 이자겸(李資謙)의 난 때 인종을 호위하다가 척준경(拓俊京)이 이끄는 난군(亂軍)에 의해 피살되었다. 난이 평정된 후 좌리공신(佐理功臣)에 추증되고 상산백(常山伯)에 봉해졌다.

비록 땔나무 줍고 소치는 아이[樵童牧豎]라 해도 역시 금지하고 보호하는 것을 알고 있다. 꼴 베는 사람도 감히 그곳에 가지 않는 것이 그 유래가 이미 오래되었다. 아! 저 안씨 양반 역시 사대부의 후예로서 마땅히 사리와 체면[事體]을 알고 상산 땅에 거주하고 있는데 상산백을 멸시하고 감히 (묘를) 수호하는 소나무를 베고 심어놓은 억새풀을 파헤쳤으니, 선산에는 초목이 없는[童濯] 탄식이 생기고 묘에는 억새풀이 사라지는[莸汰] 우려가 있게 되었다. 듣건대 매우 불량하구나. 사실대로 조사해서 징계할 것이니 안씨 양반을 잡아 대령할 일." **주인(主人)**

여기서 언급된 상산백(常山伯)은 고려중기 문신으로 진천 송씨 중시조인 송인(宋仁, ?~1126)을 가리킨다. 그의 묘소는 현재 진천군 덕산면 두촌리에 있다. 송인은 고려시대인 1126년(인종 4) 이자겸(李資謙)의 난 때 인종을 호위하다가 척준경(拓俊京)이 이끄는 난군(亂軍)에 의해 피살되었다. 난이 평정된 후 좌리공신(佐理功臣)에 추증되고 상산백(常山伯)에 봉해졌다. 이 민장의 내용, 특히 상세한 제사의 내용은 전통적인 지배질서를 지키고자 하는 관의 입장과 노력이 절실히 드러나는 사례라 보겠다.

이상과 같이 『진천 민장치부책』은 19세기 말 진천에서 살아가던 민의 당면한 일들과 이에 대한 관의 입장, 그리고 그 속에 내재한 역학관계 등을 살펴볼 수 있는 귀한 자료이다. 따라서 연구자들에게는 이 책이 향촌 민인들의 삶을 미시적인 관점에서 들여다볼 수 있는 한 실마리가 될 수 있을 것이다. 나아가 같은 시기 다른 지역에서 작성된 민장치부책과 비교하거나 1891년 전후의 자료들과 상호 비교하여 사회변화를 추적해 볼 수 있는 자료로 활용되기를 바란다.

『사송록(詞訟錄)』 진천(鎭川)편 제1책

(1891년 1월)[1] 초6일

1. 전답송

안성(安城)에 사는 김찬경(金粲經)이 정소(呈訴)하기를, "기축년(1889) 3월초 쯤 논 11두락(斗落) 3승락(升落)을 3년 기한 내에 환퇴(還退)[2]할 뜻으로써 백곡면(栢谷面) 서광서(徐光瑞)에게 권매(權賣)[3]

1) 제1책은 연월 표시가 없이 6일부터 21일까지의 민장이 나온 후 낙장(일련번호 55번과 56번 사이)이 있고, 다시 5일부터 29일까지의 민장이 수록되어 있다. 제2책에 1891년 2월분의 민장이 수록되어 있다는 것을 감안하면 제1책은 1890년 12월 또는 1891년 1월경의 민장으로 보인다. 그런데 규장각본의 해제(심재우)는 제1책의 첫 번째 기사(일련번호 1번)에서 안성(安城)에 사는 자가 기축년(己丑年, 1889)에 3년 기한으로 백성에게 임시로 판 토지를 아직 되돌려 받지 못했다고 관에 호소하는 민장이 있는 것을 들어, 제1책의 앞부분에 실린 민장이 1890년의 것이라기보다 1891년의 민장으로 보는 것이 합리적이라고 하였다. 즉 제1책에는 1891년 1월분의 민장만을 수록한 것이고, 뒷부분에 실린 민장은 앞부분의 1월분 민장을 필사한 후 빠진 부분을 추가로 보충한 것이라는 것이다. 이상의 추론이 확정적이지는 않지만, 각 책이 1개월씩을 기준으로 분책되어 있다는 점에서 설득력이 있는 설명이라고 본다. 따라서 1책의 연월은 1891년 1월로 표기한다.

2) 환퇴(還退) : 산 땅이나 집 등을 도로 물리는 것.

하였는데, 돌려주지 않았습니다."라고 하였다.

제사(題辭)[4] : "가고(可考)[5]할 만한 문적(文蹟)을 가지고 데리고 와서 대질[對卞]할 일." **주인(主人)**[6]

2. 추심

만승면(萬升面) 내당(內堂)의 노비 정원복(鄭元卜)이 정소(呈訴)하기를, "제 상전(上典)인 과부[寡居] 부인이 월촌면(月村面) 성평(城坪)의 양반 이덕일(李德一)에게 이자로 5할을 변급하기로 하여 침전(針錢) 70냥(兩)을 빌려주었습니다. 원금[元錢]은 갚았으나 이자[利錢] 35냥은 끝내 받지 못하였으니, 관에서 받아 주십시오."라고 하였다.

제사(題辭) : "돈을 쓴 자가 갚는 것은 당연한 것인데, 하물며 과부의 돈이랴? 이자 35냥은 즉시 준비해서 갚도록 하라. 만약 한결같이 미루어 다시 호소하는 단서가 생기면 이덕일을 곧장 잡아 가두어 낼 것을 독촉[督捧][7]할 일."

---

3) 권매(權賣) : 다시 무르기로 약속하고 잠시 동안 권도(權道)로 팔고 사는 일.

4) 제사(題辭) : 조선시대 관부(官府)에 올린 소장(訴狀)의 여백에 쓰는 판결문 또는 처결문. 소지를 관계 관부에 올리면 내용을 살펴본 뒤 소지에 대한 판결을 내리게 되는데, 이를 '데김[題音]' 또는 '제사(題辭)'라고 한다. 데김은 소지의 왼쪽 아래 여백에 쓰며, 그 여백이 모자라면 뒷면에 계속해서 쓰기도 하고 별지를 붙여서 쓰기도 한다. 데김을 적은 소지는 그 소지를 올린 사람에게 돌려주어 그 판결에 대한 증거 자료로 보관하도록 하였다.

5) 가고(可考) : 참고할 만함, 생각해 볼 만함.

6) 주인(主人) : 지방 군현과 중앙, 도(道), 면(面)을 연결시키는 직임을 담당하는 이서. 경주인, 영주인, 면주인 등이 이들인데, 여기서는 면주인을 가리킨다. 제사(題辭)의 말미에 주인(主人)이라고 쓴 것은 이 처결을 시행할 사람으로 면주인을 지정한 것이다.

3. 추심

전의(全義)의 신병태(愼柄泰)가 정소(呈訴)하기를, "서암면(西岩面) 비립(碑立)의 이일삼(李一參)에게 고가(雇價)[8] 110냥(兩)을 받아 주십시오."라고 하였다.

제사(題辭) : "원래 정해진 고가(雇價)를 힘이 달려 미치지 못해 지급하지 못한 것이니, 변전(邊錢)[9]을 담당함에 갚지 않으려는 마음이 생기는 것을 가히 알 만하다. 내용을 조사하여 받아 주도록 하고, 이어서 이일삼(李一參)을 데려와 대령할 일." **장민(狀民)**[10]

(1891년 1월) 초8일

4. 군보답

공주(公州) 이인(利仁)의 이백천(李白川) 댁(宅) 마름[舍音] 김응삼(金應三)이 정소(呈訴)하기를, "'장(場)' 자(字) 논 6두락(斗落)을 덕문면(德文面) 차상(次上)의 김순경(金順京)에게 매득(買得)했습니다. 그런데 (이 땅이) 군보답(軍保畓)[11]에 편성되어 있으니, 김순경(金順京)과 이금돌(李金乭)을 잡아와 내용을 조사하게 해 주십시오."라고

---

7) 독봉(督捧) : 요금 또는 빌려준 돈이나 물건 등을 독촉하여 거두어들임.
8) 고가(雇價) : 품삯.
9) 변전(邊錢) : 이자를 무는 빚돈.
10) 장민(狀民) : 소장을 낸 백성. 군수가 소장을 낸 신병태(愼柄泰)에게 피고인 이일참(李一參)과 일을 원만히 처결하라고 처결한 것이다.
11) 군보(軍保) : 조선시대 군역 의무자로서 현역에 나가는 대신 정군(正軍)을 지원하기 위해 편성된 신역(身役)의 단위. 군보답은 군포를 확보하기 위해 지정해놓은 전답을 가리키는 것으로 보인다. 시작(時作)을 주어 얻은 시작료로 군포를 충당하는게 아닌가 한다.

하였다.

제사(題辭) : "이(李)와 김(金) 두 명을 데리고 와서 대질[對卞]할 일." **장자(狀者)**[12]

5. 추심

초평면(草坪面) 삼선(三仙)의 손석영(孫錫永)이 정소(呈訴)하기를, "봉암(鳳岩)의 김경화(金京化)가 소 한 마리 및 목화(木花) 440근(斤)을 빼앗아 갔으니, 받아 주시기를 바랍니다."라고 하였다.

제사(題辭) : "김(金)씨 양반의 죄상이라고 일컫는 바는 관에서도 이미 통악(痛惡)해하고 있다. 식채(食債)[13]를 토색(討索)[14]함에 이르러서는 이 또한 적반하장(賊反荷杖)이다. 만약 다시 이 같은 폐단이 생기면 우선 그 동리에서부터 결박(結縛)하여, 즉시 와서 고할 일." **존동임(尊洞任)**[15]

(1891년 1월) 초10일

6. 노름빚

만승면(萬升面) 만죽(晩竹)의 노비 박득종(朴得從)이 정소(呈訴)하기를, "양반 신은조(愼恩祚)가 제 아우가 노름[雜技][16] 빚이 있다고

---

12) 장자(狀者) : 장민(狀民)과 마찬가지로, 원고가 피고와 원만히 해결토록 처결한 것이다. 다만 '者'字가 쓰인 것은, 마름[舍音]이었던 원고의 낮은 지위 때문인 것으로 보인다.

13) 식채(食債) : 외상 음식을 먹고 생긴 빚.

14) 토색(討索) : 돈이나 물건 따위를 억지로 달라고 함.

15) 존동임(尊洞任) : 조선시대 지방 행정 말단인 동리의 직임.

칭하면서, 이웃에 거주하는 신씨 양반에게 (제가) 맡겨둔[任置] 약장(藥粧)을 빼앗아 갔으니, (이것을) 받아 주십시오."라고 하였다.

제사(題辭) : "설혹 마땅히 받을 물건[當捧之物]이 있고 갚을 사람이 이미 도망하여 몸을 숨겼으나, 그의 형에게 요구하는 것은 무슨 도리인가? 끝내 집을 뒤지는 것은 더욱 매우 놀라우며, 타인의 살림살이[汁物 → 什物][17]가 또한 그 중에 있었다. 노름빚이 있다고 해서 족징[18]을 하거나 집을 뒤지거나 심지어 다른 사람의 물건까지 받아내는 것은 이미 법에서 금지하고 있는데도, 신씨 양반은 홀로 공변된 법을 무시하는가? 낱낱이[這這] 돌려주도록 하고, 만약 예전처럼 계속 가지고 있으려 한다면, 곧 잡아서 엄히 다스리는 것이 옳을 일. 마땅히 영(營)에 보고하여 법을 적용할 일." **피고[彼隻]**

7. 종중답

이곡면(梨谷面) 장양(長楊)의 정(鄭)씨 과부(寡婦)가 정소(呈訴)하기를, "종답(宗畓) 1석락(石落) 1두락(斗落)을 시당숙(媤堂叔)[19]이 방매(放賣)하려고 하니, 관에서 금단하는 뜻의 완문(完文)[20]을 내려주십시오."라고 하였다.

제사(題辭) : "홀아비와 자식이 없는 사람조차도 쇠약한데 하물며

---

16) 잡기(雜技) : 투전이나 골패 따위의 잡된 여러 가지 노름.

17) 집물(什物) : 집안이나 사무실에서 쓰는 온갖 기구.

18) 족징(族徵) : 부세를 납부하지 못하거나 고리대를 갚지 못하고 도피하여 받기 어려운 사정이 있을 때, 그 친족에게 대신 징수하는 것.

19) 시당숙(媤堂叔) : 남편의 당숙.

20) 완문(完文) : 조선시대 관부에서 고을, 동리, 단체, 민에게 발급하여 사실이나 권리를 인정하는 확인서.

외로운 과부야 (어떠하겠는가?) 그 당내(堂內)[21]의 사람으로 하여금 마땅히[理當] 보호하도록 해야 함에도, 반대로 속여서 빼앗으려는 것이 차마 할 일인가? 이 같은 마음이 다시 생기지 못하게 하고 더욱 돌보아서[顧護] 그 외로운 과부로 하여금 보호받도록 하고, 또한 그 집안이 두터워지고 화목하며 사랑하고 구휼함이 넘치게 할 것. 이를 마땅히 완문으로 내리니, 이 제사(題辭)를 즉시 입지(立旨)[22]할 일."

(1891년 1월) 11일

8. 산송-투장

이곡면(梨谷面) 노곡(老谷)의 김장손(金長孫)이 정소(呈訴)하기를, "어린 저[矣童][23]의 친산(親山)[24]이 방(동면) 화성(花城) 땅에 있는데, 본 동네에 거주하는 이(李)씨가 몰래 매장[偸葬][25]한 후 주로 도망을 다니기만 하여 끝내 무덤의 이장(移葬)을 못하게 되었습니다." 라고 하였다.

---

21) 당내(堂內) : 같은 성(姓)을 가진 팔촌 안에 드는 일가. 집안에 초상이 나면 상복을 입게 되는 가까운 친척을 이른다.

22) 입지(立旨) : 신청서 끝에 신청한 사실을 입증하는 뜻을 부기하는 관부의 증명. 소장을 내고, 그에 대해 간단한 제사를 받은 이 소장이 바로 입지가 된다.

23) 의동(矣童) : 보통 자신을 지칭할 때 '矣'자를 쓰지만, 이 경우는 정소자(呈訴者)가 성혼(成婚)하지 못했기 때문에 겸사(謙辭)로서 '童'자를 붙인 것으로 보인다.

24) 친산(親山) : 부모님의 산소.

25) 투장(偸葬) : 남의 눈을 속여 타인의 묘지 또는 산림에 매장하는 행위.

제사(題辭) : "만약 소장(訴狀)의 말과 같다면, 이(李)씨 놈이 무덤의 가장자리[脣]를 잘라 몰래 매장한 것은 매우 통악(痛惡)스럽다. 무덤 주인이 (도망하여) 없다고 하니 그가 돌아오기를 기다렸다가 곧 데려와 대령할 일." **장동(狀童)**

9. 산송-송추

덕문면(德文面) 상가(上加)의 이규영(李奎永) 등이 정소(呈訴)하기를, "조재숙(趙載琡)의 송추(松楸)[26] 값을 받아 주십시오."라고 하였다.

제사(題辭) : "조(趙)씨 양반이 관정(官庭)에서 무소(誣訴)하고는 스스로 소송에서 이겼다고 말하면서 송추(松楸)를 마구 쪼개고 찍었다. 그러나 내가 몸소 심사하는 지경에 이르러서는 간악한 정상이 탄로났으니 마땅히 그 비리호송(非理好訟)[27]의 습속을 엄히 다스리며, 또한 그 소나무의 값을 받아낼 일."

10. 추심

전의(全義)의 신병태(愼柄泰)가 정소(呈訴)하기를,[28] "이일삼(李一參)에게 고가(雇價)를 받아 주십시오."라고 하였다.

제사(題辭) : "고가(雇價)를 완전히 지급하지 않은 것은 어떤 불량한

26) 송추(松楸) : 산소의 둘레에 심는 나무를 통틀어 일컬음. 주로 소나무와 가래나무를 심음.

27) 비리호송(非理好訟) : 이치에 맞지 아니한 송사를 잘 일으킴.

28) 초 6일에 이미 고가(雇價)의 추급(推給)을 요청하는 정소(呈訴)를 올린 바 있다. 이에 대해 실상을 조사해 고가를 추급하며, 죄인 피고 이일삼(李一參)을 잡아 대령하라고 분부하였다.

마음이며, 관에서 명을 내렸음에도 잡아 대령치 못한 것에는 사나운 습속이 없지 않다. 마땅히 잡아 엄히 다스리는 것이 옳지만 잠시 용서하거늘, 이 제지(題旨)[29]를 가져가 일삼(一參)에게 보여주고 계산에 맞게 추심(推尋)[30]하라. 만약 계속 제멋대로이면, 우선 완강히 거부하는 습속을 다스리고 난 후 고가(雇價)를 받아낼 일."

11. 전답송

읍(邑)의 최(崔) 조이[召史][31]가 정소(呈訴)하기를, "친가(親家)의 위답(位畓)[32] 4두락(斗落)을 시사촌(媤四寸)[33] 이광오(李光五)가 훔쳐 팔아 가져갔으니, (그를) 잡아 (돈을) 받아 주십시오."라고 하였다.

제사(題辭) : "모두 데리고 와서 대질[對卞]할 일." **주인(主人)**

12. 비리호송

방동면(方洞面) 부창(夫昌)의 우현문(禹顯文)이 정소(呈訴)하기를, "김윤서(金允西)를 상대로 관에 정소한 문장(文狀)[34]을 내어주십시오."라고 하였다.

제사(題辭) : "네가 당한 바의 일을 관에서는 처리할 수 없으며, 의송(議

---

29) 제지(題旨) : 제사(題辭).

30) 추심(推尋) : 찾아내서 가져옴.

31) 조이[召史] : '조이'로 발음한다. 성 아래에 붙여 과부(寡婦), 혹은 양민의 처를 점잖게 일컫는 말.

32) 위답(位畓) : 위토(位土) 혹은 위토답(位土畓). 제사의 설행을 위한 비용의 마련을 위해 설정한 토지.

33) 시사촌(媤四寸) : 남편의 사촌.

34) 문장(文狀) : 관아에서 쓰는 서류.

送)[35]하는 습속은 너희들이 그 예이다. 다시는 번거롭고 떠들썩하게 하지 말 일."

13. 전결세

북변면(北邊面) 지석(支石)의 이성국(李聖國)이 정소(呈訴)하기를, "장야평(長夜坪)에 있는 일일경(一日耕)[36] 땅의 반(半)이 포락(浦落)[37]되었습니다. 결복(結卜)[38]을 반으로 줄여서 (절반을) 면제[頉給]해[39] 주십시오."라고 하였다.

제사(題辭) : "상세히 조사해 감하여 줄 일." **수조색(收租色), 해당 서원[40]과 도서원[41][該書員都書員]**

14. 산송-투장

이곡면(梨谷面) 장양(長楊)의 김장손(金長孫)이 정소(呈訴)하기를, "제 아버지의 묘소 근처 방(동면) 화성(花城)에 이름을 알 수 없는 김가(金哥)가 몰래 매장[偸葬]하였으니, 잡아서 독촉하여 파내게 해주

---

35) 의송(議送) : 백성이 고을 본관에 제소하였다가 패소하여, 다시 관찰사에 상소하던 일. 소장은 반드시 고을 본관을 거쳐 제소함.

36) 일일경(一日耕) : 하루에 갈 수 있는 밭의 크기.

37) 포락(浦落) : 전이나 답이 강물이나 냇물에 둑이 씻기고 무너져, 땅이 수면 밑으로 잠기는 것.

38) 결복(結卜) : 조세를 부담하는 토지 결수. 복(卜)은 부(負)와 같은 말로서 '짐'이란 뜻이다. 곡식 열 단을 한 짐으로 하고, 백 짐을 1결(結)로 하였다.

39) 탈급(頉給) : 특별한 사정이나 사고를 감안해 그 책임을 면제해 줌.

40) 서원(書員) : 조선시대 중앙과 지방의 각 관서에 배속되어 주로 행정 실무를 담당한 이속.

41) 도서원(都書員) : 서원(書員)의 우두머리.

십시오."라고 하였다.

제사(題辭) : "김가가 고아를 멸시하여 매우 가까운 땅[狎近之地][42]에 몰래 매장하니 이 어떤 악습인가? 곧 무덤을 파서 옮기고, 곤장을 때리거나 가두지 말고 독촉하여 파내게 하라." **피고[彼隻]**[43]

(1891년 1월) 12일

15. 입안

백곡면(栢谷面) 서수(西水)의 서계하(徐桂河)가 정소(呈訴)하기를, "김찬경(金贊京)의 답(畓) 송사(訟事) 중에 증인 이돌선(李乭先)이 이미 죽었으며, 손(孫) 선달(先達)[44]과 김찬경(金贊京)은 서로 친한 사람입니다. 환퇴문권(還退文券)[45]을 즉시 내려주시어, (땅을) 잃는 지경에 이르지 말게 해 주십시오."라고 하였다.

제사(題辭) : "대질[對卞]한 말에서는 이번 소송의 전후가 서로 반대된다. 증인될 만한 사람을 데리고 와서, 사실을 조사한 후 바르게 되돌릴 일."

16. 추심

만승면(萬升面) 내당(內堂)의 노비 정원복(鄭元卜)이 정소(呈訴)하기

---

42) 압근지지(狎近之地) : 무덤이나 집터 따위의 바로 곁에 이웃하여 있는 땅. 가까이 있는 땅.

43) 피척(彼隻) : 고소를 당한 상대방. 척(隻)이라고도 한다. 군수가 피고 정씨에게 형벌을 적용하기 전에 돈을 갚으라고 기회를 준 것이다.

44) 선달(先達) : 과거에 급제하였으나 아직 벼슬을 하지 않은 사람.

45) 환퇴문권(還退文券) : 도로 무르는 문서.

를, "이덕일(李德一)에게 빌려준 돈과 이조(利條)[46]를 (이덕일이) 끝내 준비하여 갚지 못했습니다."라고 하였다.

제사(題辭) : "한결같이 갚지 않는 것은 어떤 마음인가? 곧장 준비하여 지급하여 다시 번거로운 일이 없도록 할 일."

17. 전답송

덕문면(德文面) 차상(次上)의 김선경(金善京)이 정소(呈訴)하기를, "공주(公州) 이인(利仁)의 이백천(李白川) 댁(宅)이 구입한 답(畓)은 이쇠돌(李釗乭)이 판매한 답(畓)입니다. 사실을 조사하여 결정해 처리해 주십시오."라고 하였다.

제사(題辭) : "사실을 조사하여 결정해 처리할 것이니 이쇠돌(李釗乭)을 데리고 와서 대질[對卞]할 일." **주인(主人)**

18. 전답송

덕문면(德文面) 산직(山直)의 노비 이소대(李小大)가 정소(呈訴)하기를, "저의 집이 훈둔답(訓屯畓)을 해마다 경작했습니다. 지금은 노비 임복례(林卜禮)가 빼앗아 경작하고 있습니다."라고 하였다.

제사(題辭) : "노비 임복례(林卜禮)를 데리고 와서 대질[對卞]할 일." **장자(狀者)**

19. 도적

백(곡면) 용진(龍津), 유곡(楡谷), 덕가(德加)의 민인이 등소하기를,

46) 이조(利條) : 이자조(利子條). 이문(移文).

"저희 3동(洞)은 모두 힘을 합쳐 도적을 막는 것으로 계획을 세웠습니다. 도적의 우환을 만나도 (관아에서) 구해주시지 않아도 됩니다."라고 하였다.

제사(題辭) : "절발(竊發)[47]을 함께 살피고 쫓아 잡는 것은, 위로는 묘당(廟堂)[48]에서 이미 영칙(令飭[49])이 있었고 또한 순영(巡營)[50]에서도 감결(甘結)[51]이 있었다. 관에서도 또한 그것에 대해 근심하며 힘쓰고 있는데, 지금 이 같은 보고를 들으니 그 수고가 매우 아름답다. 만약 약속을 지키지 않는 자가 있으면, 마땅히 도적의 무리로 여겨 엄하게 통치할 것이다. 힘을 아우르고 마음을 하나로 하여 근심을 막고 거처를 편히 함이 마땅할 일."

20. 고가

서암면(西岩面) 비립(碑立)의 이일삼(李一參)이 정소(呈訴)하기를, "신병태(愼柄泰)의 고가(雇價)를 이미 모두 갚았으나, 지금 홀연히 100냥의 말로써 거짓된 송사를 관에 일으켰습니다."라고 하였다.

제사(題辭) : "신병태(愼柄泰)를 데리고 와서 대질[對卞]할 일." **장자(狀者)**

(1891년 1월) 13일

---

47) 절발(竊發) : 강도나 절도의 사건이 생김.
48) 묘당(廟堂) : 비변사(備邊司).
49) 영칙(令飭) : 명령을 내려서 단단히 일러 경계함.
50) 순영(巡營) : 감사(監司).
51) 감결(甘結) : 상급 관서에서 하급 관서로 내리는 문서.

21. 농우

문방면(文方面) 원암(元岩)의 노비 민용복(閔用卜)이 정소(呈訴)하기를, "인근 동리에서 소를 몰아 절구질[舂米]을 하던 중에 (소의) 다리가 부러졌습니다. 병든 소를 잡아 그 가죽으로 송아지를 살 수 있게[去皮立本][52] 해주십시오."라고 하였다.

제사(題辭) : "소를 잡아 송아지를 사도록[去皮立本]할 일." **공고자(工庫者)**[53]

22. 산송-투장

월촌면(月村面) 하룡(下龍)의 정병문(鄭炳文)이 정소(呈訴)하기를, "저의 친산(親山)이 근처에 있습니다만, 충주(忠州)의 민(閔)씨 양반이 몰래 매장[偸葬]하였습니다. 독촉하여 (무덤을) 파내도록 해주십시오."라고 하였다.

제사(題辭) : "데리고 와서 대질[對卞]할 일."

23. 추심

만승면(萬升面) 근어(謹語)의 노비 신만덕(愼萬德)이 정소(呈訴)하기를, "인근에 거주하는 양반 박(朴)씨가 곗돈 30냥(兩)을 입보(立保)[54]하여 받아간 후, 끝내 준비하여 갚지 못했습니다. 계인(稧人)들이 약장(藥粧)을 짊어지고 갔으나, (그는) 오히려 무고하다며 소송을 했습니다."라고 하였다.

---

52) 거피입본(去皮立本) : 병든 소를 잡아 그 가죽을 팔아 송아지를 산다는 뜻.
53) 공고자(工庫者) : 각 관아에서 기구를 넣어두는 창고를 지키던 종.
54) 입보(立保) : 보증을 서거나 보증인을 세움.

제사(題辭) : “박(朴)씨 양반의 소송과 너의 발괄[白活, 관청에 올리는 소장이나 청원서]의 일이 매우 모순된다. 박(朴)씨 동(童)의 형을 데리고 와서 대질[對卞]할 일.”

24. 추심

만승면(萬升面) 현암의 과계(科契)[55]가 등소(等訴)하기를, “근어(謹語)의 양반 박(朴)씨의 곗돈 30냥(兩)을 받아 주시기 바랍니다.”라고 하였다.

제사(題辭) : “이미 신(愼)씨 양반의 소장 내에서 살펴본 일.”

25. 추심

목천(木川) 와곡(瓦谷)의 조대희(趙大熙)가 정소(呈訴)하기를, “양반 이원혁(李元爀)에게서 신삭녕(申朔寧) 댁(宅)의 조미(租米) 6석(石)을 본곡과 이자를 합하여 받아 주시기 바랍니다.”라고 하였다.[56]

제사(題辭) : “한 쪽의 소(訴)로는 옳고 그름을 가릴 수 없다. 이(李)씨 양반을 데리고 와서 대질[對卞]할 일.”

26. 전결세

백곡면(栢谷面) 구수(九水)의 양두환(梁斗煥)이 정소(呈訴)하기를,

---

55) 과계(科契) : 과거 비용을 보충하기 위해 선비들이 조직한 계.

56) 조대희(趙大熙)는 이원혁(李元爀)이 신삭녕(申朔寧)에게서 조미 6석(石)을 빌릴 때 보증(立保)를 섰다. 그런데 이원혁이 갚지 않자 그를 대신해 빚을 갚았고, 이에 대해 대신 갚아준 돈을 이원혁에게 받아달라는 정소를 하게 된 것이다.

"20결복(結卜)을 (면세전으로) 더 내어주시기 바랍니다."라고 하였다.

제사(題辭) : "감탈(減頉)[57]하는 뜻은 이미 해당 서원(書員)에게 분부(分付)한 일."

27. 산송-투장

백락면(白洛面) 백락리(白洛里)의 정해교(鄭海喬)가 정소(呈訴)하기를, "선조(先祖)의 무덤 매우 가까운 땅[狎近之地]에 누군지 모르는 사람이 몰래 매장하였습니다. 독촉하여 무덤을 파내게 해주시기 바랍니다."라고 하였다.

제사(題辭) : "무덤에 패(牌)를 세우고, 10일을 상한(上限)으로 나타나지 않으면 다시 와서 고하는 것이 마땅할 일."

(1891년 1월) 14일

28. 아전

퇴리(退吏)[58] 김재형(金在衡)이 정소(呈訴)하기를, "제 아들의 부엌색리로서[廚色] 공로(功勞)를 공(公)히 결정하여 받아 주시기 바랍니다."

제사(題辭) : "네가 정소(呈訴)한 바는 용납해도 아마 이상할 것이 없다[容或無怪].[59] 공로(功勞)에 대해서는 너희들[公兄] 관청의 규례가 나름대로 있으니 공변된 논의를 좇아, 다시 와서 고할 일." **공형(公**

57) 감탈(減頉) : 사고나 재난 등을 당하여 그 의무를 덜어줌.
58) 퇴리(退吏) : 퇴직한 관리.
59) 용혹무괴(容或無怪) : 혹시 그럴 수도 있으므로 괴이(怪異)할 것이 없음.

兄)[60)]

29. 향임

이곡면(梨谷面) 노곡(老谷)의 신학희(申學熙)가 정소(呈訴)하기를, "본 동(洞)의 존위(尊位)[61)]의 직임을 면하게[頉下][62)] 해 주십시오."라고 하였다.

제사(題辭) : "근면하고 성실하게[勤幹] 맡아볼 일. 지금에 이르러 공(公)과 사(私) 모두 존위(尊位)에게 실로 의지하게 되었다. 쉬게 하면 이어서 그 누가 하겠는가?"

30. 군보답

만승면(萬升面) 사산동(沙山洞)에서 알리기를, "군보답(軍保畓)이 척박한데 도(賭)는 많습니다. 도(賭) 3두(斗)를 면제[頉給]해 주시기 바랍니다."라고 하였다.

제사(題辭) : "정소(呈訴)한 바가 이와 같으니, 도(賭)를 특별히 면제할[頉給] 일." **군보색(軍保色)**

31. 추심

문방면(文方面) 추동(楸洞)의 이헌경(李憲慶)이 정소(呈訴)하기를,

---

60) 공형(公兄) : 삼공형(三公兄)의 준말로, 조선시대 관찰사나 수령 아래 각 고을의 호장(戶長), 이방(吏房), 수형리(首刑吏)의 세 관속을 일컫는 말.

61) 존위(尊位) : 재지 유력자에게 리(里) 단위를 관장케 했는데, 그 직임을 존위(尊位)라 한다.

62) 탈하(頉下) : 일을 정상적으로 처리할 수 없는 탈이 났다고 처리하여, 의무를 면제함.

"양반 조공질(趙公質)에게 빌린 계미(稧米)를 모두 갚았습니다. 그런데 지금 무소(誣訴)[63]하였습니다."라고 하였다.

제사(題辭) : "양 쪽을 대질[對卞]한 자리에서 두 말이 크게 모순되었다. 상세히 조사해서 결정해 처리할 것이니, 그 당시에 간섭(干涉)한 사람 또한 데리고 올 일."

32. 군보답

북변면(北邊面) 옹암동(瓮岩洞)에서 알리길, "군보(軍保)의 도(賭) 2두(斗)를 징수하시니 억울합니다."라고 하였다.

제사(題辭) : "예전에 원통함을 호소한 적이 있었던 까닭에 특별히 2두(斗)의 조(租)를 납부토록 하는 뜻의 제사(題辭)를 내렸었는데, 지금 다시 정소(呈訴)가 올라오니 재차 사실을 조사한 후 조처할 일."

33. 산송-투장

백락면(白洛面) 대음(大陰)의 오덕영(吳德泳)이 정소(呈訴)하기를, "조부(祖父)의 묘지 바로 근처의 땅에 누군지 알 수 없는 사람이 몰래 무덤을 매장했습니다."라고 하였다.

제사(題辭) : "몰래 매장한 무덤을 굴해(掘垓)[64]하고, 무덤 주인이 나타나면 데리고 와서 대질[對卞]할 일."

---

63) 무소(誣訴) : 터무니없는 일을 꾸며서 송사(訟事)를 일으킴.

64) 굴해(掘垓) : 무덤의 둘레를 돌아가며 고랑을 깊게 팜. 투장(偸葬)한 무덤의 임자에게 파 가기를 재촉하는 뜻으로 행해지던 풍속.

34. 아전

퇴리(退吏) 김재형(金在衡)이 주색(廚色)의 공로(功勞)를 받아 달라고 하였다.

추가 제사[追題] : "이른바 임뢰(任賴)[65]는 (근무한) 개월 수를 세어 (그것의) 절반(半)을 나누어 (지급하는데), 윤(尹)·김(金) 양(兩) 이속(吏屬)이 억울함을 호소하므로 두 명의 이서(吏胥)가 800냥의 돈을 임뢰(任賴) 중에서 꺼내어 3년을 기한으로 (김재형에게) 지급할 일."

35. 노름빚

월촌면(月村面) 성평(城坪)의 정용해(鄭龍海)가 정소(呈訴)하기를, "상월(上月)의 노비 임벽귀(林辟貴)와 한천(閑川)의 최경삼(崔京三)이 저와 제 자식을 유인해 노름빚을 많이 지우고는 전답문권(田畓文券)을 빼앗아 갔습니다."라고 하였다.

제사(題辭) : "잡기(雜技)는 관이 엄격하게 금하는 바인데, 한탄스러운 저 부랑(浮浪)한 백성이 판을 벌여 사람을 유인하고 재물을 빼앗았다. 재산을 탕진한 사람의 호소(呼訴)가 많아 매일이 이와 같다. 노름을 하는 백성은 특별히 엄히 통치해야 하거늘, 임(林)과 최(崔) 두 놈은 더욱 나쁘다. 사실을 조사하여 징계할 것이니 두 놈을 모두 잡아올 일." **주인(主人)**

같은 날[同日] 추가 제사[追題] : "(도박을) 금하지 못한 해당 동임(洞任) 또한 데리고 와서 대령할 일."

---

65) 임뢰(任賴) : 읍재정과 관련된 용어로, 이서들에게 지급하는 임금 혹은 그 재원을 뜻함.

(1891년 1월) 16일

36. 간통

행정면(杏井面) 구봉(九峰)의 박용석(朴用石)이 정소(呈訴)하기를, "처남(妻娚) 윤성국(尹聖國)과 동서(同壻) 서몽원(徐夢元)이 제 처(妻)를 초인(招引)[66]하였습니다."라고 하였다.

제사(題辭) : "사실을 조사할 것이니 서(徐)와 윤(尹) 두 놈을 즉시 잡아올 것."

37. 전답송

안성(安城) 북면(北面) 곡천(谷川)의 김찬경(金粲經)이 정소(呈訴)하기를, "서광서(徐光西)에게 권매(權賣)한 답(畓)을 환퇴(還退)해 주십시오."라고 하였다.

제사(題辭) : "서광서(徐光西)에게 기한 내에 관정(官庭)에 증인을 데리고 와서 대질[對卞]하라는 뜻을 내렸으니, 물러가서 앞날의 조처를 기다릴 일."

38. 벌채

행정면(杏井面) 행정(杏井)의 백성이 등소(等訴)하기를, "계(稧)를 만들어 소나무를 기른 것이 이미 오래되었습니다. 혹시나 몰래 베어가는 근심이 있을까 합니다. 특별히 엄히 금해 주십시오."라고 하였다.

---

66) 초인(招引) : 남을 은밀히 불러서 끌어들임. 해당 정소(呈訴)에서 구체적인 정황이 나타나 있지 않기 때문에 어떤 일에 끌어들였는지 알 수 없다. 경우에 따라서는 특정 사건에 유인하여 가담시켰다는 뜻일 수도 있고, 혹은 사건과 무관한 처를 죄인들이 공범자로 언급했다는 뜻일 수도 있다.

제사(題辭) : “계(稧)를 만들어 소나무를 키우는 것 역시 이용후생(利用厚生)[67]의 한 방법이다. 만약 계(稧) 이외의 사람이 훔쳐가는 폐단이 생기면 계 전체가 앞장서서 마을을 금한다. 금하지 못하면 와서 관에 고하고, 또한 엄히 다스려 속전(贖錢)[68]을 징수케 할 일.” **장자(狀者)**

(1891년 1월) 17일

39. 고가

전의(全義)의 신병태(愼炳泰)가 정소(呈訴)하기를, “이일삼(李一參)에게 고가(雇價)를 받아내라는 제사(題辭)를 가서 보여주니, 일삼(一三)이 관의 제사(題辭)를 찢고 공전(工錢)[69]을 지급하지 않았습니다.” 라고 하였다.

제사(題辭) : “과연 소장에서의 말과 같이 소지(訴旨)를 찢었다면 어떤 곡절(曲折)에서 연유한 것인지 알 수 없으며, 이미 대질[對卞]하라는 명령이 있었으나 와서 대령치 않고 각자 호소(呼訴)하니 소송을 좋아하는 백성의 나쁜 습속이 한탄스럽다. 두 놈을 대질[對卞]케 한 후 결정하여 처리할 일.” **장민(狀民)**

40. 추심

이곡면(梨谷面) 상사(上沙)의 신(申)씨 댁 노비 귀쇠(貴釗)가 정소(呈訴)하기를, “조(趙)씨 양반이 저희 댁(宅)의 종미(宗米)를 얻어 썼다고

---

67) 이용후생(利用厚生) : 기구(器具)를 편리하게 쓰고 먹을 것과 입을 것을 넉넉히 하여, 백성의 생활을 나아지게 함.

68) 속전(贖錢) : 죄를 면하기 위하여 바치는 돈.

69) 공전(工錢) : 품삯.

말하면서 이(李)씨 양반에게 (종미를) 받아내고자 합니다.

제사(題辭) : "노비 하나가 두 개의 정소를 한 것은 심히 괴이하고 의심스럽다. 너희 댁(宅)은 한편은 조(趙)씨와 관계되고 한편은 이(李)씨와 관계되어 소송한 글이 어지럽고 헷갈린다. 그 가운데 반드시 곡절이 있을 것이니, 상세히 조사한 뒤 결정하여 처리할 일."

41. 추심

신삭녕(申朔寧)의 노비 월매(月每)가 정소(呈訴)하기를, "미(米) 6석(石)을 이(李)씨 양반이 조(趙)씨 양반을 입보(立保)로 세워 빌렸고 보증문서를 가져갔습니다. 그러나 이씨가 갚지 않는 까닭에 조씨에게서 이미 받아냈습니다."라고 하였다.

제사(題辭) : "월매(月每)는 오지 않았고 귀쇠(貴釗)는 와서 정소하였는데, 하나는 이(李)씨가 갚았다 하고 하나는 조(趙)씨가 갚았다고 말하는 것은 심히 혼란스럽다. 관련된 3자가 대질[對卞]한 후에 바르게 되돌릴 수 있을 일."

42. 추심

문상면(文上面) 추동(楸洞)의 이헌경(李憲京)이 정소(呈訴)하기를, "저는 조(趙)씨 양반에게 미(米) 3석(石) 10두(斗)를 얻어 쓰고 원금과 이자 4석(石) 10두(斗)를 모두 갚았으나, 이후에 봉표(捧標)를 받지 못했습니다. 저는 처음에는 수기(手記)로 하였으나, 지금은 또 이를 트집 잡고 있습니다."라고 하였다.

제사(題辭) : "두 말이 서로 모순되니, 상세히 조사하여 결정해 처리할 일.”

43. 산송-투장

충주(忠州)의 김성교(金聖敎)가 정소(呈訴)하기를, “부모님의 산소가 가척(加尺)에 있는데, 가암(佳岩)에 사는 박기영(朴基榮)이 (제가) 암장(暗葬)했다며 거짓으로 소송을 제기했다고 합니다.”라고 하였다.

제사(題辭) : “과연 정소의 말과 같다면 박기영(朴基榮)이 비리호송(非理好訟)함[이치에 맞지 않는 소송을 잘 일으킴]은 어떤 백성의 습속인가? 마땅히 잡아서 엄히 처벌해야 하나 잠시 용서하거늘, 각자 스스로 지킴으로써 화해하여 소송을 그치는 것이 마땅할 일.”

44. 산송-투장

남변면(南邊面) 적현(笛峴)에 거주하는 정인춘(鄭寅春)이 정소(呈訴)하기를, “한용직(韓用直)이 이미 납고(納侤)[70]하였으나, 기한이 지나도 (무덤을) 파내지 않았습니다.”라고 하였다.

제사(題辭) : “납고한 무덤을 기한이 지나도 파내지 않고, 도리어 산지기[山直]로 하여금 송추(松楸)의 벌목을 막도록 한 것은 어떤 무법(無法)의 습속인가? 즉시 (무덤을) 파내어 가도록 하여 다시 소송에 이르지 않도록 할 일.”

45. 노름빚

월촌면(月村面) 성평(城坪)의 정용해(鄭龍海)가 정소(呈訴)하기를,

---

70) 납고(納侤) : 관가(官家)의 다짐에 응함.

"임(林)씨와 최(崔)씨 두 놈에게서 답권(畓券)을 받아 주십시오."라고 하였다.

제사(題辭) : "너의 자식과 임(林)씨 놈을 데리고 온 후에 결정하여 처리할 일."

(1891년 1월) 18일

46. 아전

하리(下吏) 윤기홍(尹基洪)과 김홍제(金弘濟)가 등소하기를, "김재형(金在衡)에게 3년을 기한으로 800냥(兩)을 출급하라는 하교는 너무도 억울합니다. 다시 한 번 살펴주시기 바랍니다."라고 하였다.

제사(題辭) : "너희가 등소한 바와 김재형(金在衡)이 호소한 일은 그럴 수도 있으므로 괴이할 것이 없다. 이미 처분이 있었으니, 차과(差窠)[71]를 기다린 후 임뢰 중에서 (돈을) 내어 주는 것으로 하여 소송을 끝내도록 할 일."

47. 산송-도형

월촌면(月村面) 하장(下長)의 오성선(吳聖善)이 정소(呈訴)하기를, "저와 양반 유익채(柳翼采) 사이의 산송(山訟) 중에 도형(圖形)에 대해 패소(敗訴)하기에 이르니, 소송이 극히 원망스럽습니다. 다시

71) 차과(差窠) : 관직의 차임. 읍의 이서직이 모두 차임되면 그들에게 지급될 녹봉의 전체 액수도 정해지게 된다. 따라서 우선 이 금액을 해당 예산[任賴]에서 제외하고, 그 남는 예산을 통해 김재형에게 돈을 지급하라는 뜻으로 이해할 수 있다.

도형(圖形)한 후 공결(公決)에 따라 결정하여 처리해 주십시오."라고 하였다.

제사(題辭) : "무릇 산송(山訟)은 오직 도형(圖形)의 상세한 조사가 있은 후에야 이치의 옳고 그름과 땅의 멀고 가까움을 판단할 수 있다. 전에 도형(圖形)할 때 어떤 작간(作奸)이 있었던지 이와 같은 여러 차례의 소송이 있다. 자세히 살피지 않은 색리(色吏)를 우선 엄히 다스리고, 별도로 파견하여 도형(圖形)을 다시 시행해 공결(公決)할 일."

48. 산송-송추

소답면(所畓面) 가척(加尺)에 거주하는 이승구(李昇九)가 정소(呈訴)하기를, "저의 선산에 김용운(金龍云)이 옛 주인이라 일컬으며 송추(松楸)를 베어내고 능욕(凌辱)하는 것이 비할 바가 없었습니다."라고 하였다.

제사(題辭) : "과연 정소의 말과 같다면, 김씨 놈이 소나무를 베어내고 능욕한 것은 듣기에 심히 놀랍다. 관으로 돌아간 뒤에 마땅히 잡아서 엄히 다스릴 일."

49. 종중답

이곡면(梨谷面) 장양(長楊)에 거주하는 유진방(兪鎭邦)이 정소(呈訴)하기를, "저의 당질부(堂姪婦)가 종토(宗土)를 재종제(再從弟)[72]인 중국(仲國)에게 투매(偸賣)하려고 합니다."라고 하였다.

---

72) 재종제(再從弟) : 육촌 동생.

제사(題辭) : "이번 소송을 본 즉, 반드시 곡절이 있을 것이다. 문권을 가지고, 중국(仲國)을 데리고 와서 대령할 일."

50. 비리호송

이곡면(梨谷面) 노비 신월매(申月每)가 정소(呈訴)하기를, "저의 댁(宅) 이(李)씨와 조(趙)씨 양 댁(宅)이 조포(米苞)를 근거로 서로 소송하는 중에 귀쇠(貴釗)가 정소했으나 이것은 미혹하여 희롱하는 것이고 월매(月每)의 정소는 진실되오니, 이것으로써 처분해 주시기 바랍니다."라고 하였다.

제사(題辭) : "이(李)씨와 조(趙)씨 두 명의 소송을 너의 댁(宅)이 어찌하여 노비의 이름으로 어지럽게 하는가? 지금의 월매(月每) 또한 진실한지 알 수 없고, 정소한 바 역시 증거가 있어야 그 이전의 어지러운 바를 알 수 있다. 이런 종류의 민습(民習)은 마땅히 별다르게 엄히 다스릴 일."

51. 산송-도형

화민(化民)[73] 오성선(吳聖善)과 유익채(柳翼采)의 산송(山訟) 도형(圖形).

제사(題辭) : "이미 공론을 물었고 지금 도형(圖形)을 보니, 오(吳)씨의 무덤은 유(柳)씨의 무덤과 떨어져 있어 쌍분(雙墳)[74]과 다름없음을 가히 알 수 있다. 전날 도형(圖形)했을 때 유(柳)씨 양반과 색리(色吏)

73) 화민(化民) : 자기 조상의 무덤이 있는 곳에 사는 백성이 그 고을의 원에게 자기를 이르던 대명사.

74) 쌍분(雙墳) : 같은 묏자리에 합장(合葬)하지 않고, 나란히 쓴 무덤.

는 한통속이 되어 관정(官庭)에 무소(誣訴)하였고, 와서 대령하지도 않고 스스로 판단하여 이치에서 어그러진 것이 선명한 즉, 무덤을 파내어 옮기게 함으로써 소송을 그치는 것이 마땅할 일."

(1891년 1월) 19일

52. 산송-도형

월촌면(月村面) 하룡(下龍)의 정병문(鄭柄文)과 민(閔)씨 양반의 산송의 일.

추가 제사[追題] : "대질[對卞]한 마당에서의 두 가지 말이 모순되니, 도형(圖形)을 상세히 조사한 후 처리할 일." **교장(校將)**

(1891년 1월) 20일

53. 농우

백락면(白落面) 봉암(鳳岩)의 노비 이정주(李丁舟)가 정소(呈訴)하기를, "저의 댁(宅) 농우(農牛)가 죽었으니, 가죽을 팔아 송아지를 사게[去皮立本] 해주십시오."라고 하였다.

제사(題辭) : "과연 소장의 말과 같다면 그 딱함이 매우 크고 불쌍한 즉, 가죽을 팔아 (금액의) 절반의 밑천으로 삼는 것이 마땅할 일." **공고자(工庫子)**

54. 노름빚

행정면(杏井面) 두건(斗建)의 이경춘(李庚春)이 정소(呈訴)하기를,

“제[矣童]가 형의 노름빚[技債]으로 인해 박(朴)씨 양반에게 맞았습니다. (박씨를) 잡아다가 속전(贖錢)을 받아 주시기 바랍니다.”라고 하였다.

제사(題辭) : “도박의 금지를 관에서 신칙한 것이 한두 번이 아닌데 한탄스럽다. 저 박(朴)씨 양반은 사람을 꾀어 도박장을 차리고 노름빚을 바친 것이 국가에 세금을 내는 것보다 심하고, 인명(人命)을 상하게 하기에 이른 것이 적당(賊黨)과 다름이 없다. 질서를 어지럽히는 무리를 잡아와서 그 습속을 엄히 다스릴 일.” **주인(主人)**

(1891년 1월) 21일

55. 농우

서암면(西岩面) 상가(上加)의 이(李)씨 댁(宅) 노비 춘금(春金)이 정소(呈訴)하기를, “저의 댁(宅) 농우(農牛)가 상납전(上納錢)을 싣고 가던 중에 죽고 말았습니다.”라고 하였다.

제사(題辭) : “공변되게 싣고 가다가 병폐(病斃)에 이르니 참으로 슬프다. 죄가 없음은 고사하고, 만약 너의 농사를 크게 간섭하여 부실함이 매우 많아진다면 한탄스러운 즉, 소의 가죽을 팔아 (송아지를 살) 다소간의 밑천으로 삼는 것이 마땅할 일.” **공고자(工庫子)**

(낙장)

*75)

75) 낙장 후에 바로 정소(呈訴)가 없는 제사(題辭)가 한 번 나오고('*'로 표기함), 이어 한 차례의 정소와 제사(일련번호 56)가 나온다. 이들의 해당 일자는

제사(題詞) : 상세히 조사하여 바로잡아서 원통함을 호소하는데 이르지 않도록 할 일. **해당 서원[該書員]**

(1891년 1월) 일자 미상

56. 전답송

월촌면(月村面) 상룡(上龍)의 노비 봉천석(奉千石)이 정소(呈訴)하기를, "저의 전토(田土)를 정(鄭)씨 양반이 억지로 환퇴(還退)하려고 하니, 다시는 소란을 일으키지 말도록 하는 뜻의 입지(立旨)를 작성하여 내려주시기 바랍니다."라고 하였다.

제사(題辭) : "이미 정(鄭)씨 양반의 정소에서 살폈으므로 너의 정소는 입지(立旨)를 내릴 필요가 없지만, 정(鄭)씨 양반에게 만약 다시 소란을 일으킬 단서가 있으면 이 제사(題辭)로서 입지(立旨)를 삼아 빙고(憑考)[76]할 일."

(1891년 1월) 초5일

57. 전결세

산정면(山井面) 성정(星井)의 정대복(鄭大卜)이 정소(呈訴)하기를,

표기되어 있지 않아 알 수 없다. 다만 연월을 1891년 1월로 추정한 것은 뒤이어 나오는 제2책이 1891년 2월부터 시작되기 때문이다. 규장각본 해제(심재우)에 따르면, 낙장 앞부분에는 1891년 1월의 6일부터 21일까지가 수록되었고, 낙장 이후 다시 같은 해 1월의 내용 중 빠진 부분을 추가로 보충한 것이라고 한다(각주 1번 참고).

76) 빙고(憑考) : 사실의 정확성 여부를 여러 근거에 비추어 상고함.

“땅이 없는데도 유(兪)씨 양반이 결복(結卜) 9부(負) 7속(束)을 저[矣童]에게 징수하려고 합니다.”라고 하였다.

제사(題辭) : “과연 소장의 내용과 같다면, 유(兪)씨 양반은 호강(豪强)[77]에 기대어 외롭고 약한 자를 멸시(蔑視)하였다. 홀연히 이전의 약속을 옳다고 하는 것은 어떤 불량(不良)한 마음이며, 관의 제사(題辭)가 내려졌는데도 또한 와서 대령하지 않는 것은 어느 민의 습속인가? 듣기에 매우 통탄(痛歎)스럽다. 이 제사(題辭)를 가지고 가서 유(兪)씨 양반에게 보여줌으로써 바로잡고, 만약 다시 딴 맘을 가지는 단서가 있으면 특별히 엄히 징계할 일.”

58. 전결세

문상면(文上面) 이치(梨峙)의 노비 임종결(林宗結)과 노비 최영찬(崔永贊)이 결전(結錢)을 서로 소송한 일.

추가 제사[追題] : “영찬(永贊)의 호(戶)가 체납(替納)[78]한 것은 심히 억울하다. 영찬(永贊)을 즉시 데려와 사실을 조사하여 바로 잡기를 기다릴 일.”

(1891년 1월) 초6일

---

77) 호강(豪强) : 대개 조선시대에 들어와서 보편적으로 쓰이기 시작한 말로 향촌에 토착화한 재지지배세력으로서 관권(官權)에 어느 정도 대립적인 위치에 있었던 세력을 뜻함. 이들은 국가의 대민(對民) 지배의 범주밖에 존재하면서 국가의 수취기반을 불법적으로 침탈하여 사적 이득을 충족시키던 계층이었음.

78) 체납(替納) : 체납(滯納). 기한까지 내지 못하고 밀리는 것.

59. 산송-장지

문상면(文上面) 내굴(內屈)의 임준철(林俊喆)이 정소(呈訴)하기를, "선산(先山)에 있는 광(壙)[79] 하나의 땅을 민(閔)씨 양반에게 빌려주었습니다만, 도리어 묘(墓) 구역 내의 땅[局內][80]을 빼앗았습니다."라고 하였다.

제사(題辭) : "민(閔)씨 양반을 데리고 와서 대질[對卞]할 일." **장민(狀民)**

60. 형사

덕문면(德文面) 상덕(上德), 차상(次上), 차하(次下)에서 같이 보고하기를, "김희(金喜)와 김(金)씨 양반이 서로 싸운 일은 진실로 완고(頑固)하고 패악(悖惡)함이 없습니다. 특별히 풀어주시길 바랍니다."라고 하였다.

제사(題辭) : "김희(金喜)는 비단 이번뿐만이 아니라 술을 마시면 패악(悖惡)을 부렸고, 가끔은 발작(發作)해 읍촌(邑村)을 소란스럽게 했다. 여러 번 다스렸으나 깨닫지 못하는 것을 마땅히 따져 물어 잡아놓은 것이다. 마을에서의 보고가 이와 같으니 잠시 용서한다. 김(金)씨 양반은 고약한 양반으로서 역시 상놈과 드잡이를 하고 시비 끝에 욕을 당했으니, 이 또한 스스로 만든 것이다. 만약 몸을 다스리는 것[修身]에 힘쓴다면 이와 같은 일은 없을 것이다. 이 제사(題辭)로써 김(金)씨 양반을 효유(曉喩)[81]하고, 또한 김한비(金漢俾)를 엄숙히

---

79) 광(壙) : 시체를 묻기 위해 파놓은 구덩이,
80) 국내(局內) : 묘지나 절 등의 구역 안.
81) 효유(曉喩) : 깨달아 알아듣도록 타이름.

신칙하여 뒷날의 폐단이 없도록 하는 것이 마땅할 일."

(1891년 1월) 초8일-1[82]

61. 문권

감옥에 갇혀 있는 김명서(金明西)가 정소(呈訴)하기를, "'가(家)' 자(字) 전답 7두락(斗落)을 장차 방매(放賣)하여 결가(結價)를 납부하고자 했으나, 문권(文券)[83]이 다른 토지와 아울러 발급되었습니다. 입지(立旨)를 만들어 내려주시기 바랍니다."라고 하였다.

제사(題辭) : "예전 문기(文記)가 다른 전답(田畓)과 아울러 발급된 까닭에 새로운 문기(文記) 한 장(丈)을 수기(手記)로 만든다. 방매(放賣)는 당연히 이전의 사례를 끌어서 할 일."

62. 산송-송추

산정면(山井面) 하구(下九)의 고명주(高鳴周)가 정소(呈訴)하기를, "저의 조모(祖母)의 선산(先山) 근처에 인근에 거주하는 강(姜)씨와 전(田)씨 두 사람이 소나무를 베고 밭을 일구었습니다."라고 하였다.

제사(題辭) : "과연 소장의 말과 같다면, 베지 못하도록 한 송추(松楸)를 자르고[斫伐] 무덤의 바로 가까운 땅을 논밭으로 만든 것은 차마

82) 원문에 '初八日'이 연이어 기록되어 있다. 아마도 뒤의 것은 아전이 '初九日'을 오기한 것으로 보인다.

83) 문권(文券) : 재산과 노비, 권리의 매매, 양도, 저당 등에 관한 문서. 내용을 기재하고 화압(花押 : 손을 펴서 손 전체로 눌러 찍는 손도장)하거나 도장을 찍었는데 재판 때 반드시 필요하였음. 관문서에는 문기(文記)라는 표현을 많이 쓰고 문권은 보통 사문서에 많이 사용하였음.

할 수 없는 일이다. 이 제사(題辭)를 가지고 가서 여러 작인(作人)들을 타이를 것이다. 만약 한결같이 깨닫지 못하면 함께 대령할 것." **장민(狀民)**

(1891년 1월) 초8일-2

63. 전답송

문상면(文上面) 동덕(東德)의 홍순영(洪淳英)이 정소(呈訴)하기를, "만승(萬升)에 거주하는 전(田)씨의 위토(位土)[84]를 다년간 경작해 먹었는데 답주(畓主)가 이미 방매(放賣)한 까닭에 같은 값으로 (땅을) 사고자 하니, 인근에 거주하는 이(李)씨 양반이 지근덕거려 방해합니다."라고 하였다.

제사(題辭) : "과연 소장의 말과 같다면, 이(李)씨 양반은 고약한 양반으로 (계약이) 허락되어 이루어질 때에 꾀를 부려 농락한 것이 어떤 마음 씀씀이이며, 거래될 때 답가(畓價)를 홀연히 잃어버린 것은 반드시 곡절(曲折)이 있을 것이다. 이(李)씨 양반이 50금(金)을 물어내게 하는 것은 자신으로 인해 남이 피해를 본 안타까움에서 나왔는데, (50냥 중) 반만을 징급(徵給)하라는 한평(韓平)의 말은 괴이하고 의심스럽다. 너는 땅을 사지 못했고 돈도 잃어버려 게도 그물도 다 잃은 것이라[蟹網具失][85] 말할 수 있으니, 어찌 슬프고 분통하지 않겠는가? 남은 돈 50금(金)은 준비해서 지급케 하고, 만약 한결같이 미루면[延

84) 위토(位土) : 제사 또는 위(位)에 관련된 일에 드는 비용을 마련하기 위하여 장만한 토지.

85) 해망구실(蟹網具失) : 게도 그물도 다 잃었다는 뜻으로, 이익을 보려다 도리어 밑천까지 잃음을 비유한 말.

拖][86] 한(韓)씨 놈과 전(田)씨 놈을 함께 잡아와서 우선 엄히 나무랄 일." **장자(狀者)**

(1891년 1월) 초10일

64. 노름빚

문상면(文上面) 내굴(內屈)의 임광숙(林光塾)이 정소(呈訴)하기를, "청주(淸州)의 권씨[權弁]가 말하기를 제 손자가 1,300냥(兩)의 빚을 졌다고 하는데 곧 노름빚이어서, 이로 인해 (제가) 잡혀왔으니 억울합니다."라고 하였다.

제사(題辭) : "근래에 도박의 바람이 매우 왕성하여 혹은 스스로 하는 자도 있고 혹은 (남에게) 맡기는 자도 있는데, 기서(歧瑞)의 경우에 이르러서는 그 할아버지[代]로 하여금 덮어쓰게 하여 잃는 바가 매우 크니 바람도 매우 큰 바람이다. 기서(歧瑞)를 대령한 후 일을 결정하여 처리할 수 있을 일."

65. 추심

서울에 사는 이(李) 별제(別提)[87] 댁(宅) 노비 귀봉(貴奉)이 정소(呈訴)하기를, "이순길(李順吉)과 박연규(朴然圭)가 진 빚을 받아 주십시오."라고 하였다.

제사(題辭) : "사실을 조사하여 (돈을) 받아낼 것이니 이(李)씨와 박(朴)씨 두 놈을 즉시 데리고 올 일."

86) 연타(延拖) : 일을 끌어서 미루어 나가다.
87) 별제(別提) : 조선시대 여러 관서의 정·종6품 관직.

66. 추심

산정면(山井面) 진석(眞石)에 거주하는 김진옥(金振玨)이 정소(呈訴)하기를, "족인(族人)인 경계(卿契)에게 빌려준 전(錢) 70냥(兩) 및 도조(賭租) 12석(石)을 잡아다가 받아 주시기 바랍니다."라고 하였다.

제사(題辭) : "과연 소장의 말과 같다면, 김(金)씨가 미루어[延拖] 갚지 않는 것은 어떤 인심(人心)이며, 무릇 백성이 상(喪)을 당하면 힘을 다하여 돕는데[匍匐救之][88] 하물며 동족(同族)의 사이에 갚지 못한 빚이라니? 일일이 준비하여 지급하고, 이처럼 재물로써 동족(同族)의 도리(道理)가 상하지 않는다면 이 또한 풍화(風化)의 아름다움이 아니겠는가?"

67. 아전

하리(下吏)[89] 박세희(朴世熙)와 박규희(朴圭熙)가 등소(等訴)하기를, "병을 치료하는 동안 휴가를 주십[給由][90]시오."라고 하였다.

제사(題辭) : "병을 치료하는 동안 휴가를 줄 일." **이방(吏房)**

(1891년 1월) 11일

68. 산송-투장

음성(陰城)의 백정(白丁) 피준(皮俊)이 정소(呈訴)하기를, "장군(將

---

88) 포복구지(匍匐救之) : 급히 서둘러 구한다는 뜻으로, 남의 상사(喪事)에 힘을 다하여 돕는 것을 뜻함.

89) 하리(下吏) : 이서(吏胥).

90) 급유(給由) : 조선시대 상(喪)·혼(婚)·병(病) 등의 사고를 당한 관원에게 주는 휴가제도.

軍)이 몰래 무덤을 썼는데, 기한이 지나서도 (무덤을) 파내지 않습니다."라고 하였다.

제사(題辭) : "기한이 지나서도 파내지 않는 죄는 마땅히 엄히 다스려야 하지만 잠시 용서하거늘, 즉각 무덤을 파내어 옮겨 다시는 번거로움에 이르지 않도록 할 일." **피고(皮隻)**

69. 산송-송추

산정면(山井面) 하구(下九) 고명주(高鳴周)와 강원실(姜元實), 전윤문(田允文)이 서로 소송하는 일.

추가 제사[追題] : "관의 제사(題辭)가 내려졌는데도 대령하지 않는 민의 습속이 놀라워 마땅히 잡아다가 엄히 다스려야 할 바이지만 잠시 앞날[來頭]을 지켜볼 것으로 다시 제사(題辭)를 내리니, 너는 데리고 와서 대질[對卞]할 일."

70. 노름빚

산정면(山井面) 영신(榮新) 이(李) 선달(先達)의 노비 덕성(德成)이 정소(呈訴)하기를, "상가(上加)의 양반 이경례(李敬禮)가 저희 댁(宅) 노비 최(崔)씨에게 노름빚이 있음을 칭하여 밥솥까지 빼앗아 갔습니다."라고 하였다.

제사(題辭) : "과연 정소한 바와 같다면, 이(李)씨 양반은 듣기에 매우 놀라운 바이다. 사실을 조사하여 결정해 처리할 것이니 이(李)씨 양반을 잡아서 대령할 일." **주인(主人)**

(1891년 1월) 12일

71. 아전

하리(下吏) 윤기홍(尹基洪)이 정소(呈訴)하기를, "병을 치료하는 동안 휴가를 주십[給由]시오."라고 하였다.

제사(題辭) : "조리(調理)하는 동안 휴가를 줄 일." **이방(吏房)**

72. 산송-투장

음성(陰城)의 피색장[皮漢][91] 백정(白丁) 준(俊)과 장군(將軍)이 산송한 일.

추가 제사[追題] : "장군(將軍)을 즉시 대령할 것." **장자(狀者)**

73. 추심

서울에 사는 이(李) 별제(別提) 댁(宅) 노비 귀봉(貴奉)이 정소(呈訴)하기를, "박연규(朴然圭)와 이순길(李順吉)에게 빌려준 돈[錢]을 받아주시기 바랍니다."

제사(題辭) : "박(朴)씨 놈은 이미 기한 내에 납부토록 했으며 이(李)씨 놈은 직전에 출타한 즉 오면 바로 잡아들여 조처할 것이나, 이같이 궁핍한 계절을 맞이하여 빚을 받아내는 것이 매우 쉬울 것 같지는 않을 일."

74. 추심

---

91) 피한(皮漢) : 피색장을 속되게 이르던 말. 짐승의 가죽으로 물건 만드는 일을 맡아 하던 사람.

읍저(邑底)[92]의 김재기(金在機)가 정소(呈訴)하기를, "월촌면(月村面)의 책 빚 중 남은 부분[餘條][93]을 내어주시기 바랍니다."라고 하였다.

제사(題辭) : "정소한 대로 (돈을) 내어줄 일." **수조색(收租色)**

75. 재판절차

산정면(山井面) 영신(永新)의 이(李) 선달(先達)의 노비 덕성(德成)이 정소(呈訴)하기를, "양반 이경례(李敬禮)가 대령치 않습니다."라고 하였다.

제사(題辭) : "숨고 피하여 대령하지 않는 것은 어떤 나쁜 습속인가? 이(李)씨 양반을 즉시 잡아올 일." **차사(差使)**

76. 추심

읍(邑)의 이순길(李順吉)이 정소(呈訴)하기를, "이(李) 별제(別提) 댁(宅)에게 진 빚을 억지로 징수하니 너무도 원통합니다."라고 하였다.

제사(題辭) : "너의 아버지가 입보(立保)했고 네가 수표(手標)를[94] 가지고 있는데도 어찌 (돈 빌린 사실을) 알지 못한다고 말할 수 있으며, 그리고는 돈을 쓴 것은 각길(恪吉)이라고 말하니, 너는 가서 (각길을) 데리고 와 바로잡을 일."

77. 노름빚

92) 읍저(邑底) : 읍내. 관찰 관아가 아닌 지방 관아가 있던 마을.
93) 여조(餘條) : 금전이나 곡식을 계산하고 난 뒤의 나머지 부분.
94) 수표(手標) : 대차(貸借)나 임치(任置) 등을 할 때 주고받는 증서.

방동면(方洞面) 습지(濕池)의 정시영(鄭時榮)이 정소(呈訴)하기를, "장암(長岩)의 조(趙)씨 양반과 하구(下九)의 고선오(高善吾)가 제 아우를 유인하여 노름판을 만들고 재물을 편취하여 (제 동생이) 지탱하기 어려운 지경에까지 이르렀습니다."라고 하였다.

제사(題辭) : "과연 소장의 말과 같다면, 조(趙)씨 양반과 고(高)씨란 놈은 남의 집안 젊은이들을 유인하여 도박장에 끌어넣고 어린 승려의 젓국을 빼앗아 먹은 것과 같다. 이와 같은 마음은 적류(賊類)와 다름이 없다. 사실을 조사하고 엄히 다스리기 것이니 조(趙)씨 양반과 고(高)씨 놈, 정영산(鄭靈山) 집의 하인(下人) 및 정월중(鄭月仲)을 아울러 잡아 대령할 일." **장차(將差)**[95]

78. 추심

산정면(山井面) 두상(斗上)의 김경계(金卿契)가 정소(呈訴)하기를, "저의 족인(族人)인 진옥(振珏)이 갑자년(甲子年, 1864년)의 부채(負債)를 일컬으며 무소(誣訴)하여 (돈을) 받아내려고 합니다."라고 하였다.

제사(題辭) : "진옥(振珏)을 데리고 와서, 대질[對卞]할 것." **장민(狀民)**

79. 추심

산정면(山井面) 진석(眞石)의 김진옥(金振珏)이 정소(呈訴)하기를, "족인(族人)인 경계(卿契)가 진 빚을 받아 주십시오."라고 하였다.

---

95) 장차(將差) : 고을 원이나 감사(監司)가 심부름으로 보내던 사람.

제사(題辭) : "자기만 옳다고 한다[俄見].[96] 경계(卿契)가 소송한 바는 너의 소송과 크게 모순되니, 대질(對質)한 후에 결정하여 처리할 것."

(1891년 1월) 13일

80. 추심

감옥에 갇혀 있는 죄인(罪人) 이순길(李順吉)이 정소(呈訴)하기를, "이전 정소의 소지(所志)와 이각길(李恪吉)의 수표(手標)를 내어 주시기 바랍니다."라고 하였다.

제사(題辭) : "다시 더욱 사실을 조사한 즉, 너의 아버지는 비단 보증을 섰을[立保] 뿐 아니라 500냥(兩)을 빌려 소강정(小江亭)에[97] 있는 가게[店]의 물주(物主)가 되었고, 급기야 천전냥(千錢兩)을 탕진하고 각길(恪吉)의 집을 뒤졌으니 각길(恪吉)은 진실로 무슨 죄이며, 너의 수표(手標)가 있는 즉, 어찌 (각길의 수표를 운운하여) 어찌 (부채를) 면하려 하는가? 속히 준비하여 지급함이 마땅할 일."

81. 전답송

문상면(文相面) 내굴(內屈)의 임(林) 학관(學官)[98]의 노비 귀단(貴丹)

---

96) 아견(俄見) : 아견(我見). 자기의 의견에만 집착하는 잘못된 견해.

97) 소강정(小江亭) : 현재 충청북도 진천군 진천읍 신정리에 소강정마을 백곡천변에 있었던 조선시대 정자. 백곡천의 옛 이름은 세금천으로, 이 세금천의 절벽 위에 약천(藥泉) 남구만(南九萬)이 정자를 세웠다고 전한다. 창건과 관련된 정확한 기록은 남아 있지 않고, 다만 구전으로 내려오고 있다.

98) 학관(學官) : 이문학관(吏文學官). 조선시대에 승문원(承文院)에 속하여 외교

이 정소(呈訴)하기를, "저희 댁(宅)이 월촌면(月村面) 상월(上月)의 차(車)씨 놈에게 위토(位土)를 매득(買得)했는데, 저희 동네에 거주하는 양반 오경화(吳卿化)가 사리에 어긋나게 하여 땅을 빼앗았습니다." 라고 하였다.

제사(題辭) : "오(吳)씨 양반 및 차(車)씨 놈을 함께 데리고 와서 대질[對卞]할 일." **장노(狀奴)**

82. 전결세

백곡면(栢谷面) 내동(內洞)의 조여주(趙呂州)가 정소(呈訴)하기를, "척량(尺量)[99]하여 기전(起田)[100]으로 더해진 결복(結卜)을 면해주시기 바랍니다."라고 하였다.

제사(題辭) : "사실을 조사하여 더는 억울한 호소가 없도록 할 일. 해당 서원(書員)은 이서(吏胥) 김문재(金文才)를 조사할 일."

(1891년 1월) 15일

83. 전결세

행정면(杏井面) 명신(明信)의 김오성(金五成)이 정소(呈訴)하기를, "병작(竝作)하는 답(畓)의 결세(結稅)를 저에게[矣童] 징수하려고 합니다."라고 하였다.

문서를 처리하는 일을 맡아보던 벼슬.

99) 척량(尺量) : 자로 잼. 문맥상 양전에 준하는 토지의 조사를 의미하는 것으로 보임.

100) 기전(起田) : 농사를 짓고 있거나 지을 수 있는 것으로 파악된 토지.

제사(題辭) : "도지(賭地)를 경작하는 자가 결세(結稅)를 내고 병작(竝作)하는 답(畓)의 주인이 결세(結稅)를 내는 것은 통용되는 예(例)인데, 이 결세(結稅)는 어찌 되는가? 병작(竝作)하는 사람에게 (결세를) 내도록 한 것에서 이러한 호소(呼訴)가 있으니, 상세히 조사하고 바르게 돌려놓아 다시는 번잡함에 이름이 없도록 할 일."

84. 형사

산정면(山井面) 영신(永新)의 이(李) 선달(先達)의 노비 덕성(德成)이 정소(呈訴)하기를, "상가(上佳)의 이(李)씨 양반이 칼을 꺼내어 소란을 일으켰으니, 잡아가서 다스려 주시기 바랍니다."라고 하였다.

제사(題辭) : "이(李)씨 양반이 집을 뒤진 죄는 태벌(笞罰)인 고로 이로써 엄히 다스릴 것이다. 황(黃)씨 놈은 빚을 지고도 준비하여 갚을 생각은 하지 않고 잡기(雜技)에 전념해 잃은 바가 매우 많아 그 죄지은 바는 대수롭게 다스릴 수 없지만, 잠시 징려(懲礪)하여 내보낸다. 32냥(兩) 9전(戔)은 노름빚이 아니고 마땅히 갚아야 하는 재물이니, 만약 이놈이 준비하여 갚으면 즉시 가져간 솥을 되돌려 줄 일."

85. 재판절차

문상면(文上面) 내굴(內屈) 임(林) 학관(學官)의 노비 귀단(貴丹)이 정소(呈訴)하기를, "오(吳)씨 양반이 대령하지 않습니다."라고 하였다.

제사(題辭) : "너희 댁(宅)은 이미 차(車)씨 놈에게서 (땅을) 구매한 즉 옳고 그름은 오로지 차(車)씨 놈에게 달려 있다. 오(吳)씨 양반은 호강(豪强)의 권력으로써 (계약을) 체결하여 차(車)와 김(金)이 헛갈리고 어수선해 하니, 돌아다니는 소문은 어떤 나쁜 습속인가? 차(車)씨 놈을 우선 데리고 와서 대질[對卞]할 것." **장노(狀奴)**

86. 전결세

충주(忠州) 허간성(許杆城)의 노비 춘득(春得)이 정소(呈訴)하기를, "허복(虛卜)[101] 8부 6속을 척량(尺量)해 주시기 바랍니다."라고 하였다.

제사(題辭) : "비록 허복(虛卜)이 있다고는 하지만, 허복(虛卜)은 곧 잃을 수 없는 원결(元結)[102]이다. 토지(土地)가 있는데 세금이 장차 어디로 가겠는가? 지금 다시 소장의 말을 본 즉, 홍(洪)씨 놈이 이서(吏胥)를 끼워서 결세를 보내니 듣기에 매우 놀랍고 미혹된다. 색리(色吏)를 다시 보내어 상세히 조사하여 바로 잡을 일." **척량색리(尺量色吏)**

(1891년 1월) 16일

87. 추심

---

101) 허복(虛卜) : 조선후기 전정(田政) 폐단의 하나. 일명 허복가작(虛卜假作)·부결(浮結)이라고도 함. 조선후기 전결(田結)에 관한 토지대장과 과세·징수 등의 제반 서류를 작성·정리하는 사무를 담당하던 지방의 서리나 아전배들이 근거가 없는 전결에 결부(結負)를 허위 문서로 작성하여 백성들에게 세금을 징세하여 횡령·착복하던 폐단을 말함.

102) 원결(元結) : 본래부터 경작하여 오던 전결(田結). 혹은 수확량을 표준으로 한 단위인 본디의 토지 넓이를 이르는 말. 원결(原結).

읍(邑) 상리(上里)의 정금제(鄭金提)의 노비 성근(成根)이 정소(呈訴)하기를, "방동면(方洞面) 습지(濕地)의 정월중(鄭月重)에게서 돈을 추궁해 1,500냥(兩)을 받아 주시기 바랍니다."라고 하였다.

제사(題辭) : "정월중(鄭月重)을 데리고 와서 대질[對卞]케 할 일."

(1891년 1월) 18일

88. 전결세

월촌면(月村面) 주평(周坪)의 노비 신복열(申卜悅)이 정소(呈訴)하기를, "진처(陳處)[103)]의 화속(火粟)[104)]에는 이미 서원(書員)이 살폈던 기록[省記]이[105)] 있는데, 지금 홀연히 세금을 거두어 갑니다."라고 하였다.

제사(題辭) : "살핀 기록이 있었다고 말한 즉 다시 징수할 수 없을 일." **해당 서원[該書員], 수조색(收租色)**

89. 전답송

문상면(文上面) 미래(美來)의 노비 이계복(李癸卜)이 정소(呈訴)하기를, "저희 댁(宅)이 김(金)씨에게 위토(位土)를 팔 때 홍치화(洪致化)가 그 땅을 사고자 하여 전문(錢文)[106)] 200냥(兩)을 시상(市上)에 옮겨두었습니다. 홀연히 100냥(兩)을 잃어버렸다고 무소(誣訴)하여, (그 돈

---

103) 진처(陳處) : 황무지.

104) 화속(火粟) : 화전에 부과하는 세금.

105) 생기(省記) : 조선시대 궁궐과 중요관청의 야간당직자·경비원·순찰자들의 명단을 장부에 기록하는 제도.

106) 전문(錢文) : 화폐. 화폐에는 반드시 글자를 써 넣기 때문에 전문이라 함.

을) 강제로 징수해갔습니다."라고 하였다.

제사(題辭) : "한(韓)씨 놈, 김(金)씨 놈, 홍(洪)씨 놈을 모두 데리고 와서 대질[對卞]케 할 일."

(1891년 1월) 20일

90. 산송-투장

초평면(草坪面) 양촌(楊村)의 김상현(金商鉉)이 정소(呈訴)하기를, "이(李)씨와의 산송(山訟) 중에 25일을 기한으로 정하도록 명하였으나, 농사의 일이 바야흐로 한참 성하니[方殷] 곡식이 익은 후에 (무덤을) 파서 옮기도록 하는 뜻의 제사(題辭)를 내려주시기 바랍니다."라고 하였다.

제사(題辭) : "이같이 정소한 바는 알맞게 고려함[參量][107]이 있다. 특별히 더욱 기한을 넉넉히 연장하여 곡식이 익을 때를 기다려 (무덤을) 파내어 옮기도록 할 일."

91. 전결세

감옥에 갇혀 있는 노비 김대용(金大用)이 정소(呈訴)하기를, "장양역(長楊驛)의[108] 결전(結錢)이 납부되지 않던 중에 신(申)씨 수문장(守

---

107) 참량(參量) : 참작(參酌). 이리저리 비추어 보아서 알맞게 고려함.

108) 장양역(長楊驛) : 현재 충청북도 진천군 이월면 장양리 일대에 있었던 역참이다. 고려시대에는 충청도에 속한 주요 역참의 하나였으며, 조선시대에는 충청좌도 율봉도(栗峰道) 찰방 소속이었다. 1751년(영조 41)에 편찬된 『여지도서(輿地圖書)』 진천현 역원 방리조에 의하면, 장양역은 말 15필과 역리 38명, 남자 노비 66명, 여자 노비 30명이 있었고, 장양역이 있는 곳은 편호

門將) 댁(宅) 및 인두성(印斗成)이 납부를 거부합니다.

제사(題辭) : "과연 정소한 바와 같다면, 사실을 조사하여 독촉해 거둬들이고자 인(印)씨 놈과 신(申)씨 양반의 종놈을 아울러 잡아들일 것." **수교(首校)** "해당 동임(洞任)을 함께 데리고 가서, (그를) 잡아 대령할 일."

92. 노름빚

방동면(方洞面) 습지(濕地)의 정시영(鄭時永)이 정소(呈訴)하기를, "제 아우 월중(月仲)과 양반 고선오(高善吾), 조(趙)씨 양반이 잡다한 노름을 해 전(錢) 200냥(兩)을 잃은 바, 정영산(鄭靈山) 댁(宅)이 전(錢)을 추궁하는 까닭에 200냥(兩)을 지급하였습니다. 영산(靈山) 댁(宅)이 다시 침탈하지 못하게 하는 뜻의 제사(題辭)를 내려주시기 바랍니다."라고 하였다.

제사(題辭) : "근래에 이와 같은 바람[風, 습속]이 성행하여 남의 집 젊은이들을 유인해 서로 재물을 편취(騙取)하는데, 1전(錢)이 혹은 100냥(兩) 그리고 홀연히 1,000냥(兩)에 이르러 급기야 돈을 받아내는 날 심하게는 집을 뒤지는 것에 이른다. 이 같은 바람이 과연 나쁜 바람이며, 또한 패습(悖習)이다. 너의 아우 월중(月仲)은 농사일은 생각하지 않고 노름판[技場]에 뛰어들어 3,000여 금(金)을 잃었으므로

98호, 남자 193명, 여자 210명이나 되는 큰 역마을이었다고 기록되어 있다. 장양역은 원래 이월면 장양리 원장양마을에 있었으나, 1900년에 작성된 진천군 양안(量案)에는 노곡리(老谷里)로 기록된 것으로 보아 장양역이 조선후기 어느 시기에 원장양마을에서 노곡리로 이전되어 기능을 유지해 왔음을 알 수 있다.

아울러 잡아다가 사실을 조사한 즉, 그가 잃은 액수가 그렇지 않다고 하므로 특별히 잃은 200냥(兩)을 주도록 하고 잠시 징계(懲戒)하여 놓아주도록 하거늘, 후에 만약 깨닫지 못한 폐단이 있으면 마땅히 엄히 다스릴 일."

(1891년 1월) 22일

93. 전결세

백곡면(栢谷面) 내동(內洞) 노비 김덕복(金德卜)이 정소(呈訴)하기를, "토지가 없는데 결복(結卜) 7부(負)를 빼내어 갔습니다."라고 하였다.

제사(題辭) : "이 정소를 보고 그 말을 들어본 즉 반드시 곡절이 있을 것이니, 상세히 조사하여 바르게 돌릴 일." **해당 서원[該書員]**

(1891년 1월) 25일

94. 추심

안성(安城) 노비 최인길(崔仁吉)이 정소(呈訴)하기를, "저희 댁(宅)이 치하(治下)에 거주하는 양반 유여집(兪汝集)에게 전(錢) 400냥(兩)을 빌렸습니다. 시변(市邊)[109]에는 (돈을 갚지 않으면) 추심(推尋)하겠다는 조항이 있는데, 원금 300냥(兩)은 갚았으나 그 나머지는 갚지 못했습니다."라고 하였다.

제사(題辭) : "데리고 와서 대질[對卞]할 일." **장노(狀奴)**

109) 시변(市邊) : 장에서 주는 돈의 이자.

95. 전답송

퇴리(退吏) 박승권(朴承權)이 정소(呈訴)하기를, "증조(曾祖) 선산(先山)의 위토(位土)를 서암면(西巖面) 동곡(東谷)에 거주하는 이희서(李希西)가 정(鄭)씨 댁(宅)의 위토(位土)라고 칭하며 빼앗아 경작합니다."라고 하였다.

제사(題辭) : "정소를 보고 그 말을 들은 즉 일이 미혹됨에 이른다. 토지에는 자연히 문권(文券)을 따라 시행하는 법이 있는데, 이희서(李希西)는 알 수 없다고 말하거나 또한 살필 만한 문적(文蹟)이 없다고 한다. 정(鄭)씨 양반은 무슨 근거도 없는 말이냐며 문권(文券)을 따라 시행하는 것이 옳다 하니, 공의(公議)를 또한 넓게 구할 일." **동임존위(洞任尊位)**

96. 아전

통인(通引)[110] 방용준(方龍俊)이 정소(呈訴)하기를, "몸의 병으로 역(役)을 그만두길 바랍니다."라고 하였다.

제사(題辭) : "잠시 휴가를 주니[給由], 물러가서 치료할 일." **이방(吏房)**

97. 전결세

백곡면(栢谷面) 구수(九水)의 박상례(朴上禮)가 정소(呈訴)하기를, "'중례(中禮)'라는 이름 하의 결전(結錢)이 강천진(姜天眞)에게 옮겨 적혔습니다."라고 하였다.

---

110) 통인(通引) : 조선시대에 관아(官衙)의 관장(官長) 앞에 딸리어 잔심부름하던 이속(吏屬). 지인(知印). 토인.

제사(題辭) : “강천진(姜天眞)과 더불어 상세히 조사하여 바르게 잡아 억울한 호소가 없도록 할 일.” **해당 서원[該書員]**

98. 산송–투장

행정면(杏井面) 학당(學堂)의 이규석(李奎奭)이 정소(呈訴)하기를, “초평면(草坪面) 양촌(楊村)의 김성도(金性道)가 제 선산(先山)의 바로 옆 땅에 몰래 매장[偸葬]하였고, 서로 소송할 때 관가에서 다짐을 받았습니다. 기한이 지났는데도 (무덤을) 파내지 않았습니다.”라고 하였다.

제사(題辭) : “관에서 다짐을 받은 무덤을 기한이 지나서도 파내지 않는 것은 무슨 나쁜 습속인가? 즉시 파내 가도록 하고, 더는 번잡함이 없도록 할 일.” **피고[皮隻]**

(1891년 1월) 26일

99. 재판절차

문상면(文上面) 미래(美來)의 노비 이계복(李癸卜)이 정소(呈訴)하기를, “전(仝)씨 놈에게 병이 있어 대령하지 못한 즉 저희 댁(宅)이 받아내지 못했습니다.”라고 하였다.

제사(題辭) : “전(仝)씨 놈을 대령한 후 사실을 조사하여 결정해 처리할 것.”

(1891년 1월) 27일

100. 전결세

하리(下吏) 김재성(金在聲)이 정소(呈訴)하기를, "제가 국세를 납부할 방법이 없습니다. 임진(壬辰, 1892년) 가을 대동색(大同色)[111)]이 반변(半邊)하도록 입지(立旨)를 내려주시기 바랍니다."라고 하였다.

제사(題辭) : "정소에 의거하여 허락해 시행할 일."

101. 아전

하리(下吏) 정덕항(鄭德恒)이 정소(呈訴)하기를, " 이 몸이 여러 차례 몸에 병이 있어 역을 면제해 주시기 바랍니다."라고 하였다.

제사(題辭) : "과연 정소한 바와 같다면, 병을 만난 기간 동안 휴가를 주는 것[給由]이 옳다. 역을 면제하는 것은 허락하여 시행할 수 없을 일." **이방(吏房)**

102. 추심

육(肉)씨 복동(卜同)이 정소(呈訴)하기를, "선산(善山) 가(家)에게 고기값 132냥(兩)을 받아 주시기 바랍니다."라고 하였다.

제사(題辭) : "너희들의 지탱하기 어려움은 관에서도 이미 잘 알고 있는 까닭에 이미 영칙하였는데, 어찌하여 (이런 일이 있는가?) 외상값이 이처럼 많은 것은 어떤 곡절(曲折)이며, 고기값을 계속 미루며 지급하지 않는 것은 어떤 마음 상하는 일인가? 즉시 준비해 지급하여 다시 소송하는 폐단에 이르지 않는 것이 마땅할 일." **피고[皮隻]**

---

111) 대동색(大同色) : 육방부서(六房部署)내에는 이들과는 별도로 소위 전세색모(田稅色某), 대동색모(大同色某)라고 불리던 많은 색리(色吏)들이 있었다. 이들 중 대동세를 관장했던 색리(色吏)를 대동색(大同色)이라 하였다.

(1891년 1월) 29일

103. 전결세

남변면(南邊面) 덕배(德培)의 임주일(林柱一)이 정소(呈訴)하기를, "갑복(甲卜)이 결전(結錢) 5냥(兩) 5전(戔)을 일찍이 납부하지 않고는 아직 준비하여 갚지 않으니, 받아 주시기 바랍니다."라고 하였다.

제사(題辭) : "과연 소장의 말과 같다면, 갑복(甲卜)은 심부름꾼(使人)으로 국세[公錢]를 납부하지 않고 아직 이를 갚지 않은 것은 어떤 악한 습속인가? 이자와 함께 준비해 갚도록 하여 다시는 억울한 호소가 없도록 할 일." **피고[皮隻]**

104. 전결세

행정면(杏井面) 괴상(槐上)의 노비 유복례(柳卜禮)가 정소(呈訴)하기를, "상손(上孫)이라는 이름 하의 결(結) 3부(負) 6속(束)이 아직 바로 잡아지지 못해, 지금 또 (제) 집을 뒤지고 (물건을 가져가고) 있습니다."라고 하였다.

제사(題辭) : "정소를 제기함이 있으면 반드시 억울함도 있는 것이다. 3부(負) 6속(束)의 결(結)을 다시 조사하여 바르게 돌려놓을 것이며, 집을 뒤져 가져간 물건은 모두 꺼내어 주도록 할 일." **해당 서원[該書員]**

105. 전결세

남변면(南邊面) 원동(院洞)의 김명춘(金明春)이 정소(呈訴)하기를, "'막례(莫禮)'라는 이름 하의 결(結) 2부(負) 6속(束)의 값을 돌려주시기 바랍니다."라고 하였다.

제사(題辭) : “상세히 조사하여 바르게 돌려놓을 것이며, 거듭 징수하는 원통함이 생기는 것이 없도록 할 일.” **해당 서원[該書員]**

『사송록(詞訟錄)』 진천(鎭川)편 제2책

(1891년) 2월 16일

106. 전답송

백곡면(栢谷面) 상백(上白)의 김난제(金蘭濟)가 정소(呈訴)하기를, "오치영(吳致英)의 동생이 저의 논(畓) 9두락 5승락의 문권(文券)을 빼앗아가서 도매(盜賣)하였습니다."라고 하였다.

제사(題辭) : "(오)치영의 동생과 윤(尹) 선달(先達)은 모두 데려와 대령할 일. **장교(將校)**[죽산(竹山) 교졸(校卒) 역시 대령할 것]"

107. 도적

백곡면(栢谷面) 하백(下白), 상백(上白)의 민인들이 정소(呈訴)하기를, "죽산 교졸이 우리 동민에게 못된 행실을 부려 지탱하여 보전할 수 없으니, 잡아와서 엄히 징치해주십시오."라고 하였다.

제사(題辭) : "이름 모를 오(吳)·윤(尹)·김(金) 세 성의 사람이 감히 적심(賊心)을 품고 죽산 관아에 무고하여, 교졸을 많이 일으켜 상백, 하백의 대동(大洞)의 민인들을 침략하였다. 지금의 도적놈은 이들이 아니면 그 누구겠는가? 윤·김·오 세 성의 사람을 잡아와서 사실을 조사하고 엄히 징치할 것이다. 너희들은 물러가서 마음을 놓고 떠돌아 다니지 말 일."

(1891년 2월) 17일

108. 아전

하리(下吏) 김규선(金圭善)이 정소(呈訴)하기를, "병을 다스리는 동안 휴가를 주십[給由]시오."라고 하였다.

제사(題辭) : "몸조리 하는 동안 휴가를 줄 일." **호장(戶長)**[1)]

109. 산송－송추

청주(淸州) 북면(北面) 양지리(陽地里)에 사는 주종철(朱鐘徹)이 정소(呈訴)하기를, "저의 고조부 산소의 송추(松楸)를 족장(族長) 종현(鍾顯)이 방매(放賣)하려고 합니다."라고 하였다.

제사(題辭) : "과연 등장의 말과 같이 소위 문장(門長)이 그 적심(賊心)의 장(長)인가? 그 어느 장이 되어서 나뭇가지를 꺾고 소나무를 베는 것으로 본보기로 삼겠는가? 문장의 이름은 좋으나, 그 마음은 곧 도리어 너희 문중의 어린아이만 같지 못하니, 이것들을 행하는 일을 다른 사람에게 들리게 해서는 안 될 일." **피고[彼隻]**

110. 아전

1) 호장(戶長) : 향리직의 우두머리.

백곡면(栢谷面) 상백(上白)의 김난제(金蘭濟)가 정소(呈訴)하기를, "오(吳)·윤(尹) 두 사람을 죽산(竹山) 관아에 공문을 보내[移文] 잡아 와 엄히 조사하십시오."라고 하였다.

제사(題辭) : "포교 세 놈은 잠시 가두고, 두 놈은 곧 오·윤 두 성가를 잡아오라는 뜻으로 분부하여 도로 보내 잡아온 후에 자세히 조사하여 처결할 일."

111. 전답송

백곡면 구수(九水) 출신(出身)[2] 김원성(金遠成)이 정소(呈訴)하기를, "제 아버지 옥진(玉振)은 남(南)씨 양반과 함께 땅[畓土]으로 서로 소송하였습니다. 이미 공정하게 처결되었는데 남(南)씨 양반이 청안(淸安) 겸관(兼官)[3]에게 무소(誣訴)하여 땅문서를 모두 강제로 빼앗고, 땅값을 징납하게 한다는 이유로 제 아버지를 잡아가두었으니, 공문을 보내[文移] 풀어주십시오."라고 하였다.

제사(題辭) : "남(南)씨 양반이 이치에 맞지 않는 소송을 잘 일으킴[非理好訟]은 관(官)이 이미 알고 있다. 이번에 관을 비운 틈을 타서 감히 적심(賊心)을 품고, 또 이러한 행위가 있었으니, 그가 행한 바를 헤아려보니 매우 통탄스럽고 미워할 만하다. 남(南)씨 양반을 즉각 잡아올 일." **차사(差使)**

---

2) 출신(出身) : 고려·조선시대 문·무과나 잡과에 급제하고 아직 출사(出仕)하지 못한 사람.

3) 겸관(兼官) : 겸직(兼職). 수령의 자리가 공석일 경우 이웃 고을의 수령이 임시로 맡아서 일을 봄.

112. 아전

하리(下吏) 김중희(金重熙)가 정소(呈訴)하기를, "제 호장(戶長)의 임(任)을 탈하(頉下)해주십시오."라고 하였다.

제사(題辭) : "병의 상황이 이와 같으니, 호장의 임은 지금 잠시 갈아주도록 할 일."

113. 산송-투장

만승면(萬升面) 외대(外堂)의 심종생(沈鍾生)이 정소(呈訴)하기를, "저의 증조부 산소 부근의 땅에 알 수 없는 어떤 누군가가 몰래 매장하였습니다."라고 하였다.

제사(題辭) : "무덤 주인을 찾아서 진실한 것을 똑똑히 알게 한 연후에 데리고 와서 대질[對卞]할 일." **장민(狀民)**

(1891년 2월) 18일

114. 산송-도형

이곡면(梨谷面) 반하(盤下)에 사는 유익채(柳翼釆)가 정소(呈訴)하기를, "제가 오(吳)씨 양반과 산송(山訟)의 일로 이미 승소[得訟]하였는데, 오(吳)씨 양반이 무소(誣訴)하여 번복하니, 매우 지극히 원통합니다."라고 하였다.

제사(題辭) : "저번의 그림과 이번의 그림이 크게 서로 다르니, 그 그림을 고칠 때 어찌 참여하여 보지 않았으며, 그 후 허다한 날들을 지내면서 단 한마디 말도 없다가 지금 갑자기 와서 호소하니 그

동안 반드시 곡절이 있었을 것이고 전날 형태를 그릴 때 협잡하는 말이 낭자하였고 민습 역시 가히 미워할 만하다. 잠시 용서하니 따로 이목(耳目)을 보내어 다시 조사한 후 공정하게 처결할 일." **장교(將校)**

115. 전답송

안성(安城) 북면(北面) 곡천(曲川)의 사과(司果)[4] 김찬경(金粲經)이 정소(呈訴)하기를, "서광서(徐光瑞)의 논[畓] 송사(訟事)는 마침내 잡아와 변정(卞正)[5]할 것을 기다리고 있습니다."라고 하였다.

제사(題辭) : "증인 손(孫)가를 더불어 데리고 와서 변백(辨白)[6]하라는 뜻으로 이미 제사(題辭)를 내리고 신칙하였다. 손가가 온 지 이미 오래 되었는데 아직 데려와 대하지 않으니 그 이치가 바르지 못함을 가히 알겠다. 곧 삼조(三造)[7]를 데리고 대면하게 할 일."

추가 제사[追題] : "흥정[興成]했을 때의 문권을 가지고 대령할 것." **피고[彼隻]**

116. 산송-투장

월촌면(月村面) 하장(下長) 오성선(吳聖善)이 정소(呈訴)하기를, "저의 친산(親山) 뇌후에 유익채(柳翼彩)가 제수씨를 몰래 매장하고 무덤을 팔 것을 독촉해주십시오."라고 하였다.

---

4) 사과(司果) : 오위(五衛)에 둔 정육품의 군직(軍職). 현직에 종사하고 있지 않은 문관, 무관 및 음관(蔭官)이 맡았다.
5) 변정(卞正) : 옳고 그른 것을 따지고, 변명하여 바로 잡음.
6) 변백(辨白) : 옳고 그름을 가리어 사리를 밝힘.
7) 삼조(三造) : 원고, 피고, 증인 이렇게 셋을 의미하는 것으로 추정된다.

제사(題辭) : "어제 유(柳)씨 양반이 와서 호소하고, 지금 이 호소를 보니 서로 모순될 뿐 아니라, 전후의 도형[그림]이 크게 서로 다르고 보고 들은 것도 어수선하니, 유(柳)씨 양반을 데려와 대령하면 두 차례의 도형을 색리가 대질한 후에 가히 공정히 처결할 일." **장민(狀民)**

117. 청원 – 화재구휼

이곡면(梨谷面) 도산(刀山) 황진영(黃鎭永)이 정소(呈訴)하기를, "살고 있는 집이 화재를 당하였으니 특별히 도와주십시오."라고 하였다.

제사(題辭) : "화재의 재앙은 듣건대 매우 불쌍히 여길 만하다. 집값에 이르러서는 실로 조처하기 어려울 뿐 아니라, 전후 이러한 호소는 하나둘에 그치지 않으니 자산(子産)의 배와 수레[舟車][8]로써 모두를 돌이킬 수는 없다. 특별히 슬퍼하여 5냥 돈으로써 다급함을 도와줄 일." **관청색(官廳色)**

118. 간통

서암면(西岩面) 상목(上木) 서몽치(徐蒙致)가 정소(呈訴)하기를, "장관(長管) 박용석(朴用石)이 처를 잃어버렸습니다. 제 동생은 처음에는

8) 자산(子産)의 배와 수레[舟車] : 『맹자』 이루(離婁) 하(下)편에 나오는 고사이다. "子産聽鄭國之政, 以其乘輿濟人於溱洧. 孟子曰 '惠而不知爲政. 歲十一月徒杠成, 十二月輿梁成, 民未病涉也. 君子平其政, 行辟人可也. 焉得人人而濟之. 故爲政者, 每人而悅之, 日亦不足矣'". 정나라에서 자산(子産)이 자기의 수레로 사람들을 태워 진수(溱水)와 유수(洧水)를 건너게 하자, 맹자는 이를 보고 "은혜롭지만 정치는 알지 못한다"고 하였다. 한 사람 한 사람마다 모두 건네줄 것이 아니라, 사람과 수레가 다니는 다리를 만들면 될 것이라는 것이다. 맹자는 정치하는 사람은 백성 한 사람 한 사람마다 기쁘게 하는 일만 할 수는 없다고 하였다.

그를 몰랐는데, 목천(木川) 서씨의 댁으로부터 불러서 토색(討索)하였습니다."

제사(題辭) : "(박)용석이 고한 바 중에서 네 동생 (서)몽천과 윤성업(尹聖業)이란 자가 그의 처를 불러들였다고 하는데, 세 명[三造]이 대질하고 그로 하여금 찾게 하였는데, 그동안 막연하여 듣는 것이 없다가 지금 갑자기 와서 호소하며 목천 서반이 불러서 토색했다고 말하니 이것이 어떤 곡절인지 아직 모르겠다. (박)용석을 데리고 와서 대변(對卞)한 후에 일이 가히 바르게 돌아갈 일." **장민(狀民)**

(1891년 2월) 20일

119. 추심

행정면(杏井面) 두건(斗建)의 노(奴) 이태금(李太今)이 정소(呈訴)하기를, "우리 집 농사 소가 우물에 빠져 뼈가 어긋나서 상송(上松) 방중이(方仲伊)에게 방매하였는데, 값으로 돈[文] 270냥을 끝내 갖추어 갚지 않습니다."라고 하였다.

제사(題辭) : "소위 (방)중이는 어떤 놈인지 알지 못한다. 흥정[興成]할 때 거간 협잡꾼이 외람되이 스스로 사사로이 도축하였으니 이 어떤 패습(悖習)이며, 소 값을 아직 지금 갚지 않음은 또한 어떤 적심(賊心)인지, 징려(懲礪)하고 추급(推給)할 것이니 방(중이) 놈을 잡아 올 일." **주인(主人)**

120. 산송-송추

청안(淸安) 주종철(朱鍾徹)이 정소(呈訴)하기를, "저의 증조부 산소의 송추(松楸)를 종현(鍾顯)이 문장(門長)이라 칭하며 강제로 빼앗아 방매하려고 하니, 금지해주십시오."라고 하였다.

제사(題辭) : "종현은 그 아버지의 유적(遺蹟)은 생각지 않고 망령되이 거칠 것 없는 욕심을 드러내니 가히 그 아비에 그 아들이라고 할 만하다. 일이 마땅히 엄히 징치해야 할 것이다. 잠시 용서하고 이 제사[題旨]를 가지고 가서 종현에게 보여주고 다시 이러한 습속이 없도록 함이 마땅할 일." **피고[彼隻]**

121. 산송-투장

남변면(南邊面) 적현(笛峴) 정인춘(鄭寅春)이 정소(呈訴)하기를, "한(韓)씨 양반 용직(龍直)이 한 자[尺]가 되지 않는 땅에 몰래 매장하여 누차 패소[落科]하였는데 끝내 이장하지 않았습니다."라고 하였다.

제사(題辭) : "누차 패소하였고 또 (관가에서) 다짐[納侤]하였는데 끝내 옮기지 않았으니, 민습(民習)이 놀랍다. 일이 마땅히 엄하게 곤장을 치고 파낼 것을 독촉해할 것이다. 잠시 용서하니 즉시 파내어 가고 다시는 번거롭게 호소함이 없도록 할 일." **피고[彼隻]**

122. 군보답

북변면(北邊面) 옹암(瓮岩) 동임(洞任) 등이 정소(呈訴)하기를, "군보전(軍保田)을 사실을 조사하여 처분해주십시오."라고 하였다.

제사(題辭) : "답험(踏驗)[9]한 후에 바로 잡을 일." **수교(首校)**

---

9) 답험(踏驗) : 농사가 잘 되고 못된 것을 관원이 실제로 현장에 나가서 조사하여 그 손실에 따라 조세를 매기던 법. 한해의 농사 작황을 현지에 나가 조사하여 등급을 매기는 '답험'과 조사한 작황의 등급에 따라 적당한 비율로 조세를

123. 전결세

문상면(文上面) 추동(楸洞) 노(奴) 이복례(李卜禮)가 정소(呈訴)하기를, "화속(火粟) 3부(負) 8속(束)을 해마다 세금으로 내었는데[應稅], 지금 갑자기 더하여 냅니다."라고 하였다.

제사(題辭) : "작년의 3부 8속에 따라 세금을 내는 것이 마땅할 일."

124. 청원－조세경감

이곡면(梨谷面) 일영(日永)에 사는 백성들이 정소(呈訴)하기를, "저희 동의 13호(戶)가 화재[回祿][10]에 모두 당했으니, 호포(戶布)를 면제[頉下]해주십시오."라고 하였다.

제사(題辭) : "해당 동의 전날 혹독한 화는 이 호소를 기다리지 않고도 이미 다 알았으나, 호포 일관의 가감이 있을 수 없다는 뜻으로 이미 앞의 절목들이 있고 기준이 되는 안[銖案]으로 편성하여, 지금 일영(지역)에만 예외로 시행할 수는 없는 일."

125. 간통

서암면(西巖面) 상목(上沐) 민인(民人)들이 정소(呈訴)하기를, "서(徐)씨와 윤(尹)씨 두 놈이 감히 불측(不測)한 마음을 품고, 도리어 적반하장입니다."라고 하였다.

제사(題辭) : "(박)용석이 처를 잃었는데 어찌 서(徐)씨 양반에게 관계가 있겠으며, 서반은 호강(豪强)한데 이 어떤 패습(悖習)이며, 윤(尹)

감면해주는 '손실(損失)'의 합칭어로서 '답험손실(踏驗損失)'이란 용어로 자주 사용됨.

10) 회록(回祿) : 불귀신의 이름. 즉 화재를 입었다는 뜻이다.

씨 양반이 쫓은 후에 토색(討索)하니 또한 어떤 적심(賊心)인지, 엄히 조사하고 만약 다시 침범하는 폐해가 있으면 해당 동으로부터 같이 결박하고 즉시 와서 고하게 할 일."

126. 문권

백곡면(栢谷面) 칠리(七里) 민인들이 정소(呈訴)하기를, "망을 보며 서로 돕는[守望相助] 뜻으로 특별히 완문(完文)을 내려주십시오."

제사(題辭) : "출입하며 망을 보고 환난(患難)에 서로 돕는 것, 이것은 곧 백성의 아름다운 일이다. 그러므로 이미 예전에 제사가 있었는데, 지금 또 와서 호소하니 필경 따르지 않은 자가 있었던 까닭이다. 이 제사는 곧 완문이니 이것을 가지고서 타이름[曉諭]으로써 즐겁게 살 일." **동임(洞任)**

(1891년 2월) 21일

127. 전답송

이곡면(梨谷面) 도산(刀山)의 장(張) 조이(召史)가 정소(呈訴)하기를, "제 남편이 남겨준 바[所傳]의 부전(簿田) 10두락의 문권을 사위가 3년을 기한으로 환퇴(還退)한다는 뜻으로 우리 동(洞) 오(吳)씨 놈에게 전당(典當)하였는데, 끝내 돌려주지[退給] 않습니다."라고 하였다.

제사(題辭) : "과연 소장에서 말한 것과 같이, 그 사위가 장인의 물건을 훔쳐 먹고[偸食] 이 지키는 이 없는 무덤[無主之塚]으로 하여금 황무해지기에 이르게 하였으니 옆에서 보는 자(傍觀者)도 역시 참을 수 없는 바인데, 하물며 그 사위된 자의 마음이겠는가? 즉시 돌려주도록 하고 이로써 황무해진 무덤을 절초(折草)하는 밑천으로 삼도록 하라. 한결같이 연기하여 미루니 결단코 마땅히 잡아 가두어 찾아서 내어줄[推給] 일." **피고[彼隻]**

128. 산송-투장

남변면(南邊面) 적현(笛峴)의 정인춘(鄭寅春)이 정소(呈訴)하기를, "한(韓)씨 피고[彼隻]가 끝내 파서 옮기지 않으니, 장을 치고 가두어서 파낼 것을 독촉해주십시오."

제사(題辭) : "관아의 제사에 같은 사실을 거듭 상신(上申)하니 한결같이 완강한 민습이 놀랍다. 즉각 파서 옮겨서 다시는 번거롭게 떠들썩한 일이 없도록 함이 마땅할 일." **피고[彼隻]**

(1891년 2월) 22일

129. 형사

문방면(文方面) 이치(梨峙)의 노(奴) 남사손(南士孫)이 정소(呈訴)하기를, "옥진(玉振)과 더불어 서로 소송하였습니다. 상전이 체수(滯囚)[11]하니 제가 대신 갇혀있었습니다."라고 하였다.

제사(題辭) : "그 관원이 없는 틈을 타서 덕우(德尤)와 한통속이 되어 감히 공정히 결정된 소송을 뒤집고 저 옥진으로 하여금 애매하게 겸관(兼官)에게 갇히게 하였으니, 이들 민습(民習)이 매우 놀랍고 악하다. 옥진과 덕우를 데리고 온 연후에야 가히 중죄(重罪)를 면할

11) 체수(滯囚) : 죄가 결정되지 아니하여 오래 가두어 둠. 또는 그렇게 갇혀있는 죄수.

일.”

130. 산송－장지

월촌면(月村面) 장산(長山) 이형표(李衡杓)가 정소(呈訴)하기를, “저의 조부 산소를 이난구(李鸞九)에게서 매득하였는데, 그 손자 (이)동우(棟宇)가 지금 갑자기 소송[訟卞]하였습니다.”라고 하였다.

제사(題辭) : “사실을 조사하여 결정하고 처리할 것이니, 이동우를 데리고 와서 대질[對卞]할 일.” **장민(狀民)**

131. 산송－투장

백곡면(栢谷面) 대명동(大明洞) 윤상덕(尹相德)이 정소(呈訴)하기를, “종증조(從曾祖) 산소 순전(脣前)[12]에 석(石)씨 놈이 몰래 무덤을 매장하였으니 파낼 것을 독촉해 주십시오.”라고 하였다.

제사(題辭) : “과연 소장에서 말한 것과 같이 석씨 놈이 외로운 과부를 멸시하여 매우 가까이에 몰래 매장하였으니 듣건대 매우 통악(痛惡)한 일이다. 마땅히 잡아와서 파낼 것을 독촉하는 것이 옳다. 한 쪽의 호소로는 편중하여 믿을 수 없으니 석씨 놈을 데리고 와서 대질[對卞]할 일.” **장민(狀民)**

132. 추심

초평면(草坪面) 삼선(三仙) 손석영(孫錫永)이 정소(呈訴)하기를, “김경화(金京化)가 지금 집에 있는데 잡아와서 엄히 징치한 후에 목화(木

---

12) 순전(脣前) : 무덤 앞에 닦아 놓은 평평한 땅의 앞.

花)의 돈을 일일이 찾아 주도록[갚도록] 하십시오."라고 하였다.

제사(題辭) : "김(金)씨 양반이 그 관원이 없는 틈을 타서 이미 도망하여 숨었으므로, 먼저 엄히 다스리고 감옥 형리(刑吏), 도사령(都使令), 그들로 하여금 잡아서 기다리게 하고, 너 역시 네 아들을 데리고 오는 것이 마땅할 일."

133. 청원-호포

백곡면(栢谷面) 와조동(瓦鳥洞) 재인(才人) 신장룡(申壯龍)이 정소(呈訴)하기를, "전에는 사정(沙亭)에 살았고, 지금 와조동으로 이사하여 살고 있으니, 해당 동의 호포(戶布) 중에 1호(戶)는 사정으로 옮겨 징수해주십시오."라고 하였다.

제사(題辭) : "재인은 호포를 징수하지 않는 것은 본디 사정리에 전례(前例)가 있는 것은 가히 알겠다. 해당 동이 그 포(布)를 홀로 징수하니 어찌 야박하다 하지 않겠는가?"

추가 제사[追題] : "해당 동의 1호의 포는 사정으로 옮겨 징수할 차이다." **호포색(戶布色)**

134. 추심

이곡면(梨谷面) 상사(上沙) 신(申) 도사(都事)댁 노비 귀득(貴得)이 정소(呈訴)하기를, "저희 집 종계(宗稧)의 쌀 3석을 장리(長利)[13]의 예로 이미 조(趙)씨 댁에 주었고 5년 후에 찾아 받기로[推尋] 하였는데,

---

13) 장리(長利) : 돈이나 곡식을 꾸어주고, 받을 때에는 한 해 이자로 본디 곡식의 절반 이상을 받는 변리. 흔히 봄에 꾸어 주고 가을에 받는다.

조씨 댁이 무소(誣訴)하여 저를 잡아 가두었습니다."라고 하였다.

제사(題辭) : "한 노비가 두 번 청원하니 이는 누구를 위한 것이며, 혹은 조씨를 위하고 혹은 이씨를 위하고 이씨가 이기면 이씨에 붙고 조씨가 이기면 조씨에 붙으니 가히 둘 중에 한 명이라도 얻을 수 있고, 그 조씨가 이기는 데에 미치어서는 쌀값을 너희 댁에서 너희 집에서 몰봉(沒捧)하고, 3백 냥을 몰수[乾沒][14]하면서 말하기를, '나의 힘이 아니면 네가 어찌 감히 얻었겠는가?'라고 하였다. 이 말이 이 어찌 사람의 마음이며, 누차 변질(卞質)하는 마당에 끝내 쌀값에 대한 말은 없다가 지금 갑자기 쌀값을 운운하니 더욱 생억지가 되고, 이로써 발뺌[發明]하니 모두 말이 안 되는 일."

(1891년 2월) 28일

135. 산송-투장

월촌면(月村面) 묵동(墨洞) 김홍직(金洪植)이 정소(呈訴)하기를, "저의 친산(親山) 근처 남쪽 원앙(元央)에 양반 이민호(李旻浩)가 몰래 매장하고 파내지 않습니다."라고 하였다.

제사(題辭) : 데리고 와서 대질[對卞]할 일. **장민(狀民)**

추가 제사[追題] : "대질[對卞]하는 마당에 이(李)씨 양반이 스스로 도리를 알고 10월 내로 파서 이장할 뜻으로 납고(納侤)하였다. 만약 이 기한을 넘기면 다시 와서 고할 일."

---

14) 건몰(乾沒) : 법에 걸린 물건을 관아에서 몰수함. 또는 남의 돈이나 물건을 빼앗아 가짐.

136. 사법행정

백곡면(栢谷面) 구수(九壽) 김원성(金遠成)이 정소(呈訴)하기를, "제 아버지가 청안현(淸安縣)에 갇혀있는데 매우 억울합니다. 그러므로 가서 의송(議送)하였는데 지금 답신 공문이 도착[到付]했습니다." 하였다.

제사(題辭) : "마땅히 영문의 제사[營題]에 따라 청안현에 공문을 보내 압송하여 와서 다시 조사하여 영문에 보고할 일."

(1891년 2월) 29일

137. 청원-호포

월촌면(月村面) 고석(古石) 박기영(朴基永)이 정소(呈訴)하기를, "저희 집[戶]이 쇠퇴하여 무너졌으니[頹圮] 호포(戶布)를 줄여주십시오." 라고 하였다.

제사(題辭) : "호포를 분배할 때 원래 호(戶) 외에 비록 몇 십이 더해지더라도 다시 더하여 징수하지 말고 몇 십이 줄어들더라도 또한 줄여서 징수하지 말라는 뜻으로 이미 절목이 있어 기준안[銖案]으로 편성되어 있는데, 너에게만 특별히 시행할 수는 없는 일."

138. 비리호송

덕문면(德文面) 상가(上加) 이규영(李圭永)이 정소(呈訴)하기를, "조(趙)씨 양반의 비리호송(非理好訟)하는[이치에 맞지 않는 소송을 잘 일으키는] 습성을 징치해주십시오."라고 하였다.

제사(題辭) : "저번에 친히 심리하던 날, 조씨 양반이 와서 대면하지 않았으니, 그 이치가 바르지 못함[理屈]은 가히 알겠다. 아래 위의 두 개의 무덤에서 무덤 위의 나무는 거의 쓰러질 것 같아 그 후손이 없음이 분명(昭然)하므로, 조씨 양반의 산지기를 불러서 그것을 물었더니 과연 자손이 없었는데, 아! 저 조씨 양반이 주인 없는 옛 무덤은 자기 집의 선산이라 칭하였으니 이는 곧 사람된 바로 행할 수 없는 것이다. 만약 소장에서 말한 것 중에 개사(改莎)[15]했다는 단락과 같다면, 역시 이는 소송을 좋아하고 이치가 바르지 못한[好訟非理] 습성이다. 이 제사를 가지고 가서 조씨 양반에게 보이고 이치 밖의 일을 만들지 못하게 함이 마땅할 일."

139. 산송-투장

강릉(江陵) 이동우(李棟宇)가 정소(呈訴)하기를, "저의 6대조 산소 바로 가까운 땅에 이문중(李文仲)이 4개의 무덤을 억지로 매장하였으니, 파낼 것을 독촉해주십시오."라고 하였다.

제사(題辭) : "만약 묘지기[墓奴]로서 산소 주인의 무덤 바로 가까이의 땅에 몰래 매장하였다면 이 어떤 멸법(蔑法)인가? 관원이 돌아온[還官] 후에 상세히 조사하고 파낼 것을 독촉할 뿐 아니라, 먼저 이 제사를 가지고 가서 (이)문중에게 보여주고 기한을 작정하여 파내어 가게 할 일."

140. 산송-투장

강릉(江陵) 이동우(李棟宇)가 정소(呈訴)하기를, "이문중(李文仲)과

15) 개사(改莎) : 개사초(改莎草). 무덤의 봉분 등에 떼를 갈아 입히는 것.

의 산송(山訟)에서 파낼 것을 독촉한다는 제사를 (가지고) 가서 이씨에게 보였는데, 끝내 마음을 움직이지 않습니다."라고 하였다.

제사(題辭) : "대질[對卞]하는 마당에 둘이 내어 놓은 수표[手記]가 또한 매우 의심스럽고 괴이하니, 매매했을 때의 이영우(李英宇)와 정경규(鄭敬奎) 또한 데리고 와서 대질[卞質]시킬 일."

(1891년 2월) 30일

141. 추심

하리(下里) 박규관(朴圭寬)이 정소(呈訴)하기를, "화포군(火砲軍)의 외상 음식값[食債] 80여 냥을 찾아 내어주십시오."라고 하였다.

제사(題辭) : "즉시 내어 주고 다시 호소함에 이르지 않도록 할 일."

수교(首校)

142. 산송-송추

방동면(方洞面) 상고(上古) 박명여(朴明汝)가 정소(呈訴)하기를, "조(曺)씨 양반이 작벌한 선영(先塋)과 구목(丘木),[16] 송추(松楸)의 값을 징수하여 주십시오."라고 하였다.

제사(題辭) : "조씨 양반을 데려와서 대질[對卞]할 일."

143. 산송-장지

문방면(文方面) 통산(通山) 임덕기(林德基)가 정소(呈訴)하기를, "저

16) 구목(丘木) : 무덤가에 있는 나무.

의 친산(親山)은 노는 땅[空閑地]에 있는데, 김(金)씨 양반이 송사를 일으켰습니다."라고 하였다.

제사(題辭) : "김씨 양반이 호소한 바와 지금의 소장의 말이 서로 크게 모순되니 데리고 와서 대질[對卞]할 일." **장민(狀民)**

144. 전답송

백곡면(栢谷面) 상백(上白) 김난제(金蘭濟)가 정소(呈訴)하기를, "저와 윤(尹) 선달(先達)의 논[畓]과 관련한 송사에서 김성중(金成仲)이 거간(居間)하여 한통속이 되었습니다."라고 하였다.

제사(題辭) : "김성중을 데리고 와서 대질[對卞]할 일." **장민(狀民)**

145. 전답송

백락면(白洛面) 옥산(玉山) 김석기(金錫琪)가 정소(呈訴)하기를, "양반 김정균(金正均)에게 논 3두락을 문권 없이 샀는데, 4년 후에 환퇴(還退)하려고 합니다."라고 하였다.

제사(題辭) : "과연 소장에서 말한 것과 같다면 김씨 양반은 소위 호강(豪强)과 다름없으니, 옛날 문권을 가지고 김씨 양반의 노자(奴子)를 데리고 와서 대질[對卞]할 일." **장자(狀者)**

추가 제사[追題] : "그 때 증인 또한 데리고 와서 대령할 일."

146. 군보답

방동면(方洞面) 매산(梅山) 봉선(鳳仙)이 정소(呈訴)하기를, "김정득(金頂得)에게서 군보답(軍保畓) 값을 찾아내 주십시오."라고 하였다.

제사(題辭) : "논[畓] 값을 어찌 여태껏 갖추어 지급하지 않았는가? 즉시 내어주도록 하고 장을 때리거나 가두는 데에는 이르지 말도록 하되 지급할 것을 독촉할 일."

147. 전결세

백곡면(栢谷面) 개평(開坪) 노비 김엇금(金旕金)이 정소(呈訴)하기를, "허복(虛卜) 5부(負) 1속(束)이 해마다 납입고지[出秩]됩니다."라고 하였다.

제사(題辭) : "상세히 조사하여 옮겨 보내서, 호소하고 원망하는 지경에 이르지 않도록 할 일." **해당 서원[該書員]**

148. 산송-절차

백락면(白洛面) 대음(大陰) 김정만(金正萬)이 정소(呈訴)하기를, "유천길(兪千吉)과 산송(山訟)한 일에서 데려오라는 제사를 (유)천길에게 가서 보이려 했더니 끝내 나타나지 않습니다."라고 하였다.

제사(題辭) : "관의 명령이 내려졌는데 와서 대령하지 않으니 민습이 놀랍다. 즉시 잡아와서 엄히 징치함이 옳다. 잠시 용서하니 파서 옮기고 다시 호소함에 이르지 않도록 할 일." **피고[彼隻]**

149. 산송-송추

서암면(西巖面) 금성(錦城) 이항선(李恒善)이 정소(呈訴)하기를, "백락면 거락(巨洛)에 사는 김명오(金明五)가 선산의 송추를 작벌하였습니다."라고 하였다.

제사(題辭) : "데리고 와서 대질[對卞]할 일." **장민(狀民)**

150. 재판절차

충주(忠州) 삼한(三閑)에 사는 정문해(鄭文海)가 정소(呈訴)하기를, "제사를 (가지고) 이씨 놈에게 가서 보였는데 와서 대령하지 않습니다."라고 하였다.

제사(題辭) : "이씨 놈이 관의 명령을 거역하고 와서 대령하지 않으니 민습이 통악(痛惡)하다. 만약 한결같이 완강히 거부하면 잡아와서 엄히 징치할 일." **피고[彼隻]**

151. 군보답

백곡면 수문(水門) 김연식(金連植)이 정소(呈訴)하기를, "동에 군보답(軍保畓) 3두락이 있어, 동임(洞任)으로 하여금 해마다 농사지어 살도록 하였는데 지금 봄에는 정완서(鄭完西)가 포군(砲軍)을 칭하며 빼앗아 경작[奪耕]합니다."라고 하였다.

제사(題辭) : "춘분(春分)이 이미 지나서 논밭[田畓]은 거래할 수 없는 일." **피고[彼隻]**

152. 산송-도형

김상웅(金商雄)이 산직(山直)에 사는 임(林)씨 양반과 더불어 산송(山訟)하였다.

추가 제사[追題] : "두 이야기가 아직 상세하지 않다. 누가 옳은지 도형(圖形)(을 본) 후에 결정하여 처리할 것이다."

153. 향교

향교에서 품정(稟呈)하기를, "장의(掌議)[17]를 천거하는 입정(入呈)을 하니 자리를 채워줄 일입니다."라고 하였다.

제사(題辭) : "많은 선비[士]들의 공의(公議)은 당연하니, 재임(齋任)[18] 한 자리[一窠]는 예전 장의로서 연임[仍任]할 일."

154. 향교

향교(鄕校)에서 아뢰기를, "비를 세우기 위해 수렴한 돈[立碑收斂錢]을 유사(有司)[19]에게서 지급하게 해주십시오."라고 하였다.

제사(題辭) : "비전(碑錢)을 건몰(乾沒)한 유사(有司)가 이 어떤 마음[心腸]인가? 일이 마땅히 잡아 가두고 낼 것을 독촉함이 옳으나 잠시 용서하니 즉시 일일이 갖추어 바치고, 만약 한결같이 연기하여 시행하면 엄히 장을 쳐서 낼 것을 독촉할 일."

155. 수리

월촌면(月村面) 장결보(長結洑)의 작인(作人)들이 정소(呈訴)하기를, "보(洑)의 주인 정상원(鄭尙遠)이 홀로 많은 수로[灌]를 욕심내어 정윤원(鄭允遠)으로 이화실(李化實)을 바꿔[改差]주십시오."라고 하였다.

---

17) 장의(掌議) : 성균관이나 향교의 재임(齋任)의 으뜸자리.
18) 재임(齋任) : 성균관이나 향교에서 숙식하는 유생으로서 그 안의 일을 맡아보던 임원.
19) 유사(有司) : 단체 또는 자생적 모임에서 사무를 맡아보는 직책의 이름. 소임(所任)이라고도 한다.

제사(題辭) : “이들이 보고한 소장은 듣건대 매우 가상하다. 호소한 바에 의해 정(鄭)씨 양반으로 이화실(李化實)을 차출하였으니, 관개(灌漑)를 균평하게 하여 이 한 평의 작인들로 하여금 즐겁게 살도록 함이 마땅할 일.”

156. 산송–장지

월촌면(月村面) 장산(長山) 이형표(李衡杓)가 정소(呈訴)하기를, “조부(祖父)의 산소가 본동(本洞) 뒷산에 있는데, 이동우(李棟宇)가 소요를 일으키니 관에서 금지해주십시오.”

제사(題辭) : “이영우(李英宇)와 정경규(鄭慶奎)를 데리고 와서 대질[對卞]한 후에 결정하여 처리할 일.”

157. 산송–장지

산정면(山井面) 기지(機池) 조병일(曺秉一)이 정소(呈訴)하기를, “저의 선산을 박명여(朴明汝)가 그의 산소라 칭하면서 금지합니다.”라고 하였다.

제사(題辭) : “두 이야기를 아직 상세히 알지 못하니 누가 옳은지, 당초에 파서 옮겼던 이현상(李玄尙)을 데려와서 대령한 후에 그 조씨와 박씨 두 쪽의 산소의 경계를 가히 알 수 있을 일.”

158. 산송–장지

서암면(西巖面) 거락(巨洛) 김사순(金士順)이 정소(呈訴)하기를, “저희 산소의 한 광(壙)의 땅을 이자행(李子行)에게 허급(許給)하였는데,

이(李)씨 양반이 도리어 금단합니다."라고 하였다.

제사(題辭) : "이미 가까운 정[好誼]으로 몇 년을 수호(守護)하다가, 약간(如干)의 송추(松楸)로 정을 등지고 정소(呈訴)하기에 이르렀으니 개탄스러움을 이길 수 없다. 지금부터 이후로는 다시 예전처럼 사이좋게 지내며 각자 수호하는 것이 마땅할 일."

159. 산송－장지

만승면(萬升面) 월굴(月屈) 신중현(申重絃)이 정소(呈訴)하기를, "오일선(吳一善)에게서 산소를 사서 부모를 묻고 나무를 심고자 갔는데, 같은 (오)일선이 족인(族人)들을 불러 모아[嘯聚] 그것을 금지하였습니다."라고 하였다.

제사(題辭) : "과연 소장에서 말한 바와 같이 (오)일선의 행한 바는 가히 남을 부추겨 나쁜 일을 하게 함[敎猱升木]이라 할 만하다. 춘방(春方)과 일선 모두 데려와 대령할 일." **장민(狀民)**

160. 산송－도형

김상웅(金商雄)이 임덕기(林德起)와 산송(山訟)에 대한 도형(圖形).

제사(題辭) : "이 도형을 보니 조씨의 무덤은 매우 가깝고 임씨의 무덤은 조금 멀다. 조금 먼 무덤은 오히려 대수롭지 않은 일에 속한다."

161. 전답송

충주(忠州)에 사는 정문해(鄭文海)가 이씨 놈과 논[畓] 땅으로 서로 소송한 일.

추가 제사[追題] : "두 차례 완강하게 거부하니 매우 통악(痛惡)하다. 즉시 잡아올 일." **주인(主人)**

162. 전답송

백곡면(栢谷面) 상백(上白)에 사는 노비 김천만(金千萬)이 정소(呈訴)하기를, "우리 집이 김군일(金君一)의 논[畓] 땅을 매득했는데, 윤여도(尹汝道)가 훔쳐 팔았습니다. 농사를 짓기 어려워졌습니다."라고 하였다.

제사(題辭) : "너희 집의 억울함은 관이 이미 알고 있다. 저번에 액운이 지나갔으나 아직 측은하니, 안심하고 돌아가 경작하며 바로 잡을 날[歸正之日]을 기다림이 마땅할 일."

163. 전답송

서울에 사는 이(李) 판서(判書) 댁 노비 덕산(德山)이 정소(呈訴)하기를, 밭[田] 2일반 경락(耕落) 및 논[畓] 1석 11두락을 윤여도(尹汝道)에게서 매득하였는데, 지금 답험(踏驗)하니 또 노비 김천만(金千萬)에게 훔쳐[몰래] 파니, 사실을 조사하여 바로 잡아 주십시오."라고 하였다.

제사(題辭) : "윤여도가 행한 바가 적심(賊心)과 다름이 없음은 사실을 조사할 때까지 기다리지 않았지만, 이미 행한 일을 알고 있다. 소위 옛 문기(文記)는 각처에 산재해 있으니, 오직 윤여도를 잡아와 물은 연후에야 가히 진위를 판별할 수 있을 일."

164. 전결세

백곡면(栢谷面) 개평(開坪)에 사는 노비 조무금(趙戊金)이 정소(呈訴)하기를, "노비 김엇금(金㖋金)의 조자(糟字) 결복(結卜) 5부 4속을 저희 집 호(戶) 더하여 넘겼으니, 사실을 조사하여 이록(移錄)해주십시오."라고 하였다.

제사(題辭) : "상세히 조사하여 바로 잡아 호소하고 원망함에 이르지 않도록 할 일." **해당 서원[該書員]**

165. 산송－투장

서암면(西巖面) 신리(新里)에 사는 김유선(金有善)이 정소(呈訴)하기를, "저의 조부 산소의 뇌후(腦後)에 알 수 없는 누군가가 몰래 매장하였으니 파낼 것을 독촉해 주십시오."

제사(題辭) : "기어이 무덤 주인을 찾은 후에 와서 고하고, 무덤 둘레에 고랑을 파는[掘垓] 일관(一款)은 급히 너에게 허급해줄 수는 없는 일."

166. 산송－투장

북변면(北邊面) 지석(支石)에 사는 이광호(李光浩)가 정소(呈訴)하기를, "저희 선산의 한 자도 안되는 땅[不盈尺之地]을 옹병(瓮弁)의 양반 이문호(李文浩)가 몰래 매장하고 파내지 않습니다."

제사(題辭) : "데리고 와서 대질[對卞]할 일." **장자(狀者)**

『사송록(詞訟錄)』 진천(鎭川)편 제3책

(1891년) 3월 초3일

167. 형사

읍저(邑底) 김명순(金明順)이 정소(呈訴)하기를, "제가 오촌 숙부와 함께 괴산(槐山)에 갔다가 돌아오는 길에 잠시 삼거리(三巨里) 점막(店幕)에 머물렀는데, 초평면(草坪面) 어은(漁隱) 이(李)씨 양반이 무단으로 구타하고 돈백을 토색하였습니다."라고 하였다.

제사(題辭) : "네가 호소한 바는 모두 모호하니 대질[對卞]한 후에 조처할 것이다. 이씨 양반을 데리고 올 일." **장자(狀者)**

168. 산송-투장

하리(下吏) 박지희(朴芝熙)가 정소(呈訴)하기를, "저의 둘째 형[仲兄] 산소에 한 자[尺]도 되지 않는 땅[不盈尺之地]에 이민호(李旻浩)가 부모를 매장하고 파내지 않습니다."라고 하였다.

제사(題辭) : "하나의 무덤으로써 세 편이 송사를 일으키니 이 어떤 곡절인지, 이민호를 데려와 대령할 일." **장자(狀者)**

169. 원억

백곡면(栢谷面) 구수(九水) 김옥진(金玉振)이 정소(呈訴)하기를, "남(南)씨 양반이 덕우(德尤)와 같이 관아가 빈 틈을 타서 겸관(兼官)[1]에게 무소(誣訴)하고 저를 잡아와서 억류하였습니다."라고 하였다.

제사(題辭) : "너의 애매함은 관이 이미 알고 있다. 마땅히 사실에 의거하여 감영(監營)에 보고할 일."

170. 산송-투장

청주(淸州) 음계관(陰啓琯)이 정소(呈訴)하기를, "목천(木川) 사동(寺洞)에 사는 양반 이취오(李就吾)가 저의 선산(先山) 열 보(步)의 땅에 부모를 묻었으니, 특별히 파서 옮기도록 해주십시오."라고 하였다.

제사(題辭) : "이(李)씨 양반을 데리고 와서 대질[對卞]할 일." **장민(狀民)**

171. 전결세

백곡면(栢谷面) 개평(開坪) 노비 김엇금(金旕金)의 결복(結卜)의 일.

추가 제사[追題] : "어찌 상세히 조사하지 않고 바로잡겠는가? 또 이 호소가 있고, 농간이 있는 것 같으니, 즉시 사정(査正)하여 이 땅 없는 백성으로 하여금 백징(白徵)함에 이르지 않도록 할 일." **해당 서원[該書員]**

172. 산송-투장

---

1) 겸관(兼官) : 수령의 자리가 공석일 경우 이웃 수령이 임시로 맡은 관직.

강릉(江陵) 이동우(李棟宇)가 정소(呈訴)하기를, "이영우(李英宇)는 사방으로 찾았으나 알지 못하니, 이문중(李文仲)의 선총(先塚)을 파서 옮겨주십시오."라고 하였다.

제사(題辭) : "(이)영우는 (이)난구(鸞九)와 어찌 인연이 닿아 산소를 팔았는지, 죽은 자는 이미 끝났고 산 자 또한 데리고 대령하지 않으니, 오래된 문적(文蹟)의 진위는 지금은 분석할 수 없다. (이)문중이 증인으로 대령하지 않는 것 또한 매우 괴이하고 의심스럽다. 대질한 연후에야 가히 결정하여 처리할 수 있을 일."

173. 형사

서암면(西巖面) 입장(笠長) 박천인(朴千仁)이 정소(呈訴)하기를, "차산옥(車山玉)이 제 족종(族從)을 무소하여 갇혀 있습니다."라고 하였다.

제사(題辭) : "과히 만약 마땅히 금지할 만한 것을 금하였으나 할 수 없으면 마땅히 와서 호소해야 하는데, 이렇게 하지 않고 위협하여 강제로 파내도록 하였으니, 이 어떤 멸법(蔑法)이며, 차산옥으로 말할 것 같으면 만약 파내어 갈 뜻이 있으면 그가 스스로 파내어 갔을 것이거늘, 수 삼명의 박(朴)씨 양반이 횡출(橫出)하여 강제로 파내니 이는 어떤 호강(豪强)의 습속을 따른 것인가."

174. 노름빚

월촌면(月村面) 성평(城坪)에 사는 정용해(鄭龍海)가 정소(呈訴)하기를, "임(林)씨와 최(崔)씨 두 놈이 제 아들을 불러내 꼬드겨 논[畓]

땅을 훔쳐 팔게 하였습니다. 매우 원통하고 분하므로 의송(議送)으로 정소하니 공문을 주십시오[到付]."라고 하였다.

제사(題辭) : "네 아들과 임씨 놈이 대질하기 전에는 공정히 처결할 수 없는 일."

175. 전결세

백곡면(栢谷面) 개평(開坪)에 사는 노비 조무금(趙戊金)이 정소(呈訴)하기를, "엇금(㐚金)의 결전(結錢)이 저희 집에 부당하게 (부가)됩니다."라고 하였다.

제사(題辭) : "엇금을 데리고 와서 대질한 후에 바로 잡을 일."

176. 산송-송추

서암면(西巖面) 문성(文城)에 사는 유일원(劉一源)이 정소(呈訴)하기를, "친산(親山)의 송추(松楸)를 김음전(金音全)이 작벌하였습니다."라고 하였다.

제사(題辭) : "데리고 와서 대질[對卞]할 일."

(1891년 3월) 초5일

177. 벌채

문방면(文方面) 내굴(內屈)에 사는 임재근(林在根)이 정소(呈訴)하기를, "제 아버지가 몇 해 전에 이정삼(李正三)과 우치장(禹致章)과 함께 산목(山木)을 매득하여 같이 발매(發賣)하였는데 그 중에 이익되는 돈이 없어서 부판(付板) 값 한 쪽이 되는 175냥을 주므로, 누차 가서 내주기를 독촉해도 이씨와 우씨 두 사람이 끝내 준비해 지급해주지 않습니다."라고 하였다.

제사(題辭) : "몇 해 전의 일로 어찌 지금에 와서 호소하는지, 이익을 위해 같이 일하다가 그 이익이 없음에 미치자 각자 적심(賊心)을 품었으니, 인심이 가히 악하다. 사실을 조사하여 결정하고 처리할 것이니 위의 두 사람 모두를 데려와서 대질[對卞]할 일."

178. 산송-투장

서암면(西巖面) 입장(笠長) 박천인(朴千仁)이 정소(呈訴)하기를, "저의 선산(先山) 뇌후(腦後)에 차산옥(車山玉)이 무덤을 몰래 매장하였으니 즉시 파내 옮겨주십시오."라고 하였다.

제사(題辭) : "순전(脣前) 백여 보(步)를 뇌후라고 칭하니 이 어떤 무고의 습성이며, 소송을 하는 이유[訟理]가 본디 있는데, 사사로이 스스로 위협하여 그로 하여금 파내어 가게 하니, 이 어떤 멸법(蔑法)이며, (박)천인은 그대로 있는데, 노길(老吉)이 횡출(橫出)하여 이러한 행위를 저지르니(措抑) 어떤 악습(惡習)인지, 법에 따라 결정하여 처리할 일."

179. 벌채

월촌면(月村面) 자래리(自來里)에 사는 여러 작인(作人)들이 정소(呈訴)하기를, "보(洑)를 쌓는 나무를 매번 명신동(明信洞)에서 베도록 예(例)에 따라 허급해 주십시오."라고 하였다.

제사(題辭) : "전례에 따라 소나무를 베어 보를 쌓고, 넘치게 베는 폐단은 엄히 금지할 일." **해당 동중[該洞中]**

180. 무격

소답면(所畓面) 한천(閑川)에 사는 백성들이 정소(呈訴)하기를, "저희 동에서 1년에 한 차례 별신(別神) 전래(傳來) 규례(規例)를 시행하도록 허락해주십시오."라고 하였다.

제사(題辭) : "사람의 생사는 하늘에 있고, 별신에 있지 않다. 별신이라는 이름은 관에서는 처음 듣는 바이다. 처음 듣는 일을 시행하도록 허락해줄 수는 없는 일."

(1891년 3월) 초6일

181. 산송-장지

남변면(南邊面) 덕배(德培) 박주헌(朴柱憲)이 정소(呈訴)하기를, "저의 선산이 본동(本洞) 뒷산에 있고 족인(族人) 경칠(景七)에게 배정해 두었는데, 묘지기가 텃밭[垈田][2]을 매급(買給)하고 방매(放賣)하려고 합니다."라고 하였다.

제사(題辭) : "박경칠을 데리고 와서 대질[對卞]할 일." **장자(狀者)**

182. 전답송

경기(京畿) 죽산(竹山) 노비 민재룡(閔再龍)이 정소(呈訴)하기를, "하

---

2) 대전(垈田) : 집터와 텃밭을 말한다.

백(下白)·상백(上白)에 사는 윤(尹) 선달(先達)을 다스려서 논[畓]과 돈[錢]을 찾아주십시오."라고 하였다.

제사(題辭) : "윤 선달은 스스로 그 죄를 알고는 달을 넘겨 (밖에) 나가 있고, 그 아버지인 감찰(監察)은 죽산에 산다고 한다. 본관(本官)에 가서 호소함으로써 바로잡는다면 돈과 땅이 자연히 되돌아가는 바가 있을 일."

183. 산송-장지

행정면(杏井面) 이택수(李宅洙)가 정소(呈訴)하기를, "양반 유기완(柳基完)에게서 산소를 사서 부모를 묻었습니다. 또한 산 아래에 사는 백성 6명에게 산값을 내고 화전(火田)을 경작케 하였는데, 그 중 5명은 환퇴(還退)한다고 말하였으나 유독 윤도정(尹都正)만이 퇴급(退給)을 긍정하지 않습니다."라고 하였다.

제사(題辭) : "과연 소장에서 말한 것과 같이 조상을 위하는 마음[爲先之心]은 사람마다 각자 있으며 비록 상천민이라도 또한 그러한데, 하물며 윤도정이겠는가? 통정대부(通政大夫)로서 사체(事體)를 응지(應知)하는데도 도리어 저들만 같지 못하니, 듣건대 매우 개탄스럽다. 지금 이후로는 번연히 뉘우치고 깨달아서 하나같이 여섯 명의 응낙(應諾)을 따라, 이(李)씨 양반으로 하여금 그 조상의 무덤[先壟]을 지킬 수 있도록 함이 마땅할 일."

184. 벌채

남변면(南邊面) 덕배(德倍) 박경칠(朴景七)이 정소(呈訴)하기를, "동

(洞) 앞의 나무숲[樹林]을 삼종질(三從姪) 주헌(柱憲)이 몰래 팔고 베었습니다."라고 하였다.

제사(題辭) : "주헌(周憲)은 그의 원림(園林)[3]이라 말하고, 너는 동 앞의 수림(藪林)이라고 한다. 일이 오래되었는데 지금 갑자기 정소하니 매우 의심스럽고 또한 (일을) 파악하기 어렵다. 해당 동종(洞從)이 공적으로 상의하여 확정하고, 상세히 조사하여 보고하러 올 일." **해당 동의 존두민[該洞尊頭民]**

185. 산송-투장

문방면(文方面) 외굴(外屈)에 사는 임중변(林重變)이 정소(呈訴)하기를, "저의 8대조 산소가 보시동(保時洞)에 있는데, 족인(族人) 정언(鼎彦)이 그 부모를 몰래 매장하고 파내지 않습니다."라고 하였다.

제사(題辭) : "과연 소장에서 말한 것과 같다면, 자손된 자가 남이 와서 매장하는 것을 금지할 겨를도 없는데 도리어 스스로 매우 가까운 곳에 매장하니, 비단 족척(族戚)에만 죄를 얻을 뿐 아니라 조상에게까지 욕을 보이는 것이다. 이 어찌 사람의 아들로서 차마 할 수 있는 바의 일이겠는가? 만약 털끝 하나라도 사람의 마음이 있다면 어찌 용납할 수 있겠는가? 이 제사[題旨]를 가지고 가서 정언(鼎彦)에게 보이고 즉시 파내어 옮기고, 오래 지체함[久滯][4] 없이 행하는 것이 마땅할 일."

---

3) 원림(園林) : 집터에 딸린 뜰을 말한다.

4) 원문에서 "久滯" 옆의 공란에 발음에 같은 "狗彘"라고 나란히 적혀 있어, 뒤에 단어를 수정한 것으로도 추정된다. "狗彘"로 해석한다면 "개돼지의 행동이 없도록 함이 마땅할 일"로 해석될 수 있을 것이다.

186. 산송-도형

음계관(陰啓琯)과 이재관(李在寬)의 산송에 대한 도형(圖形).

제사(題辭) : "이 도형을 보니 묘지 구역 내[局內]는 모두 다 음씨의 산소이다. 보(步)의 수는 서로 매우 멀지 않고 좌립(坐立) 또한 모두 볼 수 있어 마땅히 금지해야하는 바를 분명히 판단할 수 있으니, 이씨 양반은 패소[落科]했거니와 그로 하여금 파내어 옮기도록 함으로써 송사를 그만둘[息訟] 일."

187. 수리

덕(문면) 상덕(上德), 차상(次上), 덕(문면) 차하(次下), 장척(長尺), 중리(中里)에 사는 백성들이 정소(呈訴)하기를, "다섯 동의 보(洑) 주인을 이덕호(李德浩)로 바꿔[改差] 주십시오."라고 하였다.

제사(題辭) : "땅에는 결(結)이 아닌 땅이 없고 또한 경작하지 않고는 먹고 살 수 없으니, 이러한 까닭으로 농사짓는 자는 천하의 대본(大本)이다. 해당 동이 보를 축조하고 근면하게 농사짓는 것은 듣건대 매우 가상하다. 결(結)이 있는 땅을 경작하되 결세[結]를 내지 않음은 이 어떤 민습이고, 보의 주인에 이르러서는 작자(作者)들이 원하는 대로 이덕호로 바꾸는 것을 허락하니 결전(結錢)은 즉시 일일이 납부를 마침으로써 공(公)을 먼저하고 사(私)를 나중에 하는 것[先公後私]으로 한다. 만약 한결같이 연기하여 미루면, 잡아가두고 바칠 것을 독촉할 일." **5동존두민(五洞尊頭民)**

188. 형사

월촌면(月村面) 가암(佳岩) 구호서(具浩書)가 정소(呈訴)하기를, "본리(本里)에 사는 양반 박경칠(朴敬七)이 아내[內眷]에게서 술을 토색[討酒]하여 조금 싫은 소리를 하였는데, 능욕함이 무쌍하니 잡아와서 엄히 징치해주십시오."라고 하였다.

제사(題辭) : "술 사는 것[酤酒]을 엄히 금하라는 전령(傳令)이 나간지 아직 며칠 되지도 않았는데 이런 정소가 있으니, (술을) 준 자와 받은 자의 안팎이 비록 다르지만 그 금령을 어긴 것을 따지자면 똑같다. 아내[內眷]로 말할 것 같으면 본디 술을 파는 집이 아닌데 바깥 사람에게 (술을) 마시게 하여 체모를 잃는데 이르게 한 것 같다. (박)경칠로 논하자면, 양반의 이름을 한 자가 바깥주인이 없는 반가에서 술을 토색하였으니 더욱 양반의 체면을 잃었다. 즉시 마땅히 잡아와서 엄히 징치함이 옳다. (술을) 준 자 역시 조처하기 어려우니 너는 마땅히 (박)경칠을 대령할 일."

189. 원억

서암면(西巖面) 입장(笠長) 박천인(朴千仁)이 정소(呈訴)하기를, "당초 산송(山訟)의 일은 차(車)씨가 자기 손으로 무덤을 판 것이어서 강제로 파낸 것이 아니니, 삼종(질)은 즉시 풀어주십시오[방석]."라고 하였다.

제사(題辭) : "너의 삼종(질)의 죄는 유배형으로 처결함[勘配]이 마땅하나 잠시 용서하니, 차씨와 화해하여 송사를 그치도록 할 일."

190. 산송-투장

산정면(山井面) 옥동(玉洞) 민영세(閔泳世)가 정소(呈訴)하기를, "저의 조부모 산소에서 읍에 사는 이철갑(李哲甲)이 무덤을 팠으니, 법을 밝혀주십시오[照律]."라고 하였다.

제사(題辭) : "산소가 있는 관아에 가서 호소할 일."

(1891년 3월) 초9일

191. 산송-장지

월촌면(月村面) 장산(長山) 이형표(李衡杓)가 정소(呈訴)하기를, "이동우(李棟宇)와 더불어 산송(山訟)한 일에서 정경규(鄭敬圭)가 증인으로서 끝내 대령하지 않으니, 자기 손으로 제명[割名]한 것입니다."라고 하였다.

제사(題辭) : "지금은 농사일이 바야흐로 바쁘니 산송할 때가 아니다. 추수기[秋成]를 기다린 후에 와서 고할 일."

192. 입안

백곡면(栢谷面) 상백(上白)의 노비 김천만(金千萬)이 정소(呈訴)하기를, "저희 댁과 윤변(尹弁)이 논[畓] 땅으로 서로 송사한 것에서, 살펴볼 수 있는 문권이 없으니 입지(立旨)를 성급(成給)해 주십시오."라고 하였다.

제사(題辭) : "문권은 분명하고 증인이 있으니 입지는 대수롭지 않은 일에 속한다."

193. 전답송

백곡면(栢谷面) 구수(九水)의 노비 정춘산(鄭春山)이 정소(呈訴)하기를, “논[畓] 7두락을 옹암의 김(金) 부장(部將) 집에서 매득하였는데, 28복(卜)은 문서로 만들었고[成文], 8복은 도조(賭租)로 더하여 냈는데[加出], 역시 주지 않습니다.”라고 하였다.

제사(題辭) : “한 쪽의 말로는 기준하여 믿을 수 없으니 데리고 와서 대질[對卞]할 일.” **피고[彼隻]**

194. 전답송

행정면(杏井面) 하리(下里)의 이택수(李宅洙)가 정소(呈訴)하기를, “화전(火田)을 환퇴(還退)하는 일로 제사를 받아 윤변(尹弁)에게 공문이 도착하였는데 끝내 응하여 따르지 않습니다.”라고 하였다.

제사(題辭) : “관의 명령이 내려졌는데 한결같이 뉘우치지 않으니 이 어떤 악습인가? 일이 징려(懲礪)함이 마땅하나 잠시 용서하니 빨리 깨우쳐서 다시 호소하는 데 이르지 않도록 할 일.”

195. 형사

방동면(方洞面) 인산(仁山)의 노비 이득례(李得禮)가 정소(呈訴)하기를, “어제 보(洑)를 축조할 때 저희 댁이 무단(無端)[5]으로 산지기[또는 山直이라는 지명의] 김여삼(金汝三)에게서 욕을 당하였습니다.”라고 하였다.

---

5) 무단(無端) : 미리 연락을 하거나 승낙을 받거나 하지 않고 함부로 행동하는 일.

제사(題辭) : “경작[耕]과 독서[讀]에서 하나를 버릴 수가 없는데 향촌에 사는 분수 안에서 너희 댁 상전은 친히 농업을 맡다가 그 보(洑)를 축조하기에 이르렀는데, 이유 없이 상놈에게 욕을 당했으니 듣건대 매우 통탄스러우나, 물러나 반성[反求][6]하고 사람이 얼굴에 침을 뱉어도 웃으며 받는다는 것을 항상 염두에 두어야 마땅한 일.”

196. 무격

소답면(所畓面) 한천동(閑川洞)에서 보고하기를, “본동은 별신(別神)에게 삼년동안 경건히 정성[虔誠]을 드렸는데 올해는 아직 제사(題辭)로 허락을 받지 못하여 나쁜 병이 크게 일어나고 있습니다.”라고 하였다.

제사(題辭) : “무릇 질병[疾痛]이며 수명[夭壽]은 천명(天命)에 있고 무속(巫俗)에 있지 않는데, 너희 동이 호소하는 바가 이와 같으니 매우 애석하다. 한 사람이 목욕재계하고 재물과 술을 정성스레 준비하고, 그를 공경하되 멀리하면 자연히 아무 일이 없을 일.”

197. 전답송

서암면(西巖面) 봉평(鳳坪)의 백성들이 등소(等訴)하기를, “저희들이 유완여(柳完汝)에게서 산기슭을 사서 화전(火田)을 개간[起墾]하였는데, 행정면(杏井面)의 이(李)씨 양반이 그의 산이라 칭하면 지금 환퇴(還退)하려고 합니다.”라고 하였다.

제사(題辭) : “적간(摘奸)한 후에 원래 판 자 유(柳)씨 양반과 이애병

6) 반구(反求) : 어떤 일의 원인 따위를 자신에게서 찾음.

(李哀弁)을 대령함으로써 바로잡을 일."

(1891년 3월) 초10일

198. 산송-장지

충주(忠州) 도사(都事) 남석원(南錫元)이 정소(呈訴)하기를, "저와 신(申)씨 양반의 산송(山訟)한 일은 이미 전의 소장에서 다하였는데, 신씨 양반이 그의 산소라 칭하며 한결같이 억지를 부립니다."라고 하였다

제사(題辭) : "두 기둥의 소나무를 작벌하는 것으로써 경계를 정하도록 너에게 (제사를) 내어주었다. 신씨 양반이 만약 경계 안쪽을 범했다면 마땅히 사실을 조사하여 금칙해야 한다. 데려와서 대질[對卞]할 일." **장민(狀民)**

199. 전결세

서울 이(李) 주사(主事)의 노비 만길(萬吉)이 정소(呈訴)하기를, "장양(長楊)에 사는 양반 김(金) 마호(馬戶)[7]가 병조판서에게 고하기를 '차정(差定)되면 거핵(去核)[8] 및 도조(賭租)를 갖추어 납부하겠다'고 약속하였는데, 끝내 와서 납부하지 않습니다."라고 하였다.

제사(題辭) : "사실을 조사하여 추급(推給)할 것이다. 데려와서 대질[對卞]할 일." **장민(狀民)**

---

7) 마호(馬戶) : 역마(驛馬)를 맡아 기르던 역인(役人).
8) 거핵(去核) : 씨를 뽑아 제품이 된 솜.

200. 농우

백락면(白洛面) 은성(銀城)의 윤사성(尹士成)이 정소(呈訴)하기를, "농사짓는 소가 치사[致斃]하여 가죽을 팔아 송아지를 사려[去皮立本] 합니다."라고 하였다.

제사(題辭) : "농사를 함에 소를 잃어 가히 임시로 낭패가 되었을 테니 가죽을 팔아 송아지를 살[去皮立本] 일." **공고자(工庫子)**

201. 산송-투장

방동면(方洞面) 화성(花城) 남석유(南錫有)가 정소(呈訴)하기를, "행정면(杏井面)의 신명룡(申命龍)의 며느리가 저의 친산 묘역 내[局內]에 몰래 매장하고 기한이 넘도록 파내지 않습니다."라고 하였다.

제사(題辭) : "기한이 넘도록 파내지 않으니 이 어떤 민습인가? 즉시 파서 옮겨, 다시 번거로움에 이르지 않도록 할 일."

202. 전결세

이곡면(梨谷面) 도산동(刀山洞)에서 보고하기를, "동의 복결전(卜結錢)이 30냥(兩)인데, 밤을 틈타 토주하니 징납할 길이 없습니다. 단지 집 세 칸이 있어 방매하고자 하니 입지(立旨)를 성급(成給)해주십시오."라고 하였다.

제사(題辭) : "호소한 대로 집을 팔아 공납(公納)하고, 이 제사가 곧 입지이니 이를 근거로 검토할 일."

203. 노름빚

월촌면(月村面) 성평(城坪) 정용해(鄭龍海)가 정소(呈訴)하기를, “임벽귀(林辟貴)와 최경삼(崔敬三) 두 놈이 훔쳐 판 논[畓]의 문권을 즉시 추급해주십시오.”라고 하였다.

제사(題辭) : “사실을 조사하여 추급할 것이니, 임씨와 최씨 두 놈을 즉시 대령할 일.” **주인(主人), 장민(狀民)**

204. 산송-투장

청주(淸州) 이상구(李常九)가 정소(呈訴)하기를, “저와 유(兪)씨 양반이 서로 소송하였는데 유씨 양반이 기한이 지나도록 파내지 않습니다. 즉시 유씨의 무덤을 파내주십시오.”라고 하였다.

제사(題辭) : “기한이 지나도록 파내지 않으니 민습이 놀랍다. 즉시 (무덤을) 파서 옮겨 (유씨 양반의) 장을 치고 가두는 데 이르지 않도록, 파낼 것을 독촉할 일.”

205. 산송-투장

만승면(萬升面) 회안(會安)의 오치유(吳致有)가 정소(呈訴)하기를, “족인(族人) 백선(伯善)이 그 처(妻)를 저의 친산 묘역 내[局內]에 몰래 매장하고, 기한이 지나도록 파내지 않습니다.”라고 하였다.

제사(題辭) : “데리고 와서 대질[對卞]할 일.” **장민(狀民)**

206. 산송-투장

청주(淸州) 장봉식(張鳳植)이 정소(呈訴)하기를, “양반 임순상(林巡相)과 이름 모를 유(柳)씨 양반이 저의 조부 산소 묘역 내[局內]에 몰래 매장하고 끝내 파서 옮기지 않습니다."라고 하였다.

제사(題辭) : "농사일이 바야흐로 바쁘니 이는 산송(山訟)할 때가 아니다. 추수기[秋成]를 기다린 후에 와서 고할 일." **장자(狀者)**

(1891년 3월) 12일

207. 추심

읍저(邑底)에 사는 김광식(金光植)이 정소(呈訴)하기를, "백(곡면) 용진(龍津)의 노비 김만산(金萬山)에게서 시초(柴草)[9] 값을 추심(推尋)해 주십시오."라고 하였다.

제사(題辭) : "당년의 시초 값을 오랫동안 갚지 않았으니, 마음이 좋지 않음은 가히 알겠다. 즉시 갖추어 갚아서 장을 치고 가두는 데에는 이르지 않도록, (값을) 낼 것을 독촉할 일." **피고[彼隻]**

208. 산송-투장

월촌면(月村面) 묵동(墨洞) 김홍식(金洪植) 등이 정소(呈訴)하기를, "이민호(李旻浩)가 그 아버지를 몰래 무덤에 매장하였는데, 끝내 파내어 가지 않습니다."라고 하였다.

제사(題辭) : "추수기[秋成]에 아직 이르지 않았는데 또 이런 호소가 있으니, 농사짓는 백성으로서 임시의 낭패의 탄식이 없지 않다."

209. 산송-투장

9) 시초(柴草) : 땔나무로 쓰는 풀.

만승면(萬升面) 용소(龍沼) 오백선(吳百善)이 정소(呈訴)하기를, "제처의 산소가 곧 족숙(族叔)[10]의 산소인데 쌀 10두(斗)와 돈 5냥으로 매득하여 안장하였습니다. 그런데 족인(族人)이 이치에 맞지 않는 소송을 잘 일으킵니다[非理好訟]."라고 하였다.

제사(題辭) : "이미 파내 간다는 수표(手標)가 있으니 파내는 것이 이치에 마땅한 바이고, 10두의 쌀과 5냥의 돈은 찾아준[推覓] 후에 즉시 이장하여 다시 번거로움에 이르지 않도록 할 일."

210. 전답송

백곡면(栢谷面) 상백(上白)의 김난제가 정소(呈訴)하기를, "오(吳)씨와 윤(尹)씨 두 사람이 관의 명령을 따르지 않고 민운산(閔雲山)의 집에서 문권(文券)을 훔쳐 팔았으니, 즉시 찾아주십시오."라고 하였다.

제사(題辭) : "이 일은 모두 민운산의 집과 윤(尹)씨 양반에게 관련되고 너와는 관계가 없으니, 너는 번거롭게 떠들 필요가 없다."

(1891년 3월) 13일

211. 추심

만승면(萬升面) 내당(內堂)의 노비 정원복(鄭元卜)이 정소(呈訴)하기를, "월(촌면) 성평(城坪)의 양반 이덕일(李德一)에게 채전(債錢) 35냥(兩)을 허락해주었는데 찾아주십시오."라고 하였다.

---

10) 족숙(族叔) : 성과 본이 같은 사람들 가운데 유복친 안에 들지 않는 아저씨뻘이 되는 사람.

제사(題辭) : "관의 제사가 한두 번에 그치지 않았는데도 아직 이를 갚지 않으니, 이는 어떤 사람의 마음인가? 즉시 갖추어 지급하여 다시 번거로움에 이르지 않도록 할 일."

212. 산송-송추

월촌면(月村面) 상월(上月)의 심세택(沈世澤)이 정소(呈訴)하기를, "친산(親山)을 윤(尹)씨 양반에게서 매득하였는데, 주구(周九)에 사는 김사열(金思說)이 소나무를 베어 경계를 빼앗았습니다."라고 하였다.

제사(題辭) : "과연 소장에서 말한 것과 같다면, 경계가 분명[昭昭]하고 표목(標木)이 우뚝 솟았는데도[童童] 김(金)씨 양반이 경계를 범하고 소나무를 베니 매우 좋지 않다. 그러나 한 쪽의 호소로는 역시 판단하기 어려우니 김씨 양반을 데리고 와서 대질[對卞]할 일." **장민(狀民)**

213. 산송-송추

문방면(文方面) 내굴(內屈)의 임정익(林鼎益)이 정소(呈訴)하기를, "저의 친산을 정행교(鄭行敎)에게서 매득하였는데, 정(鄭)씨 양반이 죽은 후에 그의 아들 만갑(萬甲)이 소나무를 베고 경계를 빼앗았습니다."라고 하였다.

제사(題辭) : "만갑을 데리고 와서 대질[對卞]할 일." **장민(狀民)**

214. 산송-송추

산정면(山井面) 평정(平亭)의 노비 민판길(閔判吉)이 정소(呈訴)하기를, "저희 댁 친산은 두리산(頭里山)에 있는데 이(李)씨 양반과 조(趙)씨 양반이 무단(無端)으로 소나무를 베니, 엄히 금하고 속전(贖錢)을 징수해 주십시오."라고 하였다.

제사(題辭) : "과연 소장에서 말한 것과 같다면, 이씨 양반과 조씨 양반이 누년 동안 금하여 기른 송추(松楸)를 몰래 베었으니 듣건대 매우 통악하다. 엄히 징치하고 속전을 징수할 것이니, 이씨와 조씨 두 양반은 모두 즉시 잡아올 일." **소주인(小主人)**

215. 중개

만승면(萬升面) 어두앙(魚頭央)에 사는 이순서(李巡西)가 정소(呈訴)하기를, "1,300여 냥(兩)의 물건을 얻어 박도일(朴道一)의 집에 주었습니다. 와서 이어준 사람[來接人]은 송성도(宋聖道)였는데, 그 놈이 도망쳐 숨었습니다."라고 하였다.

제사(題辭) : "속담[諺語]에서 말한 '빚보증을 서는 자식을 낳지도 말라'는 너에게 (맞는) 격언(格言)이다. 소위 접주(接主)라 하는 박도일을 데려와서 대질[卞質]할 일." **장자(狀者)**

216. 부역

백락면(白洛面) 은성(銀城)에 사는 장경명(張京明)이 정소(呈訴)하기를, "제 교생(校生)의 역(役)을 탈하(頉下)해주십시오."라고 하였다.

제사(題辭) : "과연 호소한 바와 같이 한 몸에 두 역은 행할 수 없는 일. 즉시 면제[頉給]하여 다시 번거롭게 하지 않도록 할 일."

(1891년 3월) 14일

217. 고가

행정면(杏井面) 도봉(道峰) 이두표(李斗杓)가 정소(呈訴)하기를, "만승면(萬升面) 화산(花山)의 정(鄭)씨 양반에게서 고공전(雇工錢) 150냥(兩)을 찾아주십시오."라고 하였다.

제사(題辭) : "관이 제사로 여러 번 말[申複][11]하였는데, 끝내 갖추어 주지 않으니 민습이 가히 악하다. 만약 한결같이 지급하지 않으면, 마땅히 관가의 뜰에 잡아 와서 그 패습을 먼저 다스리고 또한 그 고가(雇價)를 추급할 일."

218. 산송-투장

청주(淸州) 김상열(金尙悅)이 정소(呈訴)하기를, "제사[題音]를 가서 보여주었는데도 정(鄭)씨 양반이 끝내 파내 가지 않습니다."라고 하였다.

제사(題辭) : "지금 농사일에 맞이하였으니, 잠시 소송을 그치고 먼저 경계를 정해 추수기[秋成]를 기다려라. 두 사람[兩造]의 대질이 없으면 안 되니 정씨 양반을 데리고 올 일." 장민(狀民)

219. 산송-장지

목천(木川)의 조형균(趙亨均)이 정소(呈訴)하기를, "저의 선산은 이백학(梨白鶴)에 있는데 산 밑에 사는 유(柳)·한(韓)·고(高) 세 사람이 소나무를 베고 개간[起墾]하였습니다."라고 하였다.

11) 신복(申複) : 같은 사실에 대하여 자세히 여러 번 말함.

제사(題辭) : "과연 소장에서 말한 것과 같다면, 그 자손된 자로서 이를 보고 어찌 아프고 한탄스러운[痛惋] 마음이 없겠는가? 이 제사[題旨]를 가지고 가서 세 사람에게 보여주어, 다시는 지극히 가까운 곳에 땅을 개간하고 소나무를 베지 말라는 뜻으로 타이름[曉諭]이 옳다. 만약 한결같이 따르지 않으면 다시 와서 고하여 마땅히 엄히 징치할 일." **피고[彼隻]**

(1891년 3월) 16일

220. 산송-투장

경기 이천(利川)의 권종원(權鍾元)이 정소(呈訴)하기를, "저의 선산 근처 이구항(梨鳩項)에 사는 정성필(鄭聖弼)이 몰래 매장하고 파내지 않습니다."라고 하였다.

제사(題辭) : "데리고 와서 대질[對卞]할 일." **장민(狀民)**

221. 추심

읍저(邑底)의 피색장[皮漢][12] 경기(京畿)가 정소(呈訴)하기를, "제가 한천(閑川)의 조(趙)씨에게서 빚을 졌는데, 빚을 갚는 것 이외에 집물(什物)을 빼앗아갑니다."라고 하였다.

제사(題辭) : "지극히 천함을 멸시하여 마땅히 받아야 할 것 외에 집물을 찾으니[搜探] 이 무슨 호강(豪强)인가? 사실을 조사하여 결처할 것이니 조씨 놈을 즉시 잡아와 대령할 일." **노차(奴差)**

---

12) 피한(皮漢) : 피색장을 속되게 이르던 말. 짐승의 가죽으로 물건 만드는 일을 맡아 하던 사람.

222. 전답송

방동면(方洞面) 고수(古水) 노비 정개봉(鄭介奉)이 정소(呈訴)하기를, "영원히 논[畓]을 샀다가 지금 환퇴(還退)하려고 했는데 정성팔(鄭成八)이 노곡(老谷)의 신(申)씨 댁에 훔쳐 팔았습니다."라고 하였다.

제사(題辭) : "과연 호소한 바와 같다면, 대질하지 않은 후에는 결처할 수 없으니 양반 정관서(鄭官西)를 즉시 대령할 일." **장노(狀奴)**

223. 산송-장지

월촌면(月村面) 묵동 화민(化民) 박인수(朴仁壽)가 정소(呈訴)하기를, "저의 산소의 새 터에 사는 김(金)씨 양반이 이(李)씨 양반의 외손이라 칭하면서 무단으로 저의 송추(松楸)를 베었습니다."라고 하였다.

제사(題辭) : "만약 외손(外孫)으로서 외가 산소의 소나무를 작벌한다면 오히려 뜻밖인데, 하물며 바깥사람의 산소이겠는가? 더욱 이치에서 벗어나는 일이다. 이치 밖의 인물이 이치 밖의 일을 행하니 듣건대 매우 개탄스럽다. 소나무 값을 공정한[公] 가격에 따라 갖추어 지급하고, 다시 번거롭게 떠들지 말도록 할 일." **피고[彼隻]**

224. 전결세

서울에 사는 이(李) 주사(注事) 댁 노비 만길(萬吉)이 정소(呈訴)하기를, "장양(長楊)의 김(金)씨 양반이 역장(驛長)으로 차출(差出)되었는데, 지난 번 도조(賭租)를 조사하라는 판결문[題音] 세 장을 갖추지 않았습니다."라고 하였다.

제사(題辭) : “이미 데리고 오라는 제사가 있었는데 와서 대령하지 않으니 어찌 용서할 수 있겠는가? 지금 갑자기 와서 호소하여 말하기를 즉시 차출하여 보내라고 하는 것은 어찌 번거롭지[煩屑] 않은가?”

225. 산송－장지

월촌면(月村面) 장산(長山) 이형표(李衡杓)가 정소(呈訴)하기를, “정경구(鄭京九)가 당초에 입증(立證)을 하였는데 지금 갑자기 이름을 뺐습니다[割名].”라고 하였다.

제사(題辭) : “과연 소장에서 말한 것과 같다면, 이영우(李英宇)와 정경구를 대령한 후에 가히 조사하여 결정할 일.”

226. 종중답

서암면(西巖面) 상곡(上谷) 양경수(梁褧洙)가 정소(呈訴)하기를, “종중(宗中)[13]의 위토(位土)를 다른 사람에게 팔고 경작하게 되었는데, 족인(族人)인 성환(星煥)과 반을 나누어 경작하라 합니다.”라고 하였다.

제사(題辭) : “다른 사람으로서도 옛날에는 토지의 경계를 양보[讓畔][14]하는 정이 있었는데, 같은 종중(宗中)으로서 지금 빼앗아 경작하는 일이 있다. 지금의 사람 또한 옛과 같은데 홀로 친족과 화목하지

13) 종중(宗中) : 성이 같고 본이 같은, 한 겨레붙이의 문중. 공동 조상의 제사를 지내며 분묘의 보존과 종원 서로 사이의 친목과 복리 증진 등을 목적으로 함.

14) 양반(讓畔) : 논밭의 경계를 양보한다는 뜻으로, 태평성대에 인심이 순후함을 이르는 말.

않으니, 다른 사람으로 하여금 듣지 못하게 해야 한다. 비단 밭을 다툰 것에 그치지 않고 어른을 능욕하는데 이르렀으니, 더욱 놀랍다. 마땅히 잡아와서 엄히 징치해야 함이 옳지만 잠시 용서하니, 종중에서 모두 모여[齊會] 경계하고 꾸짖은 후에 위의 밭은 (양)경수로 하여금 경작케 할 일."

227. 전결세

방동면(方洞面) 매산(梅山)의 엇복(㖕卜)이 정소(呈訴)하기를, "화속(火束) 2복(卜)을 면제[頉給]받았는데, 지금 갑자기 납입고지[出秩]가 되었습니다."라고 하였다.

제사(題辭) : "원통하게 징수함에 이르지 말도록 하라는 뜻의 제칙(題飭)이 이미 있었는데 다시 와서 호소함이 있으니, 마땅히 해당 서원(書員)을 먼저 붙여 즉시 조사하고 지급케 하여 이 잔민(殘民)으로 하여금 다시 징수됨이 없도록 함이 마땅할 일."

(1891년 3월) 25일

228. 산송-투장

경기 이천(利川) 사는 송태현(宋泰顯)이 정소(呈訴)하기를, "저의 선산 뒤편 기슭[後麓] 가제곡(可濟谷)에 사는 박정선(朴正先)이 무덤 2개를 몰래 매장[偸埋]했습니다."라고 하였다.

제사(題辭) : "상놈[常漢]이 양반 무덤 아주 가까운 곳[狎近之地]에 몰래 매장했다고 하니, 이 어떤 멸법(蔑法)인가? 사실을 조사하여 공정히 판결할 것이니 박씨 놈을 데리고 와서 대질[對卞]할 일."

장민(狀民)

229. 고가

행정면(杏井面) 도봉(道峰) 이두표(李斗杓)가 정소(呈訴)하기를, “정(鄭)씨 양반에게 돈을 빌려주었는데, (빌려준 돈을 대신) 받아 주시기 바랍니다.”라고 하였다.

제사(題辭) : “한결같이 (빌린 돈을) 갚지 않는 것은 민습(民習) 중에 미워할 만한 일이다. 마땅히 잡아다가 엄히 징벌하여 돈을 받아내는 것이 옳다. 잠시 용서를 베풀 것이니, 즉시 마련해서 갚도록 하여 다시 호소하는 일이 없도록 할 일.” **피고[彼隻]**

(1891년 3월) 26일

230. 전답송

청주(淸州) 김상렬(金相烈)이 정소(呈訴)하기를, “제가 정(鄭)씨 양반에게 가서 (토지의) 경계를 정하고자 했는데, 최가(崔哥)에게 (그 토지를) 구입했다고 하면서 다시 강제로 빼앗으려고 합니다.”라고 하였다.

제사(題辭) : “경계를 정하지 않고 도리어 최가에서 구입했다고 말하는 것은 어떤 심정에서 나온 것인가. 사실을 조사하여 바로 잡을 것이니 정씨 양반을 데리고 올 일.” **장민(狀民)**

231. 산송-송추

월촌면(月村面) 묵동(墨洞) 박인수(朴仁壽)가 정소(呈訴)하기를, “민의 조모(祖母) 선산에 김(金)씨 양반이 이가(李家)의 외손이라고 칭하면서 몰래 송추(松楸)를 베어갔습니다."라고 하였다.

제사(題辭) : "사실을 조사해서 찾아줄 것이니, 김씨 양반을 데리고 와서 대질[對卞]할 일." **장민(狀民)**

232. 산송-송추

이곡면(梨谷面) 송현(松峴)·노곡(老谷) 노(奴) 신쾌성(申快成)이 정소(呈訴)하기를, "저의 댁이 월(촌면) 외두(外斗) 이(李)씨 양반 (이)국진(李國鎭)에게서 산을 샀는데, 이씨 양반이 죽은 후 그 과부가 송추(松楸)를 벌채했습니다."라고 하였다.

제사(題辭) : "과부가 약한 몸을 무릅쓰고[冒弱] 소나무를 벌채한 것은 얼마나 악한 풍습인가? 마땅히 엄히 징벌하는 것이 옳지만 잠시 용서를 베풀 것이니, 이 제사[題旨]를 가지고 가서 과부에게 보여주도록 하라. 만약 한결같이 (잘못을) 고치지 않는다면, 과부라고 해서 홀로 공평히 처결하지 않음이 있겠는가?" **피고[彼隻]**

(1891년 3월) 27일

233. 전답송

월촌면(月村面) 상룡(上龍) 정행일(鄭行一)이 정소(呈訴)하기를, "봉기삼(奉基三)에게 권매(權賣)한 토지를 되돌려 받고자 합니다."라고 하였다.

제사(題辭) : "시가(時價)에 따라 되돌려 받는 것이 옳다. 봉(奉)씨 양반을 데리고 와서 바로 잡을 일."

234. 형사

감옥에 갇혀있는[在囚] 김시좌(金時左)가 정소(呈訴)하기를, "제가 마차보(馬差洑)[15]에서 균등하게 관개(灌漑)하는 일을 맡았는데, 흉악한 저 이덕호(李德浩)가 함부로 각 동네의 백성 (명단을) 기록하고 거짓으로 고소하여[誣訴] (목에) 칼[枷]을 차고 (감옥에) 갇히는 지경에 이르게 되었으니, 어찌 통탄(痛歎)한 바가 없겠습니까? 별도로 장색(將色)[16]을 정하여 사건의 전말[形止]을 조사한 후에 원통함을 하소연하는[呼冤] 일이 없도록 해주십시오."라고 하였다.

제사(題辭) : "너의 패악한 습성은 읍촌 (사람들이) 모두 다 아는 것이며, 단지 보의 사건만이 (문제가) 아니다. 패악한 마음으로 관개의 일을 했으니 '분명히 공평한 도리가 없었다'고 해당 동네의 소장들[等呈]에 나오게 된 일."

235. 산송-투장

방동면(方洞面) 화성(花成) 남석유(南錫有)가 정소(呈訴)하기를, "명룡(命龍)의 며느리 무덤이 기한을 지났는데도 파내지 않았습니다."라고 하였다.

제사(題辭) : "이미 가을에 발굴을 하여 이장했다고 한다. 만약 기한을

---

15) 마차보(馬差洑) : '마차'에 있는 보(洑)를 가리키는 것으로 보인다. 현재 진천군 광혜원면 금곡리에 마차리에 있었다. 금곡리는 조선 말기 진천군 만승면에 속했던 지역이다.

16) 장색(將色) : 장교와 실무 담당 관속을 뜻하는 것으로 보인다.

어긴 폐단이 있다면 다시 와서 고발케 할 일."

236. 청원-화재구휼

이곡면(梨谷面) 구탄(九灘) 대막(大幕) 동임(洞任)이 정소(呈訴)하기를, "저희 동의 여섯 호(戶)가 화재[回祿]를 입었습니다. (새로) 집을 짓는 방도[結搆之方]를 특별히 도와주시기 바랍니다."라고 하였다.

제사(題辭) : "해당 동에 회록[화재]을 당했다는 것을 들으니 놀라고 한탄스럽구나. 관아에 먹고 마실 것[喫酒]과 바람을 막을[反風] 재목이 부족하니, 이 (동네) 인민들에게 재앙을 입은 데다 더욱 근심케 하는 바가 있다. 그러므로 매 호(戶)마다 4냥(兩)씩 관아에서 나누어 지급케 하고, 집을 짓는 방도에 대해서는 부근 마을과 힘을 합쳐 처리케 하여 농사철에 이르러 거처 없이 떠돌아다니지[棲屑] 않도록 하는 것이 마땅할 일." **관청색(官廳色) 공호방(公戶房)**[17]

237. 군보답

월촌면(月村面) 내두(內斗) 민인(民人)들이 정소(呈訴)하기를, "저희 동네 동임(洞任)이 예전대로 군보답(軍保畓)에 농사를 지으려하는데, 외두(外斗) 정(鄭)씨 양반이 이제 와서 갑자기 땅[또는 시작권]을 빼앗으려[奪耕] 합니다."라고 하였다.

제사(題辭) : "곡우(穀雨)[18]가 이미 지냈는데 전답을 거래하는 것은

---

17) 관청색(官廳色) 공호방(公戶房) : '관청색'은 관청의 실무담당 관속을 가리키는 것 같고, '공호방'은 호방을 높여서 이르는 말로 보인다.

18) 곡우(穀雨) : 24절기의 여섯 번째 절기. 곡우(穀雨)는 청명(淸明)과 입하(立夏) 사이에 있으며, 음력 3월 중순경으로, 양력 4월 20일 무렵에 해당한다. 곡우의

결코 있을 수 없는 일이다. 이것을 일컬어 임농탈경(臨農奪耕)[19]이라고 한다. 이 제사[題旨]를 가지고 가서 정씨 양반에게 보여주어 법외의 일을 하지 못하게 함이 마땅할 일."

238. 재판절차

방동면(方洞面) 중방(中方) 정학원(鄭鶴遠)이 정소(呈訴)하기를, "저의 형은 영전출타(令前出他)[20] 중이므로 들어오는 대로 기다려서 처분해 주십시오."라고 하였다.

제사(題辭) : "너의 형이 내려온 뒤에 문서와 장부[文蹟]를 가지고 (그를) 바로 오도록 하여 대질[兩造對質]을 기다린 다음에 송사를 그치게 할 일."

239. 추심

경상도 진주(晉州) 이중환(李重煥)이 정소(呈訴)하기를, "저[矣童]의 필부(筆負)[21] 김씨 놈이 박한광(朴漢光)이라고 칭하는 자에게 빚을 져서[捧債] (재물을) 빼앗겼습니다."라고 하였다.

제사(題辭) : "박한광과 김씨 놈을 함께 데리고 와서 대질[對卞]한 다음 공정하게 판결할 일."

의미는 봄비[雨]가 내려 백곡[穀]을 기름지게 한다는 뜻이다.

19) 임농탈경(臨農奪耕) : 땅을 다 다듬고 이제 농사를 지으려 하니까 농사지을 땅을 빼앗아 간다는 뜻이다. 또는 농사철에 이르러 소작인을 바꾸는 것을 말하기도 한다.

20) 영전출타(令前出他) : 명령이 이르기 전부터 집에 있지 않았다는 뜻이다.

21) 필부(筆負) : 학동의 필기구[문방구]를 들어다주는 하찮은 일을 하는 사람의 뜻으로 보인다.

240. 산송-투장

직산(稷山) 김일룡(金一龍)이 정소(呈訴)하기를, "신(申)씨 양반이 제 선산에 몰래 매장[偸埋]을 했는데, 이번 2월에 (다시) 파내서 이장하겠다는 뜻을 (관아에) 납고(納侤)하고는 끝내 파가지 않았습니다."라고 하였다.

제사(題辭) : "(약속)기한을 넘겨 (몰래 매장한 시신을) 파가지 않은 것은 얼마나 악한 습성인가? 즉시 파가도록 하여 힘이 약한 백성[殘民]이 억울함을 호소하지[呼冤] 않도록 할 일."

241. 산송-도형

만승면(萬升面) 이목(梨木) 정보문(鄭輔文)이 정소(呈訴)하기를, "저의 자식을 주인 없는 산에 묻었는데, 권종원(權鍾元)이 자기 산이라고 칭하면서 시비를 걸었습니다."라고 하였다.

제사(題辭) : "산주인이 있고 없고는 오직 상세히 조사한 뒤에야 (결론이) 날 것이다. 그러므로 (산의) 도형을 가지고 와야 할 일." **장교(將校)**

242. 산송-도형

경기도 이천(利川) 권종원(權鍾元)이 정소(呈訴)하기를, "정(鄭)씨 양반 (정)성필(鄭聖弼)이 저의 산에 자식을 묻고서 파가지 않는 일을 아룁니다."라고 하였다.

제사(題辭) : "대질(심문)할 때에 한쪽은 (풍수에서) 청룡(靑龍)[22]만

22) 청룡(靑龍) : 풍수지리에서 주산을 등지고 지대가 낮은 곳을 향해 내려다보는 자세에서 좌측에 있는 산을 말하며 일반적으로 좌청룡이라고 한다.

이 홀로 있고, 한쪽은 주산(主山)[23]이 없다고 말했으니 도형을 (살펴본) 뒤에 처분을 결정할 일." **장교(將校)**

243. 산송-송추

백락면(白洛面) 갈탄(葛灘) 강진형(姜鎭馨)이 정소(呈訴)하기를, "저의 조모 (묘를 쓸) 산을 부창(夫昌) 사는 우동규(禹東奎)에게 구입해서 매장했습니다. 우(禹)씨 양반이 구목(邱木)을 벌채하고 팔아치우려고[放賣] 하였습니다."라고 하였다.

제사(題辭) : "우씨 양반을 데리고 와서 대질[對卞]을 할 일." **장민(狀民)**. 증참(證參)[24]도 역시 와서 대령할 일.

(1891년 3월) 30일

244. 형사

서암면(西巖面) 상가(上加) 노(奴) 김귀동(金貴童)이 정소(呈訴)하기를, "이성관(李性寬)이 (사람을) 구타한 죄를 엄히 (물어) 형벌을 내리고 멀리 유배를 보내십시오."라고 하였다.

제사(題辭) : "이미 엄히 형벌을 한 다음 감옥에 가두었고, 유배형으로 처결[勘配]할 사항[一款]을 마땅히 감영(監營)[25]에 보고[報營]할 일."

---

23) 주산(主山) : 집이나 궁궐을 지을 때에 그 후측(後側)에 놓여있는 산봉우리를 말한다.

24) 증참(證參) : 참고가 될 만한 증거, 또는 증인을 말한다. 여기서는 증인을 가리키는 것으로 보인다.

25) 감영(監營) : 조선시대 진천군은 충청도에 속해있으므로, 여기서 감영은 충청도 관찰사가 있는 공주(公州)를 가리킨다.

245. 산송-투장

직산(稷山) 김일룡(金一龍)과 백(곡면) 유곡(楡谷) 신(申)씨 양반와의 산송(山訟) 일.

추가 제사[追題] : "(몰래 묻은 시신을) 파서 이장하지도 않고 또한 소송에 응하지도 않으니 다만 패악한 습성일 뿐만 아니라 역시 법을 멸시하는 것이 극히 놀라울 만하다. 그러므로 즉시 (신씨 양반을) 데리고 와서 대령할 일."

246. 종중답

남변면(南邊面) 덕배(德培) 박경칠(朴京七)이 정소(呈訴)하기를, "삼종 조카[9촌] (박)장성(朴長成)이 원림(園林)을 억지로 팔았으므로[抑賣] 종족(宗族)을 모아 (그를) 꾸짖은 후 수표(手標)를 만들어 (몰래 판) 값을 지급케 했으니 입지(立旨)를 발급[成給]하여 주십시오."라고 하였다.

제사(題辭) : "(박)장성의 패악한 습성은 누차 이미 들었다. 또 다시 무소(誣訴)의 폐단이 있게 된다면 장차 통렬하게 징계할 것이다. 지금 너희 종중(宗中)에서 바른 데로 (결론을) 내렸으므로 잠시 용서할 것이니 앞으로 만약 다시 (남의 재물을) 침탈하는 폐단이 있게 된다면 이 제사를 편의대로 입지로 사용할 일."

247. 산송-장지

충주(忠州) 사는 유병익(劉秉翼)이 정소(呈訴)하기를, "제가 부친 (시신을 묻을) 산을 오치인(吳致仁)에게서 샀는데, 그 아들인 (오)백선(吳

白善)이 억지로 빼앗으려고 합니다."라고 하였다.

제사(題辭) : "(오백선을) 데리고 와서 대질[對卞]할 일." **장민(狀民)**

248. 청원-구휼

강원도 철원(鐵原) 황기현(黃琦絃)이 정소(呈訴)하기를, "객지에 살아 주머니가 비어있으니 도와주셔서 진휼을 행하시기 바랍니다."라고 하였다.

제사(題辭) : "이 소장을 보고서 그 용모를 살펴보니 문사(文士)라고 할 수 있지 구걸하는 사람이라고 할 수는 없다. 빈손으로 왔다가 빈손으로 가는 게 (인생이라지만) 어떤 우여곡절[委折]이 있었길래 (이 지경이 되었는가!) 시름겨운 두견새가 달밤에 슬피 운 적[愁鵑啼月][26]이 반드시 많았을 것이니 슬픈 (감정으로만 그 원인을) 돌리는 것과는 같지 않다. 외로운 등불 비추고 나그네 집에 있는데 게다가 배를 곯은 탄식이 더하니, 두꺼운 솜옷[締袍][27]을 선물하고 (돈) 주머니와 (음식) 그릇[囊鐥]을 주는 것이 오히려 득중(得重)[28]할 수 있을 것이다. 하물며 큰 강의 물가[濆]에서 괴물(怪物)이 꼬리를 흔들며

26) 수견제월(愁鵑啼月) : 구전되는 한시의 한 구절로 추정된다. "공수래 공수거(空手來空手去)하니 인생일장춘몽(人生一場春夢)이라. 평토제인산후(平土祭人散後)에 두견제월황혼(杜鵑啼月黃昏)이라." (빈 손으로 왔다가 빈 손으로 가니 인생 봄날에 한순간의 꿈이요, 땅에 묻고 하산하여 각기 흩어지니 달밤에 두견새만 울더라.)

27) 체포(締袍) : 제포(綈袍, 두꺼운 비단으로 만든 솜옷)를 가리키는 것으로 보인다.

28) 득중(得重) : 소중한 바를 얻는다, (일의 중요한) 요점을 얻는다 정도의 의미가 아닌가 한다.

불쌍하게 구걸하는 경우야 (더 말할 필요가) 있겠는가?[29] 한 잔의 물로 목말라 위급한 사람[涸轍][30]을 구하려 해도 역시 어찌 쉽겠는가? 3냥의 돈을 자선 명목으로 지급하여 3일치의 양식을 마련케 하는 것이 마땅할 일."

249. 전답송

월촌면(月村面) 상룡(上龍) 노(奴) 봉천석(奉千石)이 정소(呈訴)하기를, "대전(垈田)을 정(鄭)씨 양반에게 영구히 구입했는데, 지금 와서 억지로 물리려고 합니다."라고 하였다.

제사(題辭) : "해당 가격을 맞춰 환퇴(還退)하는 것이 마땅할 일."

250. 전답송

월촌면(月村面) 상룡(上龍) 정행일(鄭行一)이 정소(呈訴)하기를, "저의 위토(位土)를 (장차) 환퇴할 의도로 봉(奉)씨 양반에게 팔았습니다. 지금 환퇴하려고 하는데 (봉씨 양반이) 되돌려 주지 않습니다."라고 하였다.

---

29) 大江之濆 … 乞憐者乎 : 『고문진보』(후집) 한유(韓愈) 응과목시여인서(應科目時與人書)에 나오는 고사. 물을 만나면 크게 조화를 부리지만 물이 말라버리면 하잘 것 없는 '괴물'에게 힘 있는 사람이 그 처지를 안타깝게 여겨 작은 수고를 해서 옮겨주면 큰 기회를 얻을 수 있다는 내용으로, 과거 시험에 응하는 한유가 시험관에게 자신을 소개하는 글로 유명하다. 여기서는 진천군수가 소장을 낸 황기현을 어려운 처지에 있어 아직 기회를 얻지 못한 인재로 여기고 한유의 글을 인용하여 동정한 것이다.

30) 학철(涸轍) : 학철부어(涸轍鮒漁)의 준말로, 수레바퀴 자국에 괸 물 속에 있는 붕어라는 뜻으로, 매우 위급한 상황에 처한 사람을 이르는 말이다.

제사(題辭) : “기한이 되어서 환퇴하려고 한 것이니 시가(時價)에 따라 (돈을) 마련해서 주는 것이 마땅할 일.”

251. 산송-송추

이곡면(梨谷面) 일영(日永) 한홍석(韓洪錫)이 정소(呈訴)하기를, “제 선산의 송추(松楸)를 산(정면) 화전(花田) 홍정여(洪正汝)가 거리낌없이 벌채했으니 법에 따라 처분해주시기 바랍니다.”라고 하였다.

제사(題辭) : “과연 소장대로 홍(洪)씨 양반이 객(客) 주제에 주인(主人) 행세를 하여 도리어 수년간 벌채가 금지된[禁養][31] 소나무를 베었다고 하니 얼마나 법을 멸시한 것인가! 그런데 한쪽의 소장만으로도 역시 믿을 만한 근거로 삼기 어려우니 홍씨 양반을 데려와 대령할 일.” **장민(狀民)**

252. 전결세

통인(通引) 방용준(方龍俊)이 정소(呈訴)하기를, “저[矣身]의 대전(垈田)에 유소성(柳小成)이 집을 지은[起家] 후에 집터세[垈結]를 1부(負) 외에 2부(負)를 징납(徵納)하지 않고 저에게 환징(還徵)했습니다.”라고 하였다.

제사(題辭) : “결세는 토지에서 나오는 것이니 토지가 있는데 결세가 장차 어디로 돌아가겠느냐? 동 안에서 모두 모여[齋會] 논의하고 평균을 내어 나누어 정함으로써 소송을 그치게 할 일.” **해당 동네**

---

31) 금양(禁養) : 특정 지역의 산림에서 수목(樹木)의 벌채, 분묘(墳墓)의 설치, 농지(農地)의 개간, 토석(土石)의 채취 등을 금지하고, 특히 소나무의 재식(栽植)과 육성(育成)에 힘쓰는 것을 말한다.

존두민(尊頭民), 해당 서원(書員)

253. 재판절차

청주(淸州) 김상렬(金相烈)이 정소(呈訴)하기를, "정화경(鄭化景)과 대질하려 할 때 봉원(鳳遠)이 상경했다고 하면서 오지 않았으니 잡아다가 대질하는 것은 옳은 일일 것입니다."라고 하였다.

제사(題辭) : "과연 소장의 말처럼 정씨 양반이 그 형을 숨기고 나오지 않는 것이라면 이것이 얼마나 패악한 습성인가! 마땅히 속이고 은폐한 죄를 엄히 다스릴 것인데 잠시 용서할 것이니 즉시 와서 대령할 일." **장민(狀民)**

254. 재판절차

이곡면(梨谷面) 산석리(山石里) 정행규(鄭行奎)가 정소(呈訴)하기를, "이학봉(李學奉)이 본래 의탁할 곳이 없는 사람으로 데리고 와서 대령할 수가 없습니다."라고 하였다.

제사(題辭) : "이학봉과 너의 동생이 함께 대질한 후에 처결할 것이다. 두 놈을 즉시 데리고 와서 대령할 것이고 너의 동생 역시 대령할 일." **장민(狀民)**

255. 산송-도형

경기에 사는 백성 권종원(權鍾元)과 정보문(鄭輔文) 사이의 산송 도형(圖形)

제사(題辭) : "이 도형을 살펴보니 권가의 산소임이 분명히 드러나며

[昭然] (무덤의) 보수(步數)[32] (안에는) 당연히 (묘를 쓰는 것을) 금해야 하니 정씨 양반이 패소[落科]한 것이다. (무덤을) 파가는 것에 대해서는 농사일이 바야흐로 바쁘니 가을을 기다려 무덤을 파갈 것을 기한으로 삼는다. 역시 만약 이 기간을 지나도 파가지 않으면 다시 와서 고할 것."

256. 산송-투장

직산(稷山) 김일룡(金一龍)이 정소(呈訴)하기를, "저의 선산이 백(곡면) 용진(龍津)에 있는데 유곡(楡谷)에 사는 신씨 양반이 무덤을 (제 선산에) 썼으니 파가도록 독촉해주십시오."라고 하였다.

제사(題辭) : "이것 역시 이번 농사철에 해당되니 이장할 수가 없다. 8월 그믐까지 다시 기한을 정하니 만약 이 기한을 지나서도 파가지 않으면, 다시 와서 소송을 하라. 그러면 마땅히 잡아다 매를 치며 (묘를) 파가기를 독촉할 것."

257. 형사

많은 선비들이 품목(稟目)을 올려 "'민공 구순상 비(閔公舊巡相碑)'를 (세우려 했는데) 한택리(韓澤履)가 (거둔 돈을) 빼돌려[乾沒] 돈을 주지 않으니 관에서 받아서 주시기 바랍니다."라고 하였다.

제사(題辭) : "만약 유사(有司)가 비전(碑錢, 비 건립비)을 빼돌려 정말로 풍화(風化)[33]와 청아(菁莪)[34]의 뜻이 있어서 차라리 이런 일을

32) 보수(步數) : 조선시대에 신분이나 품계에 따라 분묘의 한계를 보수(步數)로 정하였고, 그 안에는 다른 묘는 쓸 수 없었다.

33) 풍화(風化) : 교육과 정치의 힘으로 풍습을 잘 교화시킴.

하려고 한다면 마땅히 엄히 치고 독촉하여 (돈을) 받아내는 것이 옳을 것이다. 잠시 용서하니 즉시 (돈을) 마련해내어 비석을 세우도록 하라. 만약에 한결같이 시간을 질질 끌고[延拖] 회피한다면 우선 잡아다가 가두고 엄히 다스릴[礪] 것이며, 빼돌린 돈을 낱낱이 찾아서 지급할 일." **피고[彼隻]**

258. 추심

청주(淸州) 서병순(徐秉淳)이 정소(呈訴)하기를, "(관장께서) 다스리시는[治下] 방동(方洞)에 사는 이화집(李化集)·이화실(李化實)·이수돌(李壽乭)·이잠발(李潛發) 등이 돈[錢文] 3천 냥을 빌려갔는데, 시간을 질질 끌면서[延拖] 여러 해 동안 갚지 않으니 즉시 (돈을) 받아 주십시오."라고 하였다.

제사(題辭) : "과연 소장의 말대로 네 명의 이씨[四李]에게 수제(手題)한 것은 분명히 참고할만하다. 하지만 1번이라도 대질[對卞]을 하지 않을 수는 없으니 네 명의 이씨와 함께 데려와 대령할 일." **주인(主人)**

259. 전결세

(감옥에) 갇혀있는 권대용(權大用)이 정소(呈訴)하기를, "제가 장양역(長楊驛)에서 동냥[動鈴] 조(條)[연유]로 마세전(馬貰錢)(을 얻었다가) 여러 날 동안 감옥에 갇혀 있었습니다. 이제야 (마세전을) 다 납부했는데, (또) 마호주[馬戶][35]의 결전(結錢)을 (관아에서) 색리(色吏)를 정해서 세금으로 징수[收刷]하려고 합니다."라고 하였다.

34) 청아(菁莪) : 무성한 쑥과 같이 많은 인재를 교육함. 또는 그 인재.
35) 마호주(馬戶主) : 역마(驛馬)를 맡아 기르는 역인(驛人).

제사(題辭) : "동냥한 마세전을 비록 다 납부했다고 해도 마호주의 결전은 소송을 당한 것이니, 이와 같이 색리를 정해서 너를 데리고[眼同] 내보낼 것이니 이삼일 내로[不數日] 다 갚는 것이 옳은 일이다. 만약 기한을 넘기는 폐단이 있다면 마땅히 매를 때리고 가두어 (세금을) 다 갚을 것을 독촉할 일."

260. 재판절차

백곡면(栢谷面) 구수(九水) 김원성(金遠成)이 정소(呈訴)하기를, "김덕우(金德尤)에게 제 아버지 옥진(玉振)이 청안(淸安)(에서 썼던) 부비전(浮費錢)을 일일이 받아 주시기 바랍니다."

제사(題辭) : "너의 아버지가 억울하고 원통[冤枉]했던 것은 양읍[진천, 청안]에서 모두 아는 바이다. 재판[訟理] 역시 이미 공정히 결론이 내려 별 탈 없이 순조롭게 끝났다.[妥貼] 아[噫], 그러나 저 김덕우가 '해치려는 마음'[賊心]을 망령되이 품어 감영에 거짓으로 소송을 내어 네 아버지를 감옥 안에 오래도록 갇혀 있도록 했으니 그 원통한 바는 말로 다 할 수 없을 것이다. 그 허다하게 쓴 비용에 대해 김덕우가 어찌 (자기는) 모른다고 할 수 있겠는가? 여기에다[此亦中] 남(南)씨 양반 역시 데려와서 대질[對卞]할 일."

『사송록(詞訟錄)』 진천(鎭川)편 제4책

(1891년 4월) 1일

261. 산송-투장

백곡면(栢谷面) 구수(九壽) 양두환(梁斗煥)이 정소(呈訴)하기를, "저의 부친 산소를 빈 산[空山]에 장사지냈는데, 조(趙)씨 백성이 가까운 땅에 늑장(勒葬)[1]한데다 도리어 결박당했습니다. 조씨 무덤을 파서 이장해 주십시오."라고 하였다.

제사(題辭) : "과연 소장 말대로 조씨 양반이 가까운 땅에 억지로 매장했고 심지어 산소 주인을 결박했다면 이것은 어떤 악습인가! 상세히 조사하여 처결할 것이니 조씨 양반을 데리고 와서 대질[對卞]할 일." **장자(狀者)**

(1891년 4월) 2일

262. 추심

---

1) 늑장(勒葬) : (남의 땅이나 남의 동네 근처, 또는 남의 무덤 가까이에) 강제로 장사(葬事)를 지냄.

청주(淸州) 서병순(徐秉淳)과 방(동면) 매산(梅山) 이화집(李化集) 등 4인에 대한 채무 소송.

추가 제사[追題] : "표주(標主)[2]를 사분이감(四分二減)[3]했다는 일의 흔적은 시간이 오래되어 분별하기 어렵고, 수표 안에 효행(孝行) 등의 일은 이씨 놈이 말하기를 애초부터 그런 일이 없었다고 하니 역시 매우 의심스러운 일[訝惑]이어서 하나로 (결론을) 내릴 수 없다. (이)수돌(의 증언)만 가지고는 증빙을 삼기는 어려우니 (이)화실을 데리고 온 후에 아마도 따져 가릴 수 있는 일[分析]."

263. 전답송

백락면(白洛面) 옥산(玉山) 김명서(金明瑞)가 정소(呈訴)하기를, "노(奴) 이순례(李巡禮)에게 받을 돈[捧錢]이 있어서 논 7두락에 문권(文券)을 만들어 경작을 했습니다. 지금 갑자기 다른 사람의 전답이라고 하면서 경작을 하지 못하게 합니다."라고 하였다.

제사(題辭) : "상세히 조사해서 처결할 것이니 이씨 양반을 데리고 와서 대질[對卞]할 일." **장자(狀者)**

264. 형사

방동면(方洞面) 매산(梅山) 이경필(李京弼)·영수(永壽) 등이 정소(呈訴)하기를, "청주(淸州)의 서(徐)씨 양반에게 본래 빚을 진 적이 없고 또한 수기(手記)[4]도 없는데, 수기를 위조하여 빚졌다며 돈을 받아내려

---

2) 표주(標主) : 남에게 빚을 지고 수표를 써낸 사람.

3) 사분이감(四分二減) : 4등분 해서 둘은 감해줬다는 뜻으로 보임.

4) 수기(手記) : 대차(貸借)나 기탁(寄託) 등의 경우, 주고 받는 증서. 비슷한

고 합니다."라고 하였다.

제사(題辭) : "너희들은 어떤 이유로 서씨 양반과 관계가 있게 되었는가! 앞선 제사를 자세히 살펴보면 믿을만한 증거의 단서가 없지는 않았는데 만약 수표의 진위(眞僞)를 알지 못한다고 하면 (이)화실을 역시 데려와야 할 일." **장자(狀者)**

265. 청원-조세경감

북변면(北邊面) 성평(聖坪) 경대손(京大孫)이 정소(呈訴)하기를, "전답이 각각 3면에 있는데 답험(踏驗) 때에 (보니) 재화를 입은 것이 36부(負)가 되었고 5부(負) 3속(束)만이 재앙에서 벗어났습니다[出災]."라고 하였다.

제사(題辭) : "각 면 각 동에 세금을 경감[俵災][5]할 때 두민(頭民, 민의 대표)으로 하여금 같이 의논하여 분배케 하여 재앙을 입은 백성들이 억울함을 호소하는 일이 없도록 하라는 뜻을 이미 분부를 내렸다. 전답이 있는 곳에 따라 그 세금 경감[災俵]을 계산하여 찾아 구하는[推覓] 것이 마땅할 일."

266. 산송-장지

산정면(山井面) 화전(花田) 홍우원(洪祐元)이 정소(呈訴)하기를, "저의 족숙(族叔) 영주(永周)의 선산을 (빙 둘러) 지키는 땅[守護之地]의 바로 근처에 한(韓)씨 장사를 지내고[入葬] 경계(經界)를 빼앗으려고

말로는 권계(券契), 수표(手標)가 있다.

5) 표재(俵災) : 가뭄이나 홍수와 같은 천재지변 또는 자연적인 흉년이 들었을 경우, 국가에서 해당지역의 재해정도에 근거하여 세금을 경감시켜주는 것.

합니다."라고 하였다.

제사(題辭) : "각자 경계에 따라 서로 금하고 보호[禁護]함으로써 소송을 그치게 하는 것이 마땅할 일."

267. 형사

서암면(西巖面) 상가동(上加洞)에서 보고하기를, "유(柳)씨 양반이 지금 장차 몸을 움직이기 시작한다고[起動] 하니, 감옥에 갇힌 이성관(李聖寬)을 풀어주시기 바랍니다."라고 하였다.

제사(題辭) : "유씨 양반이 비록 움직일 수 있다고 해도 이씨 놈의 패습은 더욱 더 엄히 다스려서 빨리 후일의 폐단을 막을 일."

268. 산송-장지

산정면(山井面) 장암(帳岩) 조재곤(趙載崑)이 정소(呈訴)하기를, "저의 조모 (산소)를 백(곡면) 구수(九水)의 빈 땅[空閒之地]에 이장[緬葬]했는데, 양두환(梁斗煥)이 자기 산이라고 칭하면서 (붙잡고) 소란을 피우니[挐鬧] 금지해[禁斷] 주십시오."라고 하였다.

제사(題辭) : "대질[對卞]한 후에 처결할 수 있을 일."

269. 전답송

만승면(萬升面) 내당(內堂) 노(奴) 조갑복(趙甲卜)이 정소(呈訴)하기를, "묵은 땅[陳處]을 다시 갈려고 하는데[起墾] 윤(尹)씨 양반이 자신의 묵은 땅이라고 하면서 탈경(奪耕)하려고 합니다."라고 하였다.

제사(題辭) : "소송 올린 것을 보고 그 말을 들으니 묵은 땅의 주인은 단지 한 두 사람이 아니며 윤씨 양반 역시 자기 집안 묵은 땅이라고 말하니 까마귀의 암수를 알기 어려운 것과 같다. 대질[對卞]하여 바르게 되돌릴 터이니, 윤씨 양반을 즉시 데리고 올 일." **장노(狀奴)**

270. 추심

방동면(方洞面) 매산(梅山) 이화실(李化實)이 정소(呈訴)하기를, "제가 서씨 양반에게 본래 3천(냥)의 빚을 진 적이 없고 수표(手標)를 만들어 준[成給] 적도 없습니다. 그런데 매번 강제로 돈을 받으려 하니[勒捧] 못하게 금지해 주십시오."라고 하였다.

제사(題辭) : "서씨 양반이 가지고 있는 수표는 너희들이 소송 제기한 말과 크게 서로 같지 않으니 수표가 거짓인지 너의 말이 진짜인지 (모르겠다). 세월이 오래되어 문적(文蹟)이 날로 변하니 마음으로 생각하는 바에 조처하기 어려운 일."

271. 전답송

백락면(白洛面) 옥산(玉山) 김명서(金明瑞)가 정소(呈訴)하기를, "이씨 양반이 제지(題旨)를 빼앗고 빌린 돈도 갚지 않습니다."라고 하였다.

제사(題辭) : "관에서 발급한 제사[官題]를 어렵지 않게 빼앗고 (또) 와서 대기하지도 않으니 이것은 어떤 패악한 습성인가! 여전히 완강히 거절한다면 우선 그 폐단을 엄히 징벌할 일." **피고[彼隻]**

272. 산송-도형

백곡면(栢谷面) 구수(九壽) 양두환(梁斗煥)과 조씨[趙弁] 사이의 산송(山訟) 일.

제사(題辭) : "누가 옳은지 알지 못하니 도형을 (보고 난) 다음에 처결할 일." **장교(將校)**

273. 비리호송

문방면(文方面) 이치(梨峙) 노(奴) 이순례(李順禮)가 정소(呈訴)하기를, "저희 집에서 백(락면) 옥산(玉山) 김명서(金明瑞)에게 마땅히 갚아야 할 돈이 있어서 논으로 대신 주었습니다. (그런데) 김씨 놈이 오히려 부족하다고 생각하고 거짓으로 소송을 제기했습니다."라고 하였다.

제사(題辭) : "하나의 땅을 두 번 팔았으니, 이것은 무슨 심보[心法]인가. 일을 마땅히 징벌하고 다스려야하는 것이 옳다. 하지만 잠시 참작하여 용서[參恕]하고 이미 문권과 수표를 가지고 올바른 데로 결정했으니, 김명서는 다시는 다른 마음[攜貳]을 가지지 말고 번거로이 시끄럽게 하지[煩聒] 말 일."

274. 전결세

북변면(北邊面) 옹암(甕巖) 노(奴) 김봉룡(金奉龍)이 정소(呈訴)하기를, "저희 집에서 7두락 논을 정씨 양반에게 팔았는데, 토지세[結卜]가 26부(負)로 문서가 나왔습니다[成文]. 그런데 7부(負)의 세금이 누락되었다고[漏卜] 더해서[加出] 징세하려고 합니다."라고 하였다.

제사(題辭) : "결전(結錢)과 도조(賭租)는 모두 땅에서 나오는데 경작자가 세금을 내야 하는가, 논주인[畓主]이 내야 하는가. 도조를 경작자에게 징수하여 (그 가운데) 결전을 수조청(收租廳)에 납부하는 것이니, 더해진 결전을 상세히 조사하여 바로잡을 일."

275. 군보답

월촌면(月村面) 내두(內斗) 대소 민인 등이 정소(呈訴)하기를, "저희 동네 군보답(軍保畓) 3두락을 동의 소임(所任)에게 해마다 경작해 먹게 했습니다. 그런데 갑자기 이번 봄에 다른 동에 사는 정씨 양반이 강제로 경작을 빼앗으려고 합니다."라고 하였다.

제사(題辭) : "3두락의 군보답(軍保畓)이 등소(等訴)(의 대상이 되는 것)에 이르니, 공(익)을 위한 것인가 사(익)를 위한 것인가? 정씨 양반의 경우는 담당관[該掌]에게 (허락[종자]을) 얻어 (이미) 파종[落種]했다고 한다. 너의 동네에서는 어째서 먼저 담당관에게 (허락[종자]을) 얻지 않았느냐? 논의 소재(所在)는 고사(姑舍)하고서라도, 그것을 얻은 선후가 서로 다르니[顯殊][6] 지금은 (어떻게) 처리[變通]할 수가 없다. 가을을 기다린 후에 담당관에게 분부를 하여 다시 해당 동에게 이작(移作)[7]하게 할 일."

(1891년 4월) 4일

276. 재판절차

방동면(方洞面) 중방(中方) 정학원(鄭鶴遠)이 정소(呈訴)하기를, "제

---

6) 논의 소재는 … 서로 다르니 : 군보답의 경작권이 누구에게 있는지 따지는 것은 그만 두더라도 경작 허락을 받은 순서의 선후는 분명히 차이가 난다(즉 정씨가 먼저 허락을 얻었다).

7) 이작(移作) : 논이나 밭을 부치는 사람을 바꿈.

형이 다른 곳으로 가서 아직 돌아오지 않았는데 김주열(金柱烈)이 거짓으로 소장을 내서 (이전 명령을) 거역(拒逆)했습니다."라고 하였다.

제사(題辭) : "빨리 대령하게 하여 상세히 조사하여 공정하게 처결할 일."

277. 전답송

월촌면(月村面) 상룡(上龍) 노(奴) 봉천석(奉千石)이 정소(呈訴)하기를, "정씨 양반이 영원한 판 밭[永賣之田]을 지금 갑자기 환퇴(還退)하려고 합니다."라고 하였다.

제사(題辭) : "이미 전 제사에 (분부 내용이) 담겨 있으니 (따라야) 할 일."

(1891년 4월) 5일

278. 전결세

읍내[邑底]에 사는 최군필(崔君必)이 정소(呈訴)하기를, "제 이름 아래로 나온 결전(結錢)을 윤(尹) 황간(黃澗) 집으로 옮겨 징수[移徵]해 주십시오."라고 하였다.

제사(題辭) : "막중한 국가의 조세[公納]를 아직도 납부하지 않았는데, 지금 갑자기 와서 소송을 하면서 부당하다고 하니 얼마나 악습인가. 매를 치고 가두어 독촉하여 (세금을) 내게 할 일."

279. 산송-장지

백곡면(栢谷面) 구수(九壽) 양두환(梁斗煥)과 조씨(趙弁) 재곤(載崑) 산송(山訟) 도형(圖形)의 일.

제사(題辭) : "이 도형(圖形)을 보았을 때 양씨 무덤에서부터 조씨 무덤 사이의 거리가 과연 멀지 않으니 조씨 양반이 패소[落科]한 것이다. 가을이 되기를 기다린 후 파서 이장하는 것이 마땅할 일."

280. 청원-조세경감

만승면(萬升面) 구암(九巖) 노(奴) 윤시삼(尹時三)이 정소(呈訴)하기를, "제 집의 묵은 땅[陳田]이 이미 재앙을 입었는데 (세금을) 내는[出給] 땅이 되었습니다."라고 하였다.

제사(題辭) : "과연 소송한 말과 같다면 자세히 조사하고 물어서 바로잡을 일."

281. 산송-투장

남변면(南邊面) 적현(笛峴) 정인춘(鄭寅春)이 정소(呈訴)하기를, "한씨 피고[韓隻]의 무덤이 기간을 지나서도 파가지 않았고 역시 대령하지도 않았습니다."라고 하였다.

제사(題辭) : "마땅히 파가야하는데 파가지 않았고 역시 와서 대기하지도 않았으니 이것이 정씨 백성이 이처럼 여러 번 소송을 하게 한 바가 되니 이것이 어떤 악습인가! 즉시 파가지고 이장하여 번거롭고 시끄럽게 하지[煩聒] 말 일." **피고[彼隻]**

282. 청원-호포

이곡면(梨谷面) 맹봉(孟峰) 조경쇠(趙敬釗)가 정소(呈訴)하기를, "허물어진 집[毁戶] 4호의 호포(戶布)를 면제[頉給]해 주십시오."라고 하였다.

제사(題辭) : "왜 허물어지고 파괴되었을 때 소송을 하지 않았는가! 지금 만약 그 4호의 호포를 감해준다면 어느 곳에 (부족한 호포를) 더해 징수할 것인가? 그전에 (행해진) 절목(節目)에 따라 시행하는 것이 마땅할 일."

283. 산송-비리호송

소답면(所畓面) 목동(木洞) 한점동(韓漸東)이 정소(呈訴)하기를, "저의 부모 산소를 장사지낸 지 오래되었는데 박영철(朴榮喆)이 이치에 어긋나게 소송을 제기했습니다."라고 하였다.

제사(題辭) : "호소한 바가 이와 같으니, 추수기[秋成]가 되기를 기다려 이장하는 것이 마땅할 일."

284. 형사

만승면(萬升面) 외당(外堂) 김성환(金聖煥)이 정소(呈訴)하기를, "쌍호(雙湖) 김씨 놈이 저의 시장(柴庄)에서 풀을 베었으므로[刈草] 이치에 맞게 금지시켰더니 김씨 놈이 모욕[詬辱]을 했습니다."라고 하였다.

제사(題辭) : "시냇가[澗邊]의 우거진 풀[幽草]을 네가 홀로 아껴서 금지하는가? 풀이 자라는 곳에 땔나무꾼[芻蕘者]이 가는 것은 이는 으레 있는 일[例]이다. 하물며 봄의 풀이 해마다 푸르러[綠] 불살라

없애도[燒除] 다시 나는[還生]데서야! 모욕을 당하는데 이르렀다니 듣건대 심히 통탄스럽구나! 이는 한쪽의 소송만으로 믿을 만한 근거를 삼을 수 없으니 상세히 조사하여 징벌할 것이니 김씨 놈을 데리고 와서 기다리게 할 일."

285. 전결세

이곡면(梨谷面) 송현(松峴) 유대룡(柳大龍)이 정소(呈訴)하기를, "따로 파견한 담당 아전[別遣色吏]이 마위전(馬位田)[8] 결전(結錢)을 거둬가려[收刷] 합니다."라고 하였다.

제사(題辭) : "소송에서 제기한 대로라면, 따로 파견한 담당 아전[別遣色吏]이라 할 수 있겠는가? 네가 다시 데리고 가서[眼同] (세금 징수를) 독촉할 것이며, (납세자들이) 회피하면서[遷延] 저항하는 죄에 이르지 않도록 하는 것이 마땅한 일."

(1891년 4월) 15일

286. 전답송

백곡면(栢谷面) 백곡(栢谷) 노(奴) 유언례[劉於仁禮]가 정소(呈訴)하기를, "1두락(斗落)의 논을 양반 우치성(禹致成)에게 샀는데, 우씨 양반이 호강(豪强)의 습성으로 (땅을) 빼앗으려고 합니다."라고 하였다.

제사(題辭) : "저번[向來]에 대질[對卞]했을 때에 이 문건을 가지고

---

8) 마위전(馬位田) : 조선시대에, 역마(驛馬)를 기르는 데 필요한 경비로 쓸 곡식을 가꾸던 밭.

대령하지 않았는가! 다시 조사해서 처결할 것이니 양반 우치성을 데리고 올 일."

(1891년 4월) 20일

287. 청원-호포

덕문면(德文面) 하가(下加) 조존신(趙存信)이 정소(呈訴)하기를, "저희 동리에서 1호가 (집을) 허물고 상가(上加)로 이주했으니 1호의 포를 상가 마을로 옮겨 주십시오."라고 하였다.

제사(題辭) : "만약 집을 부수고 이사한 사건이 있었다면 호포는 이씨 양반에게 이징(移徵)할 것이며, 만약 (집을) 사고팔았다면 새로 입주한 자[入處者]가 어찌 당연히 납세할 포를 모른다고 말할 수 있겠는가?"

해당 동임[該洞任]

288. 청원-구휼

이곡면(梨谷面) 구탄(九灘)과 대막(大幙) 민인들이 정소(呈訴)하기를, "저희 동에서 화재를 당한 상황은 이미 저번 소장에 호소했습니다. 장막[비개(飛蓋)[9]]과 재목을 바로 빨리 보내어 도와주십시오."라고 하였다.

제사(題辭) : "환란에 서로 구제하는 것은 함께 살아가는 도리[胥生之道]이니 관의 명령을 기다리지 말고 마땅히 할 일이다. 안타깝게도[哀] 이 두 동네가 화재[回祿]의 재앙을 입으니 참혹한 게 극진하구나.

---

9) 비개(飛蓋) : 문맥상 비바람을 막아주는 장막을 의미하는 것으로 보임.

바람과 이슬을 맞으면서 한데서 먹고 자는[風餐露宿] 게 오래되었다. 예전에 집을 짓는 방책에 대해 명령을 내려 부근 동네에 분부한 적이 있다. 아직도 나무 한 조각도 풀 한 묶음도 도와준 바가 없어 또다시 이런 소송이 있게 되었으니 듣건대 매우 개탄스럽구나. 지금 농사철을 맞아 비록 힘을 쓰기는[舒力] 어렵지만 각자 함께 모여 회의를 거쳐 빨리 (집을) 짓도록 하여 이 동네 민인들로 하여금 떠돌아 다니지[棲屑]하게 할 일."

289. 부역

향교[校宮] 서재(西齋) 교생(校生) 등이 품목(稟目)을 올리기를, "교생 손익환(孫翼煥)의 아비 일순(日順)이 이번 봄에 인원을 조사[點考]할 때 천총(千摠)[10]으로 차출되었기 때문에 그 아들 익환을 대신하여 거행(擧行)했습니다. 그런데 일순은 늙어서 거행하기 어려우니 특별히 (명단에서) 빼주시기[頉下] 바랍니다."라고 하였다.

제사(題辭) : "아들이 교생인데 아비는 천총이니 문벌이 화려하다면 화려한 것이다. 그러나 한 집안에 두 가지 역[一家兩役]이 있어서 아마도 이런 호소의 용납함이 있었던 것 같으니 혹 이상할 게 없다.

10) 천총(千摠) : 조선후기 각 군영에 두었던 정삼품(正三品) 당상관(堂上官) 서반 무관직(武官職)이다. 훈련도감(訓鍊都監)에 2원, 금위영(禁衛營)에 4원, 어영청(御營廳)에 5원, 수어청(守禦廳)에 1원, 총융청(摠戎廳)에 2원, 관리영(管理營)에 3원, 진무영(鎭撫營)에 4원을 두었다. 이외 삼도통제영과 황해도 수영에 2원씩 있었다. 이들은 각 군영 대장의 중군(中軍) 밑에 있었던 지휘관으로 영(領) 밑의 부(部)를 지휘하였다. 총융청에서는 내외영의 장(將), 훈련도감에서는 병사(兵使)나 수사(水使)를 거친 자로 임명했다. 하지만 내금위장 등의 금군장이 옮겨오는 경우가 많았다. 임기는 1년이다.

그 아비의 천총 임무는 지금 잠시 빼주고 그 아들의 교생 임무는 착실히 거행하는 것이 마땅할 일."

290. 풍속

산정면(山井面) 기지동(機池洞) 동임이 정소(呈訴)하기를, "제 동네에 주점 하나가 있는데 혹 노름하기도 하고 혹은 다투기도 하니 금지해 주십시오."라고 하였다.

제사(題辭) : "술주정[酒酰]과 노름[雜技]을 금지하는 일로 관에서 분부한 것이 다만 한두 번이 아닌데도 무뢰배들이 여전히 (잘못을) 고치지 않으니 참으로 통악(痛惡)하다. 우선 명령을 내릴 것이니 해당 동네에서도 역시 엄히 금하는 것이 마땅할 일."

291. 산송-송추

이곡면(梨谷面) 일영(日永) 한홍석(韓洪錫)이 정소(呈訴)하기를, "저의 선산(에 관련된) 구입문서[買券]를 첨부[貼聯]하여 다시 소송을 올리니 홍씨 무덤을 파서 옮기게 해주십시오."라고 하였다.

제사(題辭) : "애당초 대질[對卞]할 때는 문적(文蹟)을 왜 가지고 와서 대령하지 않았는가? 이미 (소송이) 결정된 뒤에 갑자기 이 소장을 냈으니 이것이 무슨 재판의 이치인가? 호송(好訟)을 하려고 그런 것인가[然耶]? 문적을 거짓으로 만들어 그런 것인가[然耶]? 참과 거짓[眞贗]을 관이 실로 처결하기 어렵구나."

292. 부역

훈청(訓廳) 반수(班首) 홍순영(洪淳英)이 정소(呈訴)하기를, "전복(戰服)[11] 값 200냥을 아직 구별하여 (분배하지) 못했는데 파총(把摠)[12]의 역(役)을 손씨 놈이 빼달라고 정소했으니 번잡[浩煩]한 거행은 누가 할 지 (정해주십시오.)"라고 하였다.

제사(題辭) : "일이 있은 지가 오래되었는데 그때에 바로 잡지 않다가 이제 와서 호소하게 된 것은 무슨 의도에서 나온 것인가? 천총(千摠)은 아비와 아들 모두 역을 지고 있다[父子兩役]고 하여 여러 번 호소했으므로 이번에는 잠시 빼주고 다시 가히 할 만한 사람을 뽑아 입적시키면 마땅히 차출하여 거행할 일."

293. 종중답

방동면(方洞面) 고수(古水) 정경옥(鄭景玉)이 정소(呈訴)하기를, "친족 상원(常遠)에게 종답(宗畓)을 몰래 판 값 1,500냥을 받아 주십시오." 라고 하였다.

---

11) 전복(戰服) : 무관들의 군복 혹은 사대부의 평상복으로 착용된 옷으로, 소매가 없는 형태의 의복을 말한다.

12) 파총(把摠) : 조선시대 각 군영(軍營)에 두었던 종사품(從四品) 서반 무관(武官)이다. 장용영(壯勇營)에 3원, 훈련도감(訓鍊都監)에 6원, 금위영(禁衛營)에 5원, 어영청(御營廳)에 5원, 수어청(守禦廳)에 3원, 총융청(摠戎廳)에 2원, 중영장(中營將 : 북한 관성장) 관하에 1원이 있었다. 파총은 사(司)의 지휘관으로 1594년(선조 27) 훈련도감을 창설할 때 처음 만든 관직으로 이후 모든 군영이 답습하였다. 임기는 2년으로 선전관(宣傳官)이나 수령을 거친 자를 임명했다. 금위영·어영청의 파총은 외방겸파총(外方兼把摠)이라고 하여 특정지역의 수령을 겸하는 자들이었다. 임무는 하번중인 향군(鄕軍)을 훈련시키고, 군비상태를 순시·점검하며, 유사시에는 이들을 이끌고 참전하는 것이었다.

제사(題辭) : “지금 이 소장을 보니 상원이 종답을 팔아먹어 종중(宗中)에 죄를 얻었다. 관정(官庭)에 납부할 기한인데 아직까지도 (돈을) 내지 않았으니 기망(欺罔)[13]하는 악습은 참으로 뼈아프고 놀랄 뿐만 아니라 하물며 노름과 술[技酒]의 금령을 어기는 것이 더욱 매우 놀랄만하다. 그러므로 징계하여 돈을 받아내려고 하니 상원을 즉시 대령할 일.” **주인(主人)**

294. 산송-송추

산정면(山井面) 두촌(斗村) 송필현(宋必鉉)이 정소(呈訴)하기를, “선조이신 상산백(常山伯)[14]의 분묘 선산이 두촌 뒷기슭에 있는데 안락규(安樂奎)가 송추(松楸)를 몰래 벌채하고 함부로 억새풀[荻草]을 개간했으니 잡아다가 속전을 거두고 죄를 판결해 주십시오.”라고 하였다.

제사(題辭) : “상산백(常山伯)의 공훈은 비록 어리석은 아낙네라도 다 알고 칭송하는데 하물며 그 의관이 현동(縣東)에 소장되어 있으니 비록 땔나무 줍고 소치는 아이[樵童牧豎]라 해도 역시 금지하고 보호하는 것을 알고 있다. 꼴 베는 사람도 감히 그곳에 가지 않는 것이 그 유래가 이미 오래되었다. 아! 저 안씨 양반 역시 사대부의 후예로서

13) 기망(欺罔) : 허위의 사실을 말하거나 진실을 은폐함으로써 상대방을 착오에 빠지게 하는 행위

14) 상산백(常山伯) : 고려중기 문신으로 진천송씨 중시조인 송인(宋仁, ?~1126)을 가리킨다. 그의 묘소는 현재 진천군 덕산면 두촌리에 있다. 송인은 고려시대인 1126년(인종 4) 이자겸(李資謙)의 난 때 인종을 호위하다가 척준경(拓俊京)이 이끄는 난군(亂軍)에 의해 피살되었다. 난이 평정된 후 좌리공신(佐理功臣)에 추증되고 상산백(常山伯)에 봉해졌다.

마땅히 사리와 체면[事體]을 알고 상산 땅에 거주하고 있는데 상산백을 멸시하고 감히 (묘를) 수호하는 소나무를 베고 심어놓은 억새풀을 파헤쳤으니, 선산에는 초목이 없는[童濯] 탄식이 생기고 묘에는 억새풀이 사라지는[莰汰] 우려가 있게 되었다. 듣건대 매우 불량하구나. 사실대로 조사해서 징계할 것이니 안씨 양반을 잡아 대령할 일."
주인(主人)

(1891년 4월) 21일

295. 전답송

백곡면(栢谷面) 구수(九水) 노(奴) 정춘산(鄭春山)이 정소(呈訴)하기를, "제 집에서 북(변면) 옹암(瓮巖) 김(金) 부장(部將)[15] 댁에서 논을 샀는데 결복(結卜) 8부(負) (세금이) 지금 갑자기 더 나왔습니다[加出]."라고 하였다.

제사(題辭) : "도조(賭租)의 모자란 액수[零條][16]는 왜 주지 않았느냐? 즉시 바로 잡을 것이고, 결복(세금)이 더 나온 것은 왜 그런지 연유를 알지 못하니 그것 역시 상세히 조사해서 처결하여 번거롭고 시끄럽게 하지 말 일." **(피고원고) 양측[兩隻]. 해당 서원[該書員]**

296. 산송-송추

이곡면(梨谷面) 서원(書院) 유진현(兪鎭鉉)이 정소(呈訴)하기를, "선산의 송추(松楸) 400여 그루[株]를 이승기(李承驥)가 거리낌 없이

15) 부장(部將) : 조선시대 오위(五衛)나 포도청 등에 속해 있던 무관직.
16) 영조(零條) : 셈할 때 조금 모자라서 다 치르지 못한 액수.

벌채했습니다."라고 하였다.

제사(題辭) : "이왕에 벌채한 송추(松楸)는 금지(조치)가 입산 이전에 해당되므로 다시 논할 필요는 없다. 근래에 길러낸[長養] 송추(松楸)는 산주인의 물건이라고 말하고 용납해도 아마 이상함이 없을 일."

297. 산송-송추

산정면(山井面) 두상(斗上) 안재량(安載良)이 정소(呈訴)하기를, "상산백(常山伯)의 산[무덤]에 있는 송추(松楸)를 애당초 벌채한 일이 없는데, 지금 송씨 백성으로부터 거짓 소송을 당하게 되었습니다."라고 하였다.

제사(題辭) : "지금 이 소장을 보니 송씨 양반의 소장과 서로 크게 같지 않으니, 대질한 후에 가히 공정하게 처결할 일."

(1891년 4월) 22일

298. 산송-송추

행정면(杏井面) 장관(長管) 송순기(宋淳琦)가 정소(呈訴)하기를, "산(정면) 두상(斗上) 안락규(安樂奎)에게 (함부로) 벌채한 속전(贖錢)을 거두어 주십시오."라고 하였다.

제사(題辭) : "부정이 있는지를 살펴[摘奸] 상세히 조사한 후에 처결할 일." **출면색리(出面色吏)**

299. 산송-투장

북변면(北邊面) 지석(支石) 이광호(李光浩) 등이 정소(呈訴)하기를, "이민호(李旻浩)가 몰래 묻은 무덤을 파가라고 독촉해 주십시오."라고 하였다.

제사(題辭) : "기한을 지나도 파가지 않아 오로지 시간을 질질 끄는 것[延拖]을 일삼으니, 이는 어떤 민습(民習)인가. 즉시 파가도록 하여 번잡하고 시끄럽게 하지 말아야 할 일." **피고[彼隻]**

300. 전결세

백곡면(栢谷面) 구수(九水) 노(奴) 정춘산(鄭春山)이 정소(呈訴)하기를, "북(변면) 옹암(瓮巖) 김씨 쪽[弁]에 가결(加結)[17] 7복(卜) 3속(束) 및 도조(賭租)에서 모자란 액수[零條]를 받아 주십시오."라고 하였다.

추가 제사[追題] : "사실을 조사하는 마당에 만에 하나라도 구별하여 정할 방도가 없으며, 결세(結稅)는 토지에 달려 있으니, 토지가 있는데 결세가 장차 어디로 돌아가겠는가?"

301. 형사

이곡면(梨谷面) 장양(長楊) 이덕로(李德老)가 정소(呈訴)하기를, "본 동네의 이만천(李萬千)이 무단(無端)히 제 집을 부수고 제 처를 때렸습니다."라고 하였다.

제사(題辭) : "과연 소송의 말대로라면 (이)만천이 함부로 행패를 부려[惹鬧] 문과 집을 부수는 데 이르니 완고하고 패악스러운 것이

17) 가결(加結) : 조선후기에, 농토의 단위 면적에 따라 매기는 조세의 비율을 원래보다 더 올리던 일. 또는 수량을 늘려 매긴 땅의 면적.

극진하구나. 그런데 반드시 사정[委折]이 있을 것이니, 사실을 조사하여 처결할 것이다. (이)만천을 대령할 일." **장자(狀者)**

302. 전결세

북변면(北邊面) 옹암(瓮巖) 김 부장 집의 노(奴) 봉용(奉龍)과 정씨 양반이 논의 결복(結卜)에 대해 서로 소송한 일.

추가 제사[追題] : "추후에 결복을 옮긴[移結] 것은 무슨 곡절인가? 정씨 양반의 호소를 용납하여도 아마 이상하지 않을 것이다. 도조(賭租) 문제라면 즉시 갖추어 내주어서 다시 호소하는 일이 없도록 할 일."

303. 전결세

문상면(文上面) 이치(梨峙) 노(奴) 임종결(林宗結)이 정소(呈訴)하기를, "본 동네 남씨 양반에게 밭 두 편(片)을 노(奴) 최영찬(崔永贊)이 나누어 샀습니다. 결복(結卜)과 대결(垈結)은 최씨 노비에게도 나누어 기록[分錄]해 주십시오."라고 하였다.

제사(題辭) : "하지(夏至)가 멀지 않으니 국가 조세[公納]를 지금도 납부하고 있지 않다가 지금 갑자기 와서 소송을 했으니 어떤 민습(民習)인가! 결복(結卜)의 거래는 해당 서원과 함께 사실을 조사하고, 결전(結錢)의 문제는 즉시 다 납부하게 하여 매를 맞고 (감옥에) 갇히는 신세에 이르지 않도록 할 일." **해당 서원[該書員]**

304. 전결세

북변면(北邊面) 지석(支石) 이성국(李聖局)이 정소(呈訴)하기를, "전결(田結) 21부(負) 9속(束) 곳(處)이 포락(浦落)의 (재난을) 만났는데도 결복(結卜)에 해마다 원징(寃徵)되고 있으니 사실대로 조사해서 바르게 되돌려주십시오."라고 하였다.

제사(題辭) : "해당 서원으로 하여금 사실을 조사하게 했는데, 너의 밭 중 포락한 곳은 유광심(柳光心)이 기간(起墾)하고 있다고 한다. 결세(結稅)는 토지에 달려 있다는 것이 법전에 나와 있고 또한 경계(經界)[18]가 있으므로, 그 다소를 측량하여 위[右] 전결복(田結卜) 중 7부(負) 3속(束)을 유씨 토지에 분배하고 그에 따라 징납(徵納)하여 이씨[李漢]로 하여금 땅이 없는데도 원징(寃徵)을 당하는 일이 없도록 함이 마땅할 일."

305. 형사

덕문면(德文面) 대소 민인들이 정소(呈訴)하기를, "상덕(上德)의 김희이(金喜伊)가 보주(洑主)[19]의 일로 김씨 양반의 상복을 찢어버렸으니, 법률에 의거하여 유배형으로 처결[勘配]해 주십시오."라고 하였다.

제사(題辭) : "예전에 상덕 등의 소장에 의거해서 김씨 놈을 잡아 이미 엄히 매를 치고 감옥에 가두었으니, 다시 번거로이 시끄럽게 하지 말아야 할 것."

306. 산송-투장

이곡면(梨谷面) 일영(日永) 한홍석(韓洪錫)이 정소(呈訴)하기를, "저

18) 경계(經界) : 토지의 경계를 확정함.
19) 보주(洑主) : 보의 관리자.

의 선산이 충주(忠州)에 있는데 화전(花田)의 홍씨 양반이 몰래 매장[偸葬]했으니, 그 무덤을 파도록 독촉해 주십시오."라고 하였다.

제사(題辭) : "다시 상세히 살펴보니 피고[隻]는 진천에 있고 선산은 충주에 있었다. 무릇 산송에서는 (재판의 관할권이) 선산에 달려있는 것이지 상대측 (거주)에 달려있는 것이 아니다. 선산이 속해 있는 관아로 가서 소송하는 것이 마땅할 일."

(1891년 4월) 24일

307. 전결세

이곡면(梨谷面) 장양(長楊) 역민(驛民)들이 정소(呈訴)하기를, "도마호(都馬戶)가 결전(結錢)을 두 번 민들에게 징수하니 즉시 금지시켜 주십시오."라고 하였다.

제사(題辭) : "양반이 마호를 맡는다는 것도 일의 사정상 부당한데, 또한 잔학한 일을 했으니 어찌 양반의 도리인가. 모조리[這這] (돈을 도로) 내주도록 하여 원통함을 호소하지 않게 하며, 만약 예전처럼 (잘못을) 고치지 않으면 따로 엄치 치죄할 일."

308. 산송-투장

북변면(北邊面) 옹암(瓮巖) 김(金) 부장(部將) 집의 노(奴) 정록(正錄)이 정소(呈訴)하기를, "제 집에서 이성록(李成錄)의 산에 치표(置標)[20]를 했는데 지석(支石)의 박선재(朴善在)가 몰래 매장[偸葬]하고

---

20) 치표(置標) : 묏자리를 미리 잡고 표적을 묻어 무덤 모양으로 만들어 둠. 또는 그 표적.

소나무를 벌채했으니 금지시켜 주십시오."라고 하였다.

제사(題辭) : "과연 소장 내용대로 상놈이 사대부 댁의 치표 근처에 몰래 매장을 했다면, 이 얼마나 완악한 습속인가. 또한 감히 소나무를 벌채했으니 더욱 극히 통악스러운 일이다. 마땅히 엄치 치죄하고 속전을 징수해야 하지만 잠시 너그럽게 용서하니, 만약 예전처럼 (잘못을) 고치지 않는 습성이 있다면 마땅히 그 습성을 통렬히 징계할 것이다. 이 제사를 바로 완문(完文)으로 만들어 준거로 삼음이 마땅할 일."

309. 전결세

초평면(草坪面) 상통(上通) 문치호(文致鎬)가 정소(呈訴)하기를, "제 집의 전답(田畓)을 여러 명에게 팔았는데 인산(仁山)에 사는 이씨 양반 이름 아래 있는 결전(結錢)을 제집으로 환징(還徵)했습니다."라고 하였다.

제사(題辭) : "김씨 양반과 이씨 양반을 데리고 와서 대질[對卞]하여 바로잡는 것이 마땅할 일." **장민(狀民)**

(1891년 4월) 25일

310. 형사

남변면(南邊面) 성전(聖殿) 박경선(朴敬先)이 정소(呈訴)하기를, "제 아들과 임치관(林致寬)의 손자가 함께 절초(折草)[21]의 땅에서 물놀이

21) 절초(折草) : 거름이나 땔나무로 쓰기 위하여 풀이나 잎나무 따위를 벰.

를 했는데 임씨 놈이 제 아들을 때려 죽을 지경에 이르렀습니다."라고 하였다.

제사(題辭) : "사실을 조사하여 처결할 것이니 임치관을 잡아오는 것이 마땅할 일." **주인(主人)**

311. 산송-투장

행정면(杏井面) 명신(明信) 이주영(李周榮)이 정소(呈訴)하기를, "제 선산의 뒤쪽[腦] 가장자리 땅[脣]에 김경도(金景道)가 몰래 매장[偸葬]했으니 무덤을 파가라고 독촉해 주십시오."라고 하였다.

제사(題辭) : "김경도를 데리고 와서 대질[對卞]할 일." **장자(狀者)**

312. 산송-장지

행정면(杏井面) 장관(長管) 김호준(金好俊)이 정소(呈訴)하기를, "저의 6대조 선산이 지구동(池九洞)에 있는데, 사정(沙亭) 사는 백성이 경작을 시작[起墾]했으니 금지해 주십시오."라고 하였다.

제사(題辭) : "작인(作人)이 단지 한둘이 아닌데 모조리[這這] 조사할 수는 없다. 무덤이 있는 촌의 동임(洞任)이 데리고 와서 대질[對卞]함이 마땅할 일."

313. 전결세

목천(木川) 한만석(韓萬石)이 정소(呈訴)하기를, "제가 애당초 백락면(白洛面) 화전(火田)을 경작한 적이 없는데 작년에 호미를 빼앗더니[奪鋤] 올해에는 숟가락까지 빼앗아[奪匙] 갔습니다."라고 하였다.

제사(題辭) : “과연 소장 내용대로라면 사실을 조사해서 탈급(頉給)해 주고 (빼앗긴) 세간[什物]을 가지고 즉시 내주어 원통함을 호소하지 않게 함이 마땅할 일.” **해당 서원[該書員] 수조색(收租色) 수쇄색(收刷色)**

314. 산송-송추

산정면(山井面) 두촌(斗村) 동임(洞任) 등이 정소(呈訴)하기를, “안락규(安樂奎)는 애당초 송씨의 선산에서 송추(松楸)를 벌채한 적이 없음이 명백하니 처결해 주십시오.”라고 하였다.

제사(題辭) : “양측[兩隻]의 소송이 서로 크게 모순되니 따로 (아전을) 파견해서 사실을 조사하게 했다. 억새풀[荻土] 땅의 무너진 곳은 다시 (흙을) 쌓아 높이고 약간의 잔 소나무(가지)[穉松=稚松] 벌채는 아마 땔나무하는 아이[樵童]들의 소행 (정도로) 돌릴 수 있을 것이다. 지금 잠시 용서하니 다시 침범하지 말아서 죄에 걸리는 데 이르지 않도록 함이 마땅할 일.”

315. 산송-투장

청주(淸州) 민순호(閔順鎬)가 정소(呈訴)하기를, “6대 조모의 선산 근처에 이군서(李君瑞)가 암장(暗葬)했으니 파가도록 독촉해 주시기 바랍니다.”라고 하였다.

제사(題辭) : “이씨가 무덤을 파가면, 새 무덤 역시 이장할 일.”

316. 전답송

월촌면(月村面) 상룡(上龍) 정행일(鄭行一)이 정소(呈訴)하기를, "위토(位土)를 환퇴(還退)하려고 하는데 배로 값을 높였으므로 호소합니다."라고 하였다.

제사(題辭) : "이미 시가(時價)에 따라 환퇴할 뜻을 여러 번 제사를 내렸다. 이렇게 하지 않고 한결같이 와서 소송을 하니, 가히 소송을 좋아하는[好訟] 백성이라고 할 일."

317. 전결세

이곡면(梨谷面) 중보(中洑) 노(奴) 홍소명길(洪小明吉)이 정소(呈訴)하기를, "본 면의 서원(書院)에 사는 이조련(李照連)이 화(전) 2복[火二卜]을 제 집으로 이록(移錄)했으니, 마땅히 (세금을) 징수하지 않을 수 없습니다. 사실대로 조사해서 바로 잡아주십시오."라고 하였다.

제사(題辭) : "사실대로 조사하여 바로 잡아 함부로 세금을 거두어[橫徵] 원통함을 호소하지 않도록 하는 것이 마땅할 일."

318. 재판절차

백곡면(栢谷面) 백곡(栢谷) 노(奴) 유언례[劉於仁禮]가 정소(呈訴)하기를, "행(정면) 두건(斗建) 우씨 과부[寡處]에 가서 제사의 지시를 보여주었는데도 우씨 양반이 끝내 (대질)심문에 응하지 않았습니다."라고 하였다.

제사(題辭) : "숨고 피해서 (명령을) 따르지 않는 것이 얼마나 악한 습성인가. 즉시 잡아 먼저 완강히 거부한 죄를 처벌할 일." **주인(主人)**

319. 산송-장지

청주(淸州) 가암(佳巖) 이우민(李禹敏)이 정소(呈訴)하기를, "조부의 선산 순전(脣前)에 새로 점거한 무덤을 다른 산으로 이장해 주십시오." 라고 하였다.

제사(題辭) : "이 산은 곧 본관[진천현감]의 족인(族人) 집안의 구역[局內]에 있어서 이미 파간 땅이다. 그러므로 이미 점장(占葬)했다면 민씨 양반이 소송을 제기하는 것은 이치상 당연한 것이다. 하지만 지금 이 소송은 과연 올바르지 못한[橫出] 것이니 이런 소송의 이치상 본관이 들어 처결할 일이 아니다."

320. 산송-투장

초평면(草坪面) 양촌(楊村) 김경도(金景道)가 정소(呈訴)하기를, "제 처를 이주영(李周榮)의 (선산) 구역 안에 장사를 지냈는데 이미 패소[落科]했으므로, 익은 보리를 거두어들이는 일[麥秋]을 기다려 이장하겠다는 뜻을 제사로 내려 주십시오."라고 하였다.

제사(題辭) : "후손이 없는 무덤이라고 잘못 알아 장사를 지냈다가 그 무덤 주인이 나타나 소장을 올리고 대질[對卞]을 받는 상황에 이르러서 스스로 이굴(理屈)[22]했음을 알고, 익은 보리를 거두어들일 때[麥秋]를 기다려 이장하겠다는 뜻을 인정하여 다짐[納侤]했다. 만약 이 기한을 지나게[어기게] 되면 매를 때리고 가두어 파가는 일을 독촉하는 것이 마땅할 일."

22) 이굴(理屈) : 이치에 어그러져 바르지 못함.

321. 산송-투장

행정면(杏井面) 명신(明信) 이주영(李周榮)과 김경도(金景道)의 산송(山訟).

추가 제사[追題] : "대질[對卞]할 때 김경도가 (자신의 주장이) 어긋남을 알고, 익은 보리를 거두어들이는 일[麥秋]을 기다려 이장하겠다는 뜻을 인정하고 다짐[納侤]했다. 만약 기한을 지나도 파가지 않으면 다시 와서 고소하는 것이 마땅할 일."

322. 전답송

백곡면(栢谷面) 백곡(栢谷) 유씨 양반과 (우)만금(禹萬金)의 답(畓) 관련 소송.

추가 제사[追題] : "대질할 때 그 문서를 보니 '치성(治成)'이라고 나와 있고, 그 피고[彼隻]의 말을 들어보니 치수(治水)라고 한다. 너는 '치성'을 추적하여 찾아보고[追覓] 다시는 번거롭고 시끄럽게 하지 말아야 할 일."

323. 문권

행정면(杏井面) 두건(斗建) 우만금(禹萬金)이 정소(呈訴)하기를, "묘(위)답(墓位畓)[23] 1두락을 유씨 양반에게 소장을 들어[擧狀] 찾으려 했는데 다시 시끄럽게[起鬧] 합니다."라고 하였다.

제사(題辭) : "저번에 유씨 과부의 소송을 보니 이 논의 옛 문권(文券)

---

23) 묘위답(墓位畓) : 묘에서 지내는 제사의 비용을 마련하기 위하여 경작하던 논.

이 나와 있다[自在]. 비록 이미 판결이 난 소송이지만 한 번 더 조사한 연후에 바로 잡지 않을 수 없다. 너 역시 문권을 가지고 유씨 양반과 함께 와서 대기하면 따로[別般] 조처하는 것이 마땅할 일."

324. 종중답

방동면(方洞面) 고수(古水) 정경옥(鄭敬玉)이 정소(呈訴)하기를, "족인(族人)인 상원(常遠)이 밭과 소를 팔아 그 값을 종중(宗中)에 내고 완문(完文)을 만들었으니 (더 이상) 폐단이 없습니다."라고 하였다.

제사(題辭) : "정상원(鄭常遠)이 스스로 그 죄를 알고 밭 문권과 소 한 마리를 (팔아) 값을 치르고 화해를 청했으니 너희 종중에서 상의하여 조처하면 될 것이다. 완문의 이 문제[一款]는 너의 종중 일과는 관련이 없지만 여러 번 소장을 내고 여러 번 기간을 정했는데 이번에야 겨우 처결된 것을 이른바 읍촌에서 모두 다 아는 일이라 할 수 있다. 증거와 증인[證參] 역시 있으니 반드시 이론(異論)이 없어야 할 것."

325. 산송-장지

행정면(杏井面) 장관(長管) 김호준(金好俊)이 정소(呈訴)하기를, "6대 조모의 선산이 본 면의 지구(池九)에 있는데 산 아래 거주민이 묘의 옆에서 화전(火田)을 일구고 있습니다."라고 하였다.

제사(題辭) : "그 대질한 말을 들어보면 (묘의) 근처 땅을 침범하지는 않았다고 한다. 그 조상을 위하는 바는 피차 다 마찬가지일 것이니, 예전대로 땅을 개간하여 일구라는 뜻을 단단히 분부[申飭]할 것이니 이것으로 (침범을) 금지하고 (묘역)을 수호하는 것이 마땅할 일."

(1891년 4월) 27일

326. 형사

남변면(南邊面) 교동(校洞) 박경선(朴京先)이 정소(呈訴)하기를, "제 아들이 임치관(林致寬)에게 맞아서 지금에야 움직이기 시작했으니 임씨 놈을 풀어주십시오."라고 하였다.

제사(題辭) : "네 아들이 움직이기 시작하기 전에 임씨 놈을 철저하게[到底] 엄히 다스렸다. 지금 화해하는 소장이 있으니 그 소장에 의거하여 풀어주는 것이 마땅할 일."

327. 산송-송추

산정면(山井面) 두상(斗上) 송순기(宋淳琦)가 정소(呈訴)하기를, "제 선산의 송추(松楸)를 안락규(安樂奎)가 거리낌 없이[無難] 벌채했으니 금지해 주십시오."라고 하였다.

제사(題辭) : "이미 해당 동의 등소(等訴)에 붙인 제사에 다 나와 있으니, 착실히 지켜 이러한 폐단에 이르지 않도록 해야 하며 만약 다시 침범하는 단서가 있으면 일일이[這這] 통렬하게 다스리는 것이 마땅할 일."

328. 전결세

백곡면(栢谷面) 서수(西水) 임기석(林基碩)이 정소(呈訴)하기를, "본 동네 서씨 양반 집안의 대결(垈結) 4부(負)를 제 집의 대결에 덧붙였으니[加錄] 상세히 조사하여 이록(移錄)해 주시기 바랍니다."라고 하였다.

제사(題辭) : "상세히 조사하여 바로 잡아 원징(寃徵)이 없도록 하는 것이 마땅할 일." **해당 서원[該書員]**

329. 추심

음성(陰城) 박 도사(都事)[24] 댁의 노(奴) 순복(巡卜)이 정소(呈訴)하기를, "(관장께서) 통치하시는 굴치(屈峙)에 사는 양반 최순집(崔巡執)에게 돼지와 소[豬牛]와 왕복한 비용[浮費]을 받아 주십시오."라고 하였다.

제사(題辭) : "과연 소장 내용대로라면 최씨 양반은 도적의 마음을 가진 것과 다를 바가 없다. 사실대로 조사해서 처결할 것이니 최씨 양반을 데리고 오는 것이 마땅할 일." **장노(狀奴)**

(1891년 4월) 28일

330. 청원-조세경감

이곡면(梨谷面) 향림동(香林洞)에서 보고하기를, "본 동네 7호 중 1호가 만(승면) 화산(花山)으로 이작(移作)[25]했으니 춘포(春布)[26]와 응역(應役)[27]을 빼주십시오."라고 하였다.

---

24) 도사(都事) : 조선시대 중앙과 지방 관청에서 사무를 담당한 관직이다. 지방의 경우 팔도(八道) 감영(監營)의 종5품 관직으로 감사(監司, 종2품)의 다음 관직이며 정원은 1원이다. 지방관리의 불법(不法)을 규찰하고 과시(科試)를 맡아보았다.

25) 이작(移作) : 논이나 밭을 부치는 사람을 바꿈.

26) 춘포(春布) : 명주(明紬)와 삼베의 교직물(交織物)로 전체적으로 삼베와 같은 느낌이 드는 직물. 공납용, 물품화폐로서의 기능도 가져 광범위하게 사용되어 널리 생산되었다.

제사(題辭) : "과연 만약 집을 부수고 이작했다면 그 호의 포는 동의 보고대로 이정(移定)[28]하는 것이 마땅할 일." **호포색(戶布色)**

331. 산송-투장

이곡면(梨谷面) 이곡(利穀) 유기하(柳基廈)가 정소(呈訴)하기를, "저의 5대조 선산의 어깨 부분[肩胛]에 족인(族人)인 인태(寅泰)가 자기 부모 산소를 (5대조 선산의) 가까운 곳에 암장했습니다."라고 하였다.

제사(題辭) : "과연 소장 내용대로 인태가 자기 지친(의 산소)을 지친의 마땅한 의리를 돌보지 않고 지친인 5대조 무덤의 어깨 부분 가까운 곳에 장사를 지냈다고 하니, 이는 이른바 차청입실(借廳入室)[29]이라는 것이다. 대질하여 처결할 것이니 인태를 즉시 데려오는 것이 마땅할 일."

332. 혼인

경상도 예천(醴泉) 이혹석(李或石)이 정소(呈訴)하기를, "어린 제[小童]가 비둘기처럼 (푼푼이) 품삯[雇錢]을 모아[鳩取] 결혼을 하려고 하는데, 이제 갑자기 파혼[背婚] 당해 지극히 원통합니다."라고 하였다.

---

27) 응역(應役) : 군역(軍役)이나 부역(賦役) 등의 역(役)에 응함. 역에는 요역(徭役) 또는 역역(力役)이라고 하여 강제로 징발되어 노동력을 제공하는 노역(勞役)이 있고, 한편으로는 일정한 신분층에게 세습적으로 부과된 역으로서 병역(兵役)이나 향리·서리의 이역(吏役) 등 신역(身役)이 있음.

28) 이정(移定) : 문부(文簿)에 기록되어 있는 자를 다른 역(役)으로 옮기는 것.

29) 차청입실(借廳入室) : 남의 대청(大廳)을 빌려 쓰다가 안방까지 들어간다는 뜻으로, 남에게 의지하다가 차차 그의 권리까지 침범함을 이르는 말.

제사(題辭) : "너의 신세가 딱하게도 타향을 떠돌아다니니[飄零] 하물며 총각이라 (더 말할 필요가 있겠는가?) 요행히 상하삼숙(桑下三宿)[30]의 인연을 얻었다가 (그) 행운이, 밭이 변해 바다가 되듯이[田易改海] (역전되었으니 결혼의) 맹세는 기약하기 어렵구나[誓難期]. 네가 비록 미생지신(尾生之信)[31]이라고 해도 그 여자가 다시 다른 사람을 좋아한다[耽]는 것은 말이 안 된다."

333. 산송-투장

백곡면(栢谷面) 상로(上蘆) 한유룡(韓有龍)이 정소(呈訴)하기를, "직산(稷山) 사는 이태용(李泰鎔)이 저의 선산에 몰래 매장[偸葬]했는데 여러 번 패소[落科]했음에도 (무덤을) 파가지 않고 있습니다."라고 하였다.

제사(題辭) : "이 소장을 보고 그 문적을 살펴보니 이씨 놈이 마땅히 파가야 하는데 파가지 않았음을 가히 알 수 있다. 즉시 파가서 매를 맞고 감옥에 갇히는 지경에 이르지 않도록 파갈 것을 독촉하는 것이 마땅할 일." **피고[彼隻]**

---

30) 상하삼숙(桑下三宿) : 한 곳에서 3일을 지내면 그 곳을 잊지 못하여 그리워하는 마음이 생긴다는 의미로 쓰임. 『사십이장경(四十二章經)』의 뽕나무 밑에서 3일 밤을 자면서 도(道)를 닦은 승려가 그곳을 잊지 못하여 그리움이 생겼다는 구절에서 유래함.

31) 미생지신(尾生之信) : 우직하여 융통성이 없이 약속만을 굳게 지킴을 비유적으로 이르는 말. 중국 춘추시대에 미생(尾生)이라는 자가 다리 밑에서 만나자고 한 여자와의 약속을 지키기 위하여 홍수에도 피하지 않고 기다리다가 마침내 익사하였다는 고사에서 유래한다. 『사기』「소진전(蘇秦傳)」에 나오는 말이다.

334. 전결세

백락면(白洛面) 옥산(玉山) 신태현(申泰鉉)이 정소(呈訴)하기를, "제 역토(驛土)의 결전(結錢)을 김명서(金明西)라는 놈이 자기 물건으로 만들어 버리고는 마침내 (결세를) 납부하지는 않고 저에게 혼자 담당하게 했습니다."라고 하였다.

제사(題辭) : "같이 공사(公事)를 거행할 때 들어가는 것을 계산하여 그 나가는 것을 나누어 서로 갈등이 없게 하는 것이 옳을 것인데, 너희들은 어째서 오랫동안 불화하면서 서로 잡아먹고자 하니 이것이 무슨 인심(人心)이냐? 결전(結錢)의 문제라면 토지에서 나오는 것이니, 토지를 조사·감독[看檢][32]하는 자가 마땅히 (결전을) 징수하는 것이 마땅할 일."

335. 산송-장지

백곡면(栢谷面) 유곡(楡谷) 민 직장(直長)[33] 집의 노(奴) 귀복(貴卜)이 정소(呈訴)하기를, "제 집에서 수문(水門) 점촌(店村) 뒷 기슭에 치표(置標)를 해두었는데 한태의(韓泰議) 집에서 멋대로 표를 파갔습니다."라고 하였다.

제사(題辭) : "그 편지를 보니 김연식(金連植)의 수표(手標)였고, 그 소장의 내용을 보니 노(奴) 민귀복의 발괄[白活]이었다. 어쩔 수 없이 (접수를) 허락하기는 했지만 과연 누가 만든 것인가? 소장의 처음과 끝이 매우 말이 되지 않으니 한씨 양반과 김씨 놈을 함께 데려와서 대질[對卞]하는 것이 마땅할 일." **장노(狀奴)**

---

32) 간검(看儉) : 일이 어긋나지 않고 잘 되어 가는지 여부를 조사하거나 감독함.
33) 직장(直長) : 조선시대 각 관아에 두었던 종7품(從七品) 관직.

(1891년 4월) 29일

336. 원억

감옥에 갇힌 김병수(金炳洙)가 정소(呈訴)하기를, "뜻밖의 재앙[橫罹]의 액을 당해 (목에) 칼을 차고 갇히는 지경에 이르렀으니 특별히 처분해 주십시오."라고 하였다.

제사(題辭) : "이런 수상한 일을 하다가 간악한 상황이 탄로났는데 어찌 원통한 누명을 써서 억울하다[冤枉]고 하는가?"

337. 추심

청주(淸州) 권순철(權巡哲)이 정소(呈訴)하기를, "굴치(屈峙)의 임기서(林岐瑞)에게 빚진 돈[債錢] 1,300냥을 본전과 이자를 합쳐서[具邊] 받아 주시기 바랍니다."라고 하였다.

제사(題辭) : "사실을 조사해서 받아줄테니 양반 임기서(林岐瑞)를 즉시 데려오는 것이 마땅할 일." **주인(主人)**

338. 형사

이곡면(梨谷面) 수평(守坪) 김인태(金仁泰)가 정소(呈訴)하기를, "만죽(晩竹) 사는 임씨, 김씨 두 놈이 청상과부[孀婦]를 묶어 (보쌈하려) 할 때 태아가 놀라 움직여서[動胎] 거의 죽게 되었습니다."라고 하였다.

제사(題辭) : "과연 소장 내용대로 이른바 임씨, 김씨 두 놈이 어떤 패륜아들[悖類]인지는 모르지만 이번에 법에서 금지한 일을 행했으니 듣기에도 심히 통악(痛惡)스럽구나! 사실을 조사하여 징계할 것이니 임씨와 김씨 두 놈을 즉각 잡아오는 것이 마땅할 일. 동임(洞任)

역시 대동[眼同]하여 대령할 일. **장차(將差)**

(1891년 4월) 30일

339. 추심

읍내[邑底]에 사는 김재기(金在璣)가 정소(呈訴)하기를, "월촌면(月村面) 서채(書債) 남은 것[在條]을 내주도록 해주십시오."라고 하였다.

제사(題辭) : "마침내는[從當] 내줄 것이다. 잠시 기다려 처분할 일."

340. 전결세

서암(西巖) 상가(上加) 민인들이 등정(等呈) 하기를, "김한손(金汗孫)이 일찍이 저희 동네에 살다가 다른 면(面)으로 이사했으니 결전(結錢)을 (김)한손에게 이징(移徵)해주시기 바랍니다."라고 하였다.

제사(題辭) : "상세히 조사하여 바로 잡아 원징(寃徵)하는데 이르지 않도록 할 일." **해당 서원[該書員]**

341. 전결세

월촌면(月村面) 잠두(蠶頭) 동임(洞任) 유상운(柳祥雲)이 정소(呈訴)하기를, "모르는 사이에 6호의 결전(結錢)이 저희 동네로 납입고지[出秩]되었으니 사실대로 조사해서 이징(移徵)해 주시기 바랍니다."라고 하였다.

제사(題辭) : "실제로 조사해서[踏驗] 조세 액수를 기록[衿記][34]할

---

34) 깃기[衿記] : 지주의 이름과 조세의 액수를 기록한 장부.

때는 왜 옮겨가거나 옮겨오지를 않다가 (결전이) 다 완납할 때에 이르러 이러한 소송을 하니 이 얼마나 악습(惡習)인가! 결전을 지금까지 질질 끄니[延拖] 역시 어떤 민습(民習)인가! 일은 마땅히 엄치징계하는 것이 옳으나 잠시 용서하고, 도안(都案)[35]과 주판(籌板)[36]을 상세히 조사해보니 너희 동네에서 당연히 납부해야 할 결전이었으므로 즉시 완납하여 죄에 걸리는 지경에 이르지 않도록 하는 것이 마땅할 일."

342. 산송-장지

백곡면(栢谷面) 유곡(楡谷) 민 직장(直長) 집의 노(奴) 귀복(貴卜)과 한씨 양반의 산송(山訟).

추가 제사[追題] : "한씨 양반과 김씨 놈을 대질할 때 한씨 양반의 말에 '안산(案山)'[37]이라고 칭했고 김씨 놈은 '그의 선대 무덤 앞'이라고 말했다. 마땅히 금해야 하는 것은 김씨 놈이다. 이른바 선달(先達)은 김씨 놈의 생질(甥姪)이었다. 금함과 금하지 않음과 팖과 팔지 않음이 진실로 김씨 놈에게 있지 다른 사람에게 있지는 않을 일."

343. 산송-장지

백곡면(栢谷面) 대삼(大三) 한용직(韓用直)이 정소(呈訴)하기를, "저의 부모 선산의 단안(산)(單案山)[38]의 땅에 민 직장(直長)이 치표(置

---

35) 도안(都案) : 조선시대에 정기적으로 전국의 각종 군사를 조사하여 만든 군안(軍案). 이를 근거로 결원을 보충하거나 보포(保布)를 징수하였음.
36) 주판(籌板) : 조선시대에, 각 고을의 아전들이 농민의 이름과 논밭, 논밭의 면적, 재해를 입은 상황 따위를 적은 문서.
37) 안산(案山) : 풍수지리에서 집터나 묏자리의 맞은편에 있는 산.

標)를 했기 때문에 이미 파서 보냈습니다[掘送]. (그런데) 김씨 놈과 결탁해서[符同] 거짓으로 소송을 내어 소란스럽게 합니다."라고 하였다.

제사(題辭) : "이 소장을 보고 그 말을 들으니 민씨 양반이 한씨 양반 (선산의) 안산(案山)이자 김씨의 무덤 앞에 무덤을 쓴 것이다. 마땅히 금지해야 하는 이[주체]가 김씨가 아니라면 누구란 말인가? (그런데) 김씨는 말 한마디[一言半辭]도 없는데 네가 표를 파낸 것은 이른바 나루를 건너 배를 탄 꼴이며, 악(양)루(岳陽樓)[39] 위에 앉아서 동정호(洞庭湖) 700리 밖에 있는 말(타고 가는 것을) 금지하는 일과 같다. 네가 (민씨의 행동을) 금지시킨 것은 이와 같이 부당한 일."

344. 전결세

산정면(山井面) 성정(星井) 노(奴) 정복만(鄭卜萬)이 정소(呈訴)하기를, "저의 종답(宗畓)을 모두 유씨 양반에게 팔았는데 결복(結卜) 9부(負) 7속(束)이 제 집 이름으로 납입고지[出秩]되었으므로 상세히 조사해서 이록(移錄)해 주시기 바랍니다."라고 하였다.

제사(題辭) : "전답을 매매할 때 결복(結卜)의 거래를 왜 소상히 (처리하지) 않다가 지금 갑자기 와서 소장을 내느냐? 잘못[책임]이 서원(書員)에 있느냐, 잘못이 관장[官家]에게 있느냐? 매매한 사정을 그

---

38) 단안산(單案山) : 풍수지리에서, 집터나 묏자리의 맞은편 산 가운데 가장 안쪽에 있는 산. 내안(內案) 또는 내안산(內案山)이라고도 한다.

39) 악양루(岳陽樓) : 중국 후난성 동정호구 악주부(岳州府)에 있는 부성(府城)의 서쪽문 누각. 동정호의 동안에 위치하여 호수를 한눈에 전망할 수 있고 풍광이 아름다운 것으로 널리 알려짐.

해당 서원이 상세히 조사해서 바로 잡을 일.”

추가 제사[追題] : “바로 잡을 것이니 유씨 양반을 데려와야 할 일.” **장노(狀奴)**

345. 전결세

산정면(山井面) 하구(下九) 노(奴) 이천례(李千禮)가 정소(呈訴)하기를, “상구(上九) 대복호(大卜戶)의 결복(結卜) 5부(負)를 제 집 이름으로 징출(徵出)[40]했으니 (결전을) 대복에게 환록(還錄)[41]해 주시기 바랍니다.”라고 하였다.

제사(題辭) : “상세히 조사해서 바로 잡을 일.”

추가 제사[追題] : “대소호를 데려와야 할 일.” **장노(狀奴)**

346. 전답송

월촌면(月村面) 상룡(上龍) 정행일(鄭行一)이 정소(呈訴)하기를, “봉씨 양반에게 위토(位土)를 시가대로 환퇴하게 해 주시기 바랍니다.”라고 하였다.

제사(題辭) : “네가 위토의 일로 또 호소를 했으니 조상을 생각하는 마음이 없을 수 없는 것이다. 이미 시가대로 환퇴했다면 봉씨 양반에게도 원통한 바는 없을 것이다. 공정하게 바로 잡을 것이니 봉씨 양반을 데리고 와야 할 일.” **장민(狀民)**

---

40) 징출(徵出) : 세금 따위를 내지 않았을 때, 그 겨레붙이나 관련자에게 대신 물어내게 하는 일

41) 환록(還錄) : 지워 없앴다가 다시 적어 넣음.

347. 전결세

이곡면(梨谷面) 궁동(宮洞) 노(奴) 김순단(金巡丹)이 정소(呈訴)하기를, "서씨 놈의 묘진(墓陳)[42]에 (부과된 세금이) 제 집에 징수되었으니 지극히 원통합니다."라고 하였다.

제사(題辭) : "서씨 놈의 묘진(墓陳)이 (세금을) 면제 받는지 받지 않는지가 김씨 백성에게 무슨 상관이 있는가? 반드시 사정[曲折]이 있을 것이다. 서씨 놈이 비록 몸이 죽었다[身故] 해도 토지가 있는데 결세가 장차 어디로 돌아가겠는가?"

348. 전결세

방동면(方洞面) 부창(夫昌) 김영회(金永會)가 정소(呈訴)하기를, "백운악(白雲岳)과 애당초 결복(結卜)과는 서로 관계가 없었는데도 (백)운악의 결전을 저에게 징수했습니다."라고 하였다.

제사(題辭) : "한번 승낙하는 것이 천금(千金)보다 중한데 하물며 많지도 않은 결전이야 말할 필요가 있겠는가? 네기 이미 (결전을) 담당하게 됐으면 우선 완납을 하고 (백운악의) 물건을 맡아 둔[留置] 세간[什物]은 액수에 따라 팔아서 결전의 액수를 채우는 것이 마땅할 일."

349. 부역

42) 묘진(墓陳) : ① 묘지의 구역 안에 들게 되어 경작되지 않고 묵혀 두게 된 토지. 조선시대에는 관리의 등급에 따라 묘지의 구역이 정해져 있었음. 이러한 묘지 안에서는 땅을 경작하거나 짐승을 기르는 일이 금지되어 있었음. 법의 한계를 벗어난 것은 묘범(墓犯)이라 하여 세금을 부과하였음. ② 묘지에 딸려 있어 조세를 면제받는 논밭.

월촌면(月村面) 성평(城坪) 이임(里任)이 정소(呈訴)하기를, "저희 동네에 (기입된) 허명(虛名)(의 역을) 탈하(頉下)해 주시기 바랍니다." 라고 하였다.

제사(題辭) : "실제로 조사해서[踏驗] 조세 액수를 기록[衿記]할 때는 왜 (사람의) 오고 간 것[去來]을 소상(昭詳)히 밝히지 않고 왜 소상히 지심(指審)[43]에게 알리지 않다가 완납해야할 시기에 와서야 허명(虛名)이라고 돌려버리니 그 책임이 서원에게 있는가, 잘못이 관장[官家]에 있는가? 농민을 잡아다가 감옥에 가둔 것은 관에서도 역시 어쩔 수 없이 한 행위이다. 결전(을 징수할 때) 농사철에 세금을 납부하지 않는 것을 다그치는[赶] 경우에도 정해진 규칙[定式]이 있으니 관가가 조세 수납을 급히 독촉한 것이지, 민이 납부하는 것이 늦어진 것인지를 상세히 조사할 때 네가 직접 눈으로 보고 해당 동네에 말을 하여 신속하게 조사[勘]하게 하는 것이 마땅할 일."

350. 형사

월촌면(月村面) 상룡(上龍) 노(奴) 허천례(許千禮)가 정소(呈訴)하기를, "대대로 노예[世奴]인 안성진(安聖辰)에게 제 상전이 무수히 구타를 당했으니 유배형으로 처결[勘配]해 주시기 바랍니다."라고 하였다.

제사(題辭) : "과연 소장의 말대로 안씨 놈이 범분(犯分)[44]했다면 듣기에도 심히 통탄할 일이다. 사실대로 조사해서 엄히 처리할 것이니 안씨 놈을 즉각 잡아오는 것이 마땅할 일." **차사(差使)**

---

43) 지심(指審) : 토지와 조세를 조사할 때 현장에서 조역자 역할을 맡는 사람.

44) 범분(犯分) : 자기의 신분과 처지 등을 생각하지 않고, 윗사람에게 버릇없는 짓을 하는 것.

진천(鎭川)『사송록(詞訟錄)』 원문(原文)

詞訟録

初六日

安城居金粲經呈以己丑三月分沓十斗六升落限三年
內還退之意權賣於栢谷面徐光瑞處矣不爲退給事
題持可考文蹟是遣率來對卞向事　主人
萬升面內堂鄭奴元卜呈以矣上典寡居婦人傭針錢七
十兩以五邊給于月村面城坪李班德一處矣只以元錢備報
而利錢三十五兩終不備報自官推給事
題無論某錢用者當報固所當然而況寡婦之錢乎邊
利三十五兩即爲備給是矣若一向延施更有呼訴之端

李當捉囚督捧向事
全義愼柄恭呈以西岩面碑立李一參處雇価錢一百十兩
推給事
題原定雇価以力不及不給而以邊錢擔當在有不報之心
可知矣查實推給次李一參率對向事　狀民
初八日
公州利仁李白川宅舍音金應三呈以㙽字沓六斗落買
得於德次上金順京處矣入於軍保沓金順京李金乭捉
致查實事
題李金兩漢率來對卞向事　狀者
草坪面三仙孫錫永呈以鳳岩金京化奪去一隻牛及木花
四百四十斤推給事
題所謂金班之罪狀官已痛惡矣至於食債之討索亦
是賊反荷杖也若更有此等之弊爲先自該洞結縛是
遣即爲來告向事　尊洞任
初十日
萬升面晚竹朴奴得從呈以愼班恩株稱有矣身雜技
債隣居中班之任置藥粧奪去即爲推給事
題設或有當捧之物當者旣爲逃躲而徵於其尺是
何道理末來搜家尤極駭然而他人汁物亦在其中

以雜技之債族徵也搜家也至於推人之物自在法禁
愼班獨無公法乎這〻還給是矣若一向執留則捉致痛
懲是遣事當報　營照律向事　　彼隻
梨谷面長楊鄭寡呈以宗畓一石一斗落緦堂叔欲爲放
賣自官禁斷之意完文以給事
題茕獨猶哀況孤寡乎爲其堂内者理當保護而反
欲欺奪是可忍爲之事乎勿生此心更加顧護使此孤
寡得保則亦是渠家敦睦愛恤之勝事也事當完
文以給是矣此題即立旨向事
十一日
梨谷面老谷金長孫呈以矣童親山在於方花城地而本
洞居李哥偸葬後逃避爲主終不掘移事
題果如狀辭李漢之冒屢偸葬極爲痛惡是矣塚主不
在云待其還來即爲率待向事　狀童
德文面上加李奎永等呈以趙載淑處松楸價推給事
題趙班誣訴官庭自謂得訟亂斫松楸至於親審之地
奸狀綻露當痛治其非理好訟之習且徵其松贖向事
全義愼柄泰呈以李一參處雇價推給事
題雇價之不爲盡給是何不良之心是旀官令之下不爲
來待不無頑習當捉致嚴懲是乃姑爲容恕是在果
持此題旨往示一參如數推尋是矣若一向使習則先治
頑拒之習且推給雇價向事　　彼隻
邑崔召史呈以親家位畓四斗落緦四寸李光五盜賣偸
食捉致推給事
題率來對卞向事　主人
方洞面夫昌禹顯文呈以金允西處所遺事呈訴文狀出
給事
題汝之所當事官不可措處而議送之習汝等之例也更
勿煩訴向事
北邊面支石李聖國呈以長夜坪伏在一日耕田半入浦落結
卜折半頉給事
題詳查減給向事　叔祖色該書員都書員
梨長楊金長孫呈以矣父山至近處方花城名不知金
哥偸葬則捉致督掘事
題金哥蔑視孤弱偸葬於壓近之地是何惡習即刻
掘移無至杖囚督掘向事　　彼隻
十一日
栢谷面栗徐桂河呈以金贊京畓訟事良中證人金厄先
已故而孫先達與金贊京相好之人也還退文券即爲出給
毋至見失事

題對卞之言今畓之訴前後相反證參之人率來査實
後歸正向事　狀者
萬升面內堂鄭奴元卜呈以李德一處債給利條終不備
報事
題一向不報是何心耶爲備給無至更煩向事　彼隻
德文面次上金善京呈以公州利仁李白川宅所買畓卽李
釗乭所賣畓也査實決處事
題査實決處次李釗乭率來對卞向事　主人
德文面山直李奴小大呈以矣宅訓屯畓年年耕食矣林奴
卜禮今爲奪耕事

題林奴卜禮率來對卞向事　狀者
栢龍律楡谷德加民人等呈以矣三洞俱以合力防賊爲計
矣適被賊患不爲相救事
題窃發之詞察推捕上自　廟堂已有令飭而且有
巡營之甘結矣官亦憂切於此而今見此報甚庸嘉尙
若有不遵約束者當痛治以賊類矣併力同心以爲防患
安堵宜當向事
西岩面碑立李一參呈以愼柄叅雇価盡爲出給而今忽
以百兩之說誣訴官庭事
題愼柄叅率來對卞向事　狀者

十三日
文方面元岩閔奴用卜呈以隣洞喂牛春米時折脚去皮
立本事
題去皮立本向事　工庫子
月村面下龍鄭炳文呈以民之親山近處忠州閔班偸葬塚
督掘事
題率來對卞向事　狀者
萬升面謹語愼奴萬德呈以隣居朴班處稧錢三十兩立
保得給後終不備報稧人擔去藥糚矣反爲誣訴事
題朴班之訴汝矣白活事甚矛盾朴童之尼率來對

卞向事
萬升面玄岩科稧等呈以謹語朴班處稧錢三十兩推給
事
題已悉於愼班之狀內向事
木川梶谷趙大熙呈以李班元𡢃處申朔停宅租米右
俱利本推給事
題一邊之訴不可辨白李班率來對卞向事
栢谷面九水梁斗燮呈以罕結卜加出事
題以減頃之意已爲分付於該書員向事
白洛面白洛里鄭海喬呈以先塋壓近之地不知何許人偸

葬塚督掘事
題立碑于塚上限十日不現則更爲來告宜當向事
十四日
退吏金在衡呈以吳子廚色切勞公決推給事
題汝之所訴容或無怪至於切勞自有汝廳之規例則
從公爛議更爲來告向事　公兄
梨谷面老谷中學熈呈以本洞尊位之任頉下事
題勤幹視事至于今公私兩便實賴尊位也捨此其
誰向事
萬升面汝山洞報以軍保番土濤賭々々三斗賭頉給事
題所訴如是三斗賭特爲頉給向事　軍保色
文方面楸洞李憲慶呈以趙班公貸許稧米盡爲備報
矣今爲誣訴事
題兩隻對卞之境二說大相矛盾詳查決處次其時干
涉之人亦爲率來向事
北邊面金尾岩洞報以軍保賭二斗徵納寃枉事
題前有呼寃故特以二斗祖上納之意題給矣今又來訴
更爲查實後措處向事
白洛面大陰吳德泳呈以祖父山壓近之地不知何人偸葬
事

題掘壙偸塚塚主來現後率來對卞向事
退吏金在衡廚色切勞推給事
追題所謂任賴計朔分半則尹金兩吏呼寃故八百兩錢
兩吏處限三年自任賴中出給宜當向事
月村面城坪鄭龍海呈以上月林奴辟貴閑川崔京三招
引民子々多負技債田畓文券偸去事
題雜技官所痛禁而噫彼浮浪之民一向設局誘人騙財
蕩敗者多呼寃日至此等雜技之民別般痛治是在果至
於林崔兩漢尤爲痛惡查實懲礪次林崔兩漢並爲捉
向事　主人
同日追題不禁之該洞任亦爲率待次
十六日
杏井面九峰朴用石呈以妻娚尹聖國與同婿徐夢天招
引矣妻事
題查實次徐尹兩漢即爲捉來向事　主人
安城北面谷川居金粲經呈以徐光西處權賣畓還退
事
題徐光西以證人率來對卞之意爲限於官庭退待來
頭措處向事
杏井面杏井居民等呈以設稧養松已久或有偸伐

之患 特爲嚴禁事
題設稧養松亦利用厚生之一道也稧外之人若有偷
斫之弊自稧中爲先洞禁是遣禁而不得則卽爲來
告官亦當治徵贖向事 狀者
十七日
金義居愼炳粹呈以李一參處雇價錢推尋之題音往
示則同一三裂破官題不給工錢事
題果如狀辭裂破訴旨未知緣何李哥折是旅已有對
卞之令而不爲來待各自呼訴好訟之民習可歎而更對
卞後決處向事 狀民
梨谷面上汶中宅奴貴釗呈以趙班稱以吳宅宗米得用
欲徵於李班事
題一奴兩呈事甚訝惑噫汝吳宅一爲趙一爲李眩亂文
字其中必有委折詳査後決處向事
申朔寧奴月每呈以米六石李班立保於趙班典劵得
去而李班不報故趙班處已爲推尋事
題月每不來貴釗來呈而一狀則李班出給一狀則趙班出
給云事甚眩亂三造對卞然後可以歸正向事
文上面楸洞李憲京呈以民趙班處得用米三石十斗以子母
之利四石十斗盡報後不受捧標矣以當初手記今又侵

責事
題二說大相矛盾詳査決處向事
忠州居金聖教呈以親山在於加尺而佳岩居朴基榮稱
以暗葬誣訴事
題果如狀辭朴甚榮之非理好訟是何民習是喩當
捉致嚴懲姑爲容恕是在果各自守護以爲息訟宜
當向事
南邊面笛峴居鄭寅春呈以韓用直旣以納侤過限
不掘事
題納侤之家趂限不掘反使山直禁伐松楸是何無法
之習是喩卽爲掘去無至更訴向事 彼隻
月村面城坪鄭龍海呈以林崔兩漢處畓劵推給事
題率來汝子與林漢然後可以決處向事
十八日
下吏尹基洪金弘濟等呈以金在衡處限三年八百兩錢
出給之題教極爲冤枉更爲處分事
題汝等之所訴金在衡之呼冤容或無怪旣有處分則待差
棄後從任頹中出給以爲息訟向事
月村面下長只聖善呈以民與柳班翊異采山訟事良中
至於圖形落科訟甚至冤更爲圖形後從公決處事

題凡山訟雖在詳查圖形後可辨理之曲直地之遠近前
者圖形時有何作奸是喻如是屢訴不審之色吏
為先痛懲是遣別遣圖形更為公決向事
所畓面加尺居李昇九呈以民之先山金龍云稱以舊
主斫代松楸凌辱無雙事
題果若狀辭金漢之斫松凌辱聞甚駭然還官後當
捉致嚴懲向事
梨谷面長楊居俞鎭邦呈以民堂姪婦宗士再從弟
仲国欲為偷賣事
題今見此訴則必有曲折舊文券持是遣仲國即為
率待向事
梨谷面中奴月每呈以矣宅以李趙兩宅米苞相訟事良中
貴劉之呈此是幻矣月每之呈真的以此處分事
題李趙兩宅之訟汝矣宅胡為乎眩亂奴名是喻今
之月每亦未知真的是乃邪訴亦有證據可知其前
邪幻矣此等民習當別般嚴懲向事
化民吳聖善與柳翼采山訟圖形
題既探公議今見圖形則自吳塚距柳塚無異雙
墳可知前日圖形時柳班與色吏符同誣訴官庭矣且
不為來待自知理掘昭然即為掘移以為息訟宜當

向事
十九日
月村面下龍鄭柄文與閔班山訟事
追題對下之傳二說矛盾詳查圖形後決處向事　將校
二十日
白洛面鳳岩李奴丁丹呈以矣宅農牛致斃去皮立本事
題果如狀辭其邪狼狽甚庸矜歎即為去皮以立半分
之本宜當向事　工庫子
杏井面丰建李庚春呈以矣童以兄之技債被打於朴
班捉致徵贖事
題禁技事官飭非止一再而噫彼朴班誘人設局及捧
技債甚於公納至於打傷人命無異賊黨亂類捉
來嚴懲其習向事　主人
二十一日
西岩面上加李宅奴春金呈以矣宅農牛上納鋑駄去
時致斃事
題為公輸納是如可至於病斃蘇蘇若無罪姑舍
汝之作農大洪不實甚庸矜歎即為去皮立少間
立本宜當向事　工庫子

題詳査歸正無至呼冤向事　該書員
月村面上龍奉奴千石呈以矣田土鄭班勒欲還退
更勿起鬧之意立旨成給事
題已悉於鄭班之許汝矣之訴不必題旨而鄭
班若有更鬧之端以此題爲立旨憑考向事

初五日

山井面星井鄭大卜呈以無地結卜九負七束俞班欲
徵於矣童事
題果如所訴俞班憑恃豪强蔑視孤弱忽背前
約是何不良之心是旀官題之下亦不來待是何民
習聞甚痛數持此題旨往示俞班以爲歸正是矣
若更有携貳之端別般嚴繩向事
文上面梨峙林奴宗結與崔奴永賛結錢相訟事追
題永賛戶替納事甚冤枉永賛卽爲率待以
爲査實歸正次

初六日

文上面内屈林俊喆呈以先山一壙之地借給閔班矣
反奪局内事
題閔班率来對卞向事　狀民
德文面上德次上次下洞報以金喜與金班相鬪事
實無頑悖特爲放釋事
題金喜段非但今番酗酒悖悪種種發作邑村騷
擾屢治不悛事當勘配是矣洞報如是故姑爲容
恕是在果金班段以若兩班又爲曳裏與常漢是
非至於逢辱亦是自取若修身勤拙則必無此事
以此題旨曉喩金班是遣且齊飭金漢俾無後弊
宜當向事

初八日

在内金明西呈以家字畓七斗落將欲放賣納結而
文券并付于他士立旨成給事
題舊文記他田畓并付故以新文記一丈成手記
放賣自是前例板向事

山井面下九高鳴周呈以民之祖母山近處隣居姜田
兩漢斫松起田事
題果如狀辭斫代禁養之松楸起墾於墳塚至近
之地此是所不忍爲之事也持此題旨往諭諸作
人是矣若一向不悛則并爲捉待向事　狀民

初八日
文上面東德洪淳英呈以萬井居田哥位土多年
耕食而當主旣爲放賣故同價欲買矣隣居李
班沮戲事
題果如狀辭李班以若兩班幻弄於與成之際是何
心法是旀畓價去來之場忽至見失必有曲折是
旀李班五十金徵出當出於由我之歎而韓平之分半
徵給之說不無詐戲而汝則不得買土又失價文
可謂蟹網俱失也豈不憤究也哉餘錢五十金卽
爲備給是矣若一向延拖則韓漢田漢并爲捉來
爲先懲礪向事　狀者

初十日
文上面內屈林光乾呈以淸州權弁處所謂矣孫
得債錢一千三百兩卽放債也而因此推捉究枉事
題近來放風盛行或有自爲者或有付托者而至
於岐瑞使之代奮所失夥然風之大風也岐瑞待
令後事可決處向事
京居李別提宅奴貴奉呈以李順吉朴然圭處債
錢推給事
題査實推給次李朴兩漢卽爲拿來向事　狀奴
山井面眞石居金振玨呈以族人鄕契處債給錢七
十兩及賭租十二石捉致推給事
題果如狀辭金民延拖不報是何人心是旀九民有
喪匍匐救之況同族之間舊債者乎一一備給勿
此錢財傷同族之誼亦不爲風化之美也哉向事
下吏朴世熙朴圭熙等呈以調病閒給由事
題調病閒給由向事　吏房

十一日
陰城皮漢白丁俊呈以將軍偷塚過限不掘事
題過限不掘罪當嚴懲是矣姑爲容恕是在
果即刻掘移無至更煩向事　彼隻
山井面下九高鳴周與姜元實田兄文相訟事追
題官題之下不爲來待民習駭然所當捉致嚴懲
而姑着來頭以此更題汝爲率來對卞次
山井面永新李先達奴德成呈以矣宅雇奴處上
加李班敬禮稱有技債奪去食鼎事
題果如所訴李班之所爲聞甚駭然查實決處次
李班捉待向事　主人
十二日
下吏尹基洪呈以親病閒給由事
題調理間給由向事　吏房
陰城皮漢白丁俊與將軍山訟事追
題將軍即爲率待向事　狀者

京居李別提宅奴貴奉呈以朴貽圭李順吉處
債給錢推給事
題朴漢已爲納限是遣李漢令前出他則來即
捉入措處是如乎當此窮節捧債似甚不易向事
邑底金在機呈以月村面書債餘條出給事
題依所訴出給向事　收租色
山井面永新李先達奴德成呈以李班敬禮不爲
待令事
題隱避不待是何惡習是喻李班即爲捉來向事　差使
邑李順吉呈以李別提宅債錢橫徵至寃事
題汝父互保爾有手標烏可曰不知然用錢之悋吉
自在云汝往率來歸正向事
方洞面濕池鄭時榮呈以長岩趙班與下九高善
吾誘引矣弟設技騙財至於難保事
題果如狀辭趙班高漢誘人子弟推携入技場如
食稗僧之藍汁推此心腸無異賊類查實痛

治次趙班高漢鄭靈山家下人及鄭月仲倂爲捉
來向事　将差
山井面斗上金卿契呈以族人振珏稱有甲子年負
債誣訴欲徵事
題振珏率來對卞向事　狀民
山井面眞石金振珏呈以族人卿契處債錢推
給事
題俄見卿契之所訴則與汝之訴大相矛盾
對質後決處向事
十三日
在囚罪人李順吉呈以前呈所志與李恪吉手標出
給事
題更加查實則汝父非但立保出債五百兩爲店
物主於小江亭是如可及其蕩敗以如干錢兩搜家
於恪吉恪吉是誠何罪耶汝之手標自在則烏得
免乎從速備給宜當向事

文上面内居林學官奴貴丹呈以矣宅位土買得於月村
面上月車漢處矣本洞居吳班卿化横出奪耕事
題吳班及車漢倂爲率來對卞向事　狀奴
栢谷面内洞趙呂州呈以尺量加起結卜頃下事
題查實歸正俾無呼冤向事　該書員查吏金才
十五日
杏井面明信金五成呈以并作畓結欲徵於矣童事
題賭地作者徵結是遣并作畓主徵結此是通
行之例此結胡爲乎出送于并作人有此呼訴是喻
詳查歸正無至更煩向事　該書員
山井面永新李先達奴德成呈以上佳李班拔刀起鬧捉
治事
題李班之搜家罪可笞罰故以爲痛治是遣黃漢之立
保得債不思備報專事雜技所失夥然其所犯科
不可尋常治之姑爲懲礪出送是在果三十二兩九戔非
技債也是當報之物若使此漢備報則去昇復返

向事
文上面內屈林學官奴貴丹呈以吳班不爲來待事
題汝矣宅既買於車漢則是非專在於車漢是
遣吳班以豪強權力締結車金眩亂聽聞是何
悪習車漢爲先𤏡來對卞向事 狀奴
忠州許杆城奴春得呈以虛卜八負六束尺量事
題虛卜雖曰有之此卜則不可失之元結也土地自
在則結將焉歸今見狀辭則洪漢挾吏送結聞
甚訝惑別遣色吏詳查歸正向事 尺量色吏
十六日
邑上里鄭金堤奴成根呈以方洞面湿池鄭月重處
推錢一千五百兩推給事
題鄭月重𤏡來對卞向事 狀奴
十八日
月村面周坪申奴卜悅呈以陳處火粟既有書員
省記而今忽出稅事

題云有省記則不可更徵向事 該書員收租色
文上面美來李奴癸卜呈以矣宅放賣金哥位土
之時洪致化欲買厥土錢文二百兩輸置市上矣忽
稱一百兩見失誣詐勒徵事
題韓漢金漢洪漢並𤏡來對卞向事 狀奴
二十日
草坪面楊村金商鉉呈以與李哥山訟事良中以
今二十五日定限然農務方殷秋成後掘移之意
題下事
題所訴如是不無參量矣特又寬限待秋成即
爲掘移向事
在內金奴大用呈以長楊驛結錢未納中申守門將
宅及印手成拒納事
題果如所訴查實督捧次印漢申班奴子幷爲
捉來向事 首校 該洞任眼同捉待次
方洞面湿池鄭時來呈以矣身月仲與高班善吾

趙班雜技所失錢二百兩即鄭靈山宅捜錢故二百
百兩徵給則自靈山宅更勿侵漁之意　題下事
題 近來此風盛行誘人子弟互相騙財一錢或至百
兩兩忽至千兩及其捧錢之日甚至於搜家此風果
是惡風也亦是悖習也汝等月仲不思農業投入
技場失之三千餘金故并捉査實則其失不然是
如乎特捧所失錢二百兩是遣姑爲徵礪放送爲
去乎後若有不悛之弊當痛治向事

二十三日

栢谷面内洞金奴德卜呈以無土結卜七負加出事
題 觀此訴聽其言則必有曲折詳査歸正向事　該書員

二十五日

安城崔奴仁吉呈以矣宅 治下居俞班汝集處錢
四百兩以市邊有推尋條而本錢三百兩捧上而其
餘不捧事
題 率來對卞向事　狀奴

退吏朴承權呈以矣曾祖山位土西巖面東谷居
李希西稱以鄭宅位土奪耕事
題 觀此訴聞其言則事涉訝惑田土自有從文券施
行之法而李希西段稱曰不知亦無可考之文蹟鄭
班是何臆説是喩從文券施行是遣公議亦不
可不博採向事　洞任尊位
通引方龍俊呈以身病頉役事
題 姑爲給由退以治療向事　吏房

栢谷面九水朴上禮呈以中禮名下結錢移錄於
姜天真事
題 與姜天真詳査歸正無至呼冤向事　該書員
杏井面學堂李奎夔呈以草坪面楊村金性道偷
葬於矣山至近處而相訟之時納侤過限不掘事
題 納侤之塚過限不掘是何惡習是喩即爲掘
去俾無煩聒向事　役隻

二十六日

文上面美未李奴癸卜呈以金漢在病不待則無使
美宅橫徵事
題金漢待令後查實決處向事
二十七日
下吏金在聲呈以矣身公納無路壬辰秋大同色
半邊立旨成給事
題依訴許施向事
下吏鄭德桓呈以矣身素抱身病後名頉下事
題果如所訴是喩謫病間給由是矣後名之頉
不可許施向事　吏房
肉漢卜同呈以善山家許肉價一百三十三兩推給事
題汝等之難保官已洞悉故已爲令飭矣胡爲乎
外上價如是夥多是何曲折是㨿肉價之延拖
不給是何心膓是喩卽爲備給無至更訴之
獘宜當向事　校吏
二十九日

南邊面德培村柱一呈以甲卜結錢五兩五戔曹
有督納而尚不備報卽爲推尋事
題果如所訴甲卜使人督納公錢是遣尚此不報
是何悉習具邊備給更無呼冤向事　校吏
杏井面槐上柳奴卜禮呈以上孫名下結三負六束
尚不歸正今又搜家事
題又有呼訴必有冤枉三負六束結更査歸正是
矣搜家之物一倂出給向事　該書員
南邊面院洞金明春呈以奠禮名下誤納結二負
六束價還給事
題詳査歸正無有疊徵之冤向事　該書員

二月十六日
栢谷面上白金蘭濟呈以吳致英之弟矣畓九斗五升落
文券偷去盜賣事
題致英之弟尹先達并為捽待向事　將校　竹山校卒亦為捽待令次
栢谷面下上白民人等呈以竹山校卒作梗校矣洞民不支
保捉致嚴懲事
題名不知吳尹金三姓敢生賊心誣訴于竹山官多發校
卒侵掠上下白大洞之民人今時賊漢捨此其誰尹金吳三
姓捉致查實嚴懲矣汝等退以安堵無至棲屑向事
十七日
下吏金圭善呈以調病間給由事
題調理間給由向事　戶長
清州北面陽地里居朱鍾徹呈以民之高祖山松楸族長
鍾顯欲為放賣事
題果如狀辭所謂門長〻其賊心之長乎為其何長欲
效折枝而斫松乎門長之歸則好矣然其心則反不如汝
門之幼此等行事不可使聞於他人向事　彼隻
栢谷面上白金蘭濟呈以吳尹兩人移文于竹山官捉來
嚴查事
題捕校三漢以為姑囚是遣二漢則捉致吳尹二姓之意

分付還送捉來後詳查處決向事
栢谷面九水居出身金遠成呈以矣父玉振與南班畓土相訟事
已為公決而南班誣訴清安　兼官畓土文券盡為勒奪
畓價徵納之由捉囚矣父文移放釋事
題南班之非理好訟官已知矣乘此空官敢生賊心又有此舉
究厥所為萬〻痛惡南班即刻捉來向事　差使
下吏金重熙呈以矣身戶長之任頉下事
題病狀如是戶長之任今姑遞給向事
萬升面外臺居沈鍾生呈以民之曾祖父山逼近之地不知何
許人暗葬事
題搜覓塚主的知真箇然後捽來對卞向事　狀民
十八日
梨谷面盤下居柳翼來呈以民與吳班山訟事既為得訟
而吳班誣訴飜覆極為至冤事
題前次圖形再次圖形大相不同其更圖時何不參覲是
旀其後許多日居無一言半辭是如何今忽來訴其間
必有曲折前日圖形時挾雜之言狼藉民習亦可惡是矣
姑為容恕是在果別遣耳目更查後公決向事　將校

安城北面曲川司果金槩經呈以徐光瑞畓訟
事終來待捉致卞正事
題與證人孫哥率來辨白之意已爲題飭矣孫
哥來已有日尚不率對其理屈可知矣即爲三造率
對向事 追
題與成時文券持是這待令次 彼隻
月村面下長吳聖善呈以民之親山腦後柳翼彩
暗葬李嫂塚督掘事
題昨日柳班來訴而今見此訴則互相矛盾僉除

除良前後圖形大相不同眩亂見聞率柳班來待則兩次圖
形色吏對質後可以公決向事 狀民
梨谷面刀山黃鎭永呈以所居家舍入於回祿特爲助給事
題回祿之災聞甚矜憐是矣至於屋價實難措處僉除良
前後此等之訴非止一再則不可以子産之舟車遍及而特軫五
兩錢以助迫急向事 官廳色
西岩面上木徐蒙致呈以長管朴用石夫配事矣弟初不知之
而自木川徐宅招致討索事
題用石所告內汝弟蒙天尹聖業者 招引其妻三造對質使

之捜覓矣其間漠然無聞是如可今忽來訴曰木川徐班捉致
討索未知是何委折是喻用石率來對卞後事可歸正
向事 狀民
二十日
杏井面斗建李奴太今呈以矣宅農牛落井違骨放賣
於上松方仲伊處而價文二百六十兩終不備報事
題所謂仲伊不知何許漢而與成時居間挾雜濫自私屠
是何悖習是旀牛價之尚今不報亦何賊心是喩懲礪
推給次方漢捉來向事 主人

清安朱鍾徹呈以民之曾祖山松楸鍾顯稱以門長欲爲勒
奪放賣禁止事
題鍾顯不念其父之遺蹟妄生無厭之慾可謂有是父有是
子也事當嚴懲是矣姑爲容恕是在果持此題音往示鍾
顯更無此習宜當向事 彼隻
南邊面笛峴鄭寅春呈以韓班龍直偷葬於不盈尺之地屢
次落科終不移葬事
題屢次落科又爲納侤終不移去民習駭然事當嚴杖
督掘是矣姑爲容恕即爲掘去更無煩訴向事 彼隻

北邊面瓮岩洞任等呈以軍保田査實處分事
題踏驗後歸正向事　首校
文上面楸洞李奴卜禮呈以大粟三負八束年年應稅矣今忽加
出事
題依昨年三負八束應稅宜當向事
梨谷面日永居民等呈以矣洞十三戶沒入於回祿戶布頃下事
題該洞之前日酷禍不待此訴已悉而戶布一款加減不得之意已
有前等之題目便成鐵案今不得偏施玆日永向事
豊巖面上沐民人等呈以徐尹兩漢敢生不測之心而反為荷杖事
題用石之失妻何關於徐班是旀徐班之豪強是何悖習
是旀尹班之追後討索亦何賊心是喩從當嚴査是在
果若有更侵之弊自該洞同為結縛是遣即為來告向事
栢谷面七里民人等呈以守望相助之意特下完文事
題出入相望患難相救此是生民之美事也故已有前題而
今又來訴必有不遵者故也此題即完文持此曉諭以為樂
生宜當向事　洞任
二十日
梨谷面刀山張召史呈以矣夫所傳之薄田十斗落文券稽

即限三年還退之意典當於本洞吳漢處而終不退給事
題果如狀辭則以其半子偸食半父之物使此無主之塚至於
荒蕪傍觀者亦所不忍況為其半子之心乎即為退給以為荒
墳折草之資是矣一向延拖則斷當捉囚推給向事　彼隻
南邊面笛峴鄭寅春呈以韓隻終不掘移故因督掘事
題官題非不申複而一向頑拒民習駭然即刻掘移更無煩聒
宜當向事　彼隻
二十二日
文方面梨峙南奴士孫呈以與玉振相訟事上典滯囚則矣身
代囚事
題秉其空官符同德右敢翻公決之訟使彼玉振瞹昧寃囚於無辜
此等民習甚為痛惡宰來玉振德右然後可免重罪向事
月村面長山李衡杓呈以民之祖父山買得李癃九處而其孫棟
宇今忽訟下事
題查實決處次李棟宇率來對卞向事　狀民
栢谷面大明洞尹相德呈以從曾祖山居前石漢偸葬塚督掘事
題果如狀辭石漢蔑視孤寡偸葬逼近聞甚痛惡事當捉致
督掘是矣一邊之訴不可偏信石漢率來對卞向事　狀民

草坪面三仙孫錫永呈以金京化令為在家捉致嚴懲後木花錢
兩一〻推給事
題金班秉其空官已為逃躱故為先嚴治監獄刑吏都使令使
之捉待是在果 汝亦寧未汝子宜當向事
栢谷面尾鳥洞才人申壯龍呈以前居沙亭矣今為移居尾鳥洞
則該洞戶布中一戶移徵於沙亭事
題才人之不徵戶布自有前例於沙亭里可知矣該洞之獨徵其布
豈非野薄寧進題該洞一戶之布移徵於沙亭次 戶布色
梨谷面上沙申都事宅奴貴得呈以矣宅宗稧米三石長利例
已給趙宅兩五年後推尋矣趙宅誣訴而捉囚矣身事
題一奴兩呈是誰為之旀或為趙或為李〻勝則附李趙勝則附
趙可謂兩者之中者可得及其趙勝米價沒捧於汝矣宅是
遣三百兩乾沒曰非吾之力甬何敢得此之說是何人心是旀屢
次下質之場終無米價之言是如可今忽米價云〻尤為止臆
以此發明都不成說向事
二十八日
月村面墨洞金洪植呈以民之親山近處南元央李班昰文浩偷
葬不掘事

題寧未對下向事 狀民 追題對下之場李班自知理屈
以十月內移葬之意納侤若過此限更為來告向事
栢谷面九壽金遠成呈以矣身父在囚於清安縣甚為冤枉故
往呈 議送玆以到付事
題當依 營題文移于清安 押來更查以為報營向事
二十九日
月村面古石朴基永呈以矣戶頹圮戶布減給事
題戶布分排時原戶外雖加幾十是良置更無加徵雖減幾
十是良置亦無減徵之意已有節目 便戍鈇案於汝不可特施
向事
德文面上加李圭永呈以趙班非理好訟之習懲治事
題向來親審之日趙班不為來對其理屈可知矣上下二塚〻上之木
近於控矣其無後昭然故招致趙班之山直問之則果無子孫而噫
彼趙班以無主古塚假稱自家之先山此是人所不得行之者也若
如狀辭中攷涉之端亦是好訟非理之習 持此題旨性示趙班莫
作理外之事宜當向事
江陵李棟宇呈以民之六代祖山壓近之地李文仲勤葬四塚督
掘事

題以若墓奴偷葬枚山主塚壓近之地是何蔑法是喻還官後
詳査督掘令除良爲先持此題音往示文仲刻期掘去向事
江陵李棟宇呈以與李文仲山訟事良中督掘之題音往示李民
則終不動念事
題對卞之場兩張手記亦甚訝惟賣買時李英宇鄭敬奎亦
爲辛未以爲卞質向事
三十日
下里朴圭寬呈以火砲軍處食債八十餘兩推給事
題卽爲捧給無至更訴向事　首校
方洞面上古朴明汝呈以曺班斫伐先塋山木松楸價徵給事
題曺班辛未對卞向事
文方面通山林德基呈以民之親山在枚空閑之地而金班起訟事
題金班所訴令之狀辭大相矛盾辛未對卞向事　狀民
栢谷面上白金蘭[illegible]呈以民與尹先達畓訟事良中金成仲居
間符同事
題金成仲辛未對卞向事　狀民
白洛面玉山金錫琪呈以金班正均處畓三斗落無券買之矣四
年後欲爲還退事

題果如狀辭金班之所爲無異豪強舊文券持是遣金班之
奴子辛未對卞向事　狀者　進題其時證參亦爲率待次
方洞面梅山鳳仙呈以金項得處軍保畓價推給事
題畓價何不尚今備給是喻卽爲出給母至枚囚督捧向事
栢谷面開坪金奴挖金呈以虛卜五負一束年年出秩事
題詳査移送母至呼寃向事　該書員
白大陰金正萬呈以與俞千吉山訟事良中辛未之題音往示
千吉則終不現影事
題官令之下不爲來待民習駭然卽爲捉來嚴懲是矣姑
爲容恕卽爲掘移無至更訴向事　彼隻
西巖面錦城李恒善呈以白洛面巨洛居金明五斫伐先山松楸事
題辛未對卞向事　狀民
忠州三開居鄭文海呈以題音往示李漢則不爲來待事
題李漢拒逆官令不爲來待民習痛惡差一向頑拒捉致嚴
懲向事　彼隻
栢谷面水門金連植呈以洞在軍保畓三斗落使洞任年年耕食
而今春則鄭完西稱以砲軍奪耕事
題春分已過田畓不可去來向事　彼隻

金尙雄與山直居林班山訟事 追
題二說未詳孰是圖形後決處次
鄕校稟呈以掌議薦望入呈塡爲之地事
題多士之公議當然而齋任一窠以舊掌議仍任事
鄕校稟以豎碑收斂錢有司處捧給事
題碑錢乾沒之有司是何心腸是喩事當捉囚督捧是矣
姑爲容恕即爲這這備納而若向延拖則嚴杖督捧向事
月村面長結狀作八等呈以狀主鄭尙遠慾多獨灌以鄭允
遠李化實改差事

題此等報狀聞甚駭尙依所訴以鄭班李化實差出爲去
乎均平灌漑使此一坪之作者以爲樂生宜當向事
月村面長山李衡杓呈以祖父山在於本洞後麓而李棟宇起鬧
自官禁止事
題李英宇鄭慶奎等未對下後決處向事
岩井面機池曹東一呈以民之先山朴明汝稱以渠山欲爲禁止
事
題二說未詳孰是當初掘移之李玄尙等待後可知其曹
朴兩處山之經界向事

西岩面巨洛金士順呈以民山一壙之地許給李子行矣李班
反爲禁斷事
題旣以好誼幾年守護是如可以如干松楸至於背誼呈訴
不勝慨歎自今以後復修前好各自守護宜當向事
萬升面月峴申重緖呈以吳一善處買山葬親而植木次徃矣同
一善嘯聚族人禁之事
題果如狀辭一善之所爲可謂教猱升木也春方一善並爲
等待向事 狀民
金尙雄與林德起山訟圖形

題觀此圖形則趙塚甚近林塚稍遠稍遠之塚猶屬歇后向事
忠州居鄭文海與李漢番士相訟事 追
題兩次頑拒甚庸痛惡即爲捉來向事 主人
栢谷面上栢居金奴千萬呈以矣宅買得金君一畓土而以
尹汝道盜賣事難以作農事
題汝矣宅之寃枉官已知矣向來經刻尙爾惻隱而安心退
耕以待歸正之日宜當向事
京居李判書宅奴德山呈以田二日半耕落及畓一石十一斗
落買得於尹汝道處而今爲踏驗則又爲盜賣於金奴

千萬處查實歸正事
題尹汝道所爲無異賊心不待查實而已知行事所謂舊
文記散在各處惟在捉問尹汝道然後可辨眞贋向事
栢谷面開坪居趙奴戌金呈以金奴乭金橧字結卜五負四束
加越於矣宅戶則查實移錄事
題詳查歸正無至呼寃向事　該書員
西巖面新里居金有善呈以矣祖父山腦後不知何許人偷
葬則督掘事
題期於尋覓塚主後來告是遣掘埃一款不可遽爾許
給向事
北邊面支石居李光浩呈以矣先山不盈尺之地倉井李班文
浩偷葬不掘事
題率來對卞向事　狀者

三月初三日
邑底金明順呈以矣身與五寸叔同往槐山回還路暫
留三巨里店幕矣草坪面漁隱李班無端毆打討索
錢百事　狀者
題汝之所訴全是糢糊對卞後措處矣李班率來向事
下吏朴芝熙呈以矣仲兄山不盈尺之地李昊浩葬親
不掘事
題以一坯之塚三度起訟是何委折是喩李昊浩率
待向事　狀者
栢谷面九水金玉振呈以南班與德允乘其空衙誣
訴無官捉致矣身苦留事
題汝之曖昧官已知矣當據實報營向事
清州陰磨琯呈以木川寺洞居李班就吾葬親於矣
先山十步之地特爲掘移事
題李班率來對卞向事　狀民
栢谷面開坪金奴乭金結卜事　追
題何不詳查歸正又有此訴似有弄奸即爲查正使此
無告之民無至白徵向事　該書員
江陵李棟宇呈以李英宇四寬不知而掘移李文仲
先塚事

題英宇鸞九緣何賣山是喩死者已矣生者亦不率
侍年久文蹟之真贋今不可分析而文仲之不待證叅亦
甚訝惑對質然後可以決處向事
西巖面笠長朴千仁呈以車山玉誣訴矣族從在囚事
題果若當禁而禁之不得則宜乎來訴而不此之爲威脅
勒掘是何蔑法是旅以車山玉言之則如有掘去之意渠
自掘去是去乙數三朴班橫出勒掘此是從何豪强之
習向事
月村面城坪居鄭龍海呈以林崔兩漢拒詩矣子盜賣
畓土事極爲痛憤故呈議送到付事
題汝子與林漢對質前不可公決向事
栢谷面開坪居趙奴戊金呈以芚金結錢不當於矣宅事
題芚金率來對質後歸正向事
西巖面文城居劉一源呈以親山松楸金音全斫伐事　朴奴
題率來對卞向事
初五日
文方面內厓居林在根呈以民之父年前與李正三爲致
章買得山木同爲發賣而其中無利錢與付故價一邊
爲一百六十五兩故屢推督推李爲兩民終不備給事
題年前之事何訴於至今是喩爲利同事是如可及其

無利各拕賊心人心可惡查實決處次右兩人併爲率
來對卞向事
西巖面笠長居朴千仁呈以矣童先山腦後車山玉偷葬
塚即爲掘移事
題厓前百餘步稱以腦後是何誣習是旅訟理自在而
私自威脅使之掘去是何蔑法是旅千仁自在而老吉橫出
有此舉措抑何惡習是喩從法決處向事
月村面自來居諸作人等呈以等狀木每斫於明信洞
依例許給事
題依前例斫松等狀而濫斫之弊嚴禁向事　該洞中
所串面開川居民等呈以矣洞一年一次別神傳來規例許施
事
題人之死生在乎天不在乎別神別神之名官所初聞初聞
之事不可許施向事
初六日
南邊面德倍朴柱居悉呈以矣先山在於本洞後麓而使
族人景七定置墓直買給位田矣欲爲放賣事
題朴景七率來對卞向事　狀者
京畿竹山閔奴再龍呈以治下上白居尹先達處畓與
錢推給事

題尹先達自知其罪出去踰月 其父監察居在竹山云
往訴于本官以為帰正則錢土間自有所帰向事
杏井面李宅洙呈以柳班基完處買山葬親矣山下居民
六人處又捧山価以耕火田而其中五人還退為言然惟獨
尹都正不肯退給事
題果如狀辭為先之心人各有之雖常賤亦然況尹都正
以通政大夫應知事體而反不如彼聞甚慨歎自今以
後翻然改悟一從六人之應諾使李班俾保其先壠
當向事
南邉面德信朴景七呈以洞前蓊林三從侄柱憲暗

賣斫伐事
題周邑則稱以渠之園林洞則以為洞前之蓊林事在
年久今忽呈訴甚為訝惑亦難分析自該洞從公商確
詳査報來向事　　　該洞尊頭民
文方面外凧居林重燮呈以民之八代祖山在於保時洞而族
人昇彦暗埋其親不掘事
題果如狀辭為其子孫者禁他来葬之不暇而反自壓腦
逼葬非但得罪於族戚辱及祖先是豈人子之所忍為
之事乎若有一毫人心寧容若是持此題旨往示昇彦
即為掘移俾無久滯之行宜當向事

陰啓瑄與李在寬山訟事圖形題
觀此圖形則局內都是陰山而步數不甚相遠㙜立亦為俱
見其所當禁㸌然可辨李班買之落科是在果使之掘移
以為息訟向事
德上德次上次下長尺中里居民等呈以五洞狀主以李德喆改差
事
題土無不結之土而亦無不耕而食是故農者天下之大本也該
洞之等狀勤農聞甚嘉尚有結之土耕而不結是何民習
至於狀主依作者之願以李德浩許差是在果結錢即為
這這畢納以為先公後私是如乎若一向延拖則捉

囚督捧向事　五洞尊頭民
月村面佳岩具浩書呈以本里居朴班敬七討酒於內養
而以小為嬉凌辱無復捉致嚴懲事
題嚴禁酤酒之傳令出來幾日有此呈訴與者受者
內外雖殊究其犯禁一也以內養言之不是賣酒之家
而飮之外人似涉失貌以敬七論之班名者討酒於無
外主之班家尤失班體即當捉致嚴懲是矣與者
亦難措處汝當與敬七待向事
西岩面召長朴千仁呈以當初山訟事車哥自手掘
塚果非勒掘三從即為放釋事

題汝之三從罪當勘配姑爲容恕是在果與車哥和好
以爲息訟向事
山井面玉洞閔泳世呈以民之祖父母山邑居李晳甲掘
埃照律事
題推訴于山在官向事
初九日
月村面長山李衡杓呈以與李棟守山訟事良中鄭鑾
以證人終不待令自手劃名事
題當今農務方殷此非山訟之時也待秋成後來告向事
栢谷面上白金奴千萬呈以矣宅與尹弁畓土相訟事良中

無可考文券立旨成給事
題文券昭然證參自在立旨猶屬駁右向事
栢谷面九壽鄭奴春山呈以畓七斗落買得於舊嚴金部
將家而二十八卜成文矣八卜加出賭租亦是不給事
題一邊之說不可準信率來對卞向事　彼隻
杏井面下里李宅洙呈以大田還退事蒙題到付于尹弁則
終不應從事
題官令之下一向不悛是何悪習是喩前事當懲礪姑爲
容恕是在果翻然改悟無至更訴向事　彼隻
方洞面仁山李奴得禮呈以昨日尊派特矣宅無端見辱

於山直金汝三處事
題於耕於讀不可廢一居鄕之令內汝矣宅上典親執農
業是如可及其貧狀無端見辱於常漢聞甚痛歎是乃
退以反求恒念人咎而笑而受宜當向事
所畓面閑川洞報以本洞別神間三年度誠而今年則未
蒙許題惡疾大熾事
題凡疾痛也壽夭也在乎命不在乎巫而汝洞之所
訴如是極擇一人沐浴齋誠精備牲酒敬而遠之則自
然無事向事
西巖面鳳坪民人等呈以民等買山麓於柳先汝大田起

墾矣杏井李班稱以渠山今欲還退事
題摘奸後元賣者柳班李哀并爲率待以爲歸正向事
初十日
忠州南都事錫元呈以民與申班山訟事已志於前狀而
申班稱以渠山一向行聽事
題以二株松斫伐定界出乎甫也申班若犯境內則當
查實禁飭矣率來對卞向事　狀民
京李主事奴萬吉呈以長楊居金班爲戶言告于兵判
差定而去校及賭租備納爲納而未來不納事
題查實推給次率來待卞向事　狀民

白洛面銀城尹士成呈以農牛致斃去史立本事
題當農折牛可為臨時狼狽去史立本向事　工庫子
方洞面花城南錫有呈以杏井申命龍子婦偷葬於民之
親山局內過限不掘事
題過限不掘是何民習即為掘移無至更煩向事
梨谷面刀山洞報呈以洞卜結錢為三十兩而秉夜逃走徵
納無路而只有家舍三間放賣次立旨成給事
題依訴賣屋公納而此題即立旨以為憑考向事
月村面城坪鄭龍海呈以林辟貴崔敬三兩漢處盜賣
畓券即為推給事
題查實推給次林崔兩漢即為待令向事　主人狀民
清州李常九呈以民與俞班相訟而俞班過限不掘即掘
俞塚事
題過限不掘民習該然即為掘移無至杖囚督掘向事
萬升面會安吳致有呈以族人伯善偷葬其妻於民之
親山局內過限不掘事
題率來對卞向事　狀民
清州張鳳植呈以林班巡相名不知柳班偷葬於矣身祖父
山局內終不掘移事
題農務方殷此非山訟之時也待秋成後來訴向事　狀者

十二日
邑底居金光植呈以栢龍津金奴萬山處柴草價推
尋事
題當年柴草価年久不報心之不良可知即為備報
無至杖囚督捧向事　彼隻
月村面墨洞金洪植等呈以李昱浩其父偷葬塚終
不掘去事
題秋成未及又有此訴為農之民不無臨時狼狽之歎向事
萬升面龍沼吳百善呈以民之妻山即族叔山而米十斗錢五兩買
得安葬矣族人非理好訟事
題既有掘去之手標則理所當掘而十斗米五兩錢推覓
後即為移葬無至更煩向事
栢谷面上白金蘭濟呈以吳尹兩人不遵官令閔雲山家
盜賣々文券即為推給事
題此事都關於閔雲山家與尹班是遣不關於汝々
不必煩聒向事
十三日
萬升面內堂鄭奴元卜呈以月城坪李班德一許債錢
三十五兩推給事
題官題不止一再而尚此不報是何人心是喻即為

備給無至更煩向事
月村面上月沈世澤呈以親山買得於尹班矣周九居金思
說斫松奪界事
題果如狀辭經界昭昭標木童童而金班之犯境斫松
不良極矣然而一邊之訴亦難可辨金班率來對卞
向事　狀民
文方面內屈林昇益呈以民之親山買得於鄭行教矣鄭
班身死後其子萬甲斫松奪界事
題萬甲率來對卞向事　狀民
山井面平亭閔奴判吉呈以矣宅親山在於頭里山而李班
趙班無端斫松嚴禁徵贖事
題果如狀辭李班趙班偷斫於累年禁養之松楸聞甚痛
悉嚴懲徵贖次李趙兩班并卽捉來向事　小主人
萬井面魚頭夾居李廷西呈以一千三百餘兩物件得給於朴
道一家束接人矣聖道矣厥漢逃躲事
題諺語云勿生保債之子於汝格言也所謂接主朴道一率
來卞質向事　狀者
白洛面銀城居張京明呈以矣身校生之役煩下事
題果如所訴一身兩役行不得之事也卽爲頉給俾無更
煩向事　禮吏 堂長

十四日
杏井面道峰李斗杓呈以萬井面花山鄭班許雇工錢
一百五十兩推給事
題官題申複而終不備給民習可惡若一向不給則當捉致
官庭先治其悖習是遣亦推給其雇價向事
清州金尚悅呈以往年題音則鄭班終不掘去事
題當此農務姑爲息訟是遣先定境界以待秋成而不
可無兩造對質鄭班率來向事　狀民
木川趙亨均呈以民之先山在於梨白鶴矣山下居柳韓高
三人斫松起墾事
題果如狀辭爲其子孫者見此而安得無痛惋之心持此題
旨往示三人更勿墾土斫松於至近之意曉諭是矣若一向
不遵則更爲來告當嚴懲向事　彼吏
十六日
京畿利川權鍾元呈以民之先山近處利梨鳩頂居鄭聖弼
偷葬不掘事
題率來對卞向事　狀民
邑底皮漢京畿呈以矣身得債於開川趙哥處矣報
債之外汁物奪去事
題蔑視至賤當捧之外捜探汁物是何豪強是喻查

實決處次趙漢郎為捉待向事　奴差
方洞面古水鄭奴介奉呈以來買畓今欲還退鄭成八盜
賣於老谷申宅事
題果如所訴不可無對質後決處鄭班官西郎為
率待向事
月村面墨洞化民朴仁壽呈以民之山新全居金班
稱以李班之外孫無端斫松民之松楸事　狀奴
題以若外孫斫伐外家之山松猶為意外況外人之山乎
尤極理外之事以理外之人行理外之事聞甚慨歎
松價從公備給更無煩聒向事　彼隻

京居李注事宅奴萬吉呈以長楊金班差出驛長
矣去核賭租題音三丈即不備給事
題已有率來之題而不為來待胡為容怨是如可今忽
來訴曰卽發將差云者豈非煩屑乎向事
月村面長山李衡杓呈以鄭京九當初立證而今忽罰名
事
題果如狀辭李英宇鄭京九率待然後可以查決向事
西巖面上谷梁聚洙呈以宗中位土賣於他人而得耕
矣族人星煥分半耕作事
題以他人古有讓畔之誼而以同宗今有奪耕之事

令之人亦古之人而獨不睦族不可使聞於他人非但爭
田至於使長老極駭然事當捉致嚴懲是矣特為容
恕是在果自宗中齊會戒責後右田使之耕作於聚
洙向事
方洞面梅山莊卜呈以大東二卜永為頃給矣今忽出
秩事
題無至寃徵之意已有題飭而又有來訴當該書員為
先附過是遣即為查給使此殘民俾無再徵宜當向事
二十五日
京畿利川居宋泰顯呈以民之先山後麓可濟谷居朴
正先偷埋兩塚事
題以常漢偷葬於班塚壓近之地是何蔑法是喻查
實公決次朴漢率來對卞向事　狀民
杏井面道峰李斗杓呈以鄭班處債給錢推給事
題而不給民習可惡事當捉囚嚴懲推給是矣姑為容
恕是在果即為備給無至更訴向事　彼隻
二十六日
清州金相烈呈以民往示鄭班欲定經界則崔哥處
買用云更為抑奪事
題不定經界反買於崔哥云是何生臆是喻查實

歸正次鄭班𨐭來向事　狀民
月村面里洞朴仁壽呈以民之祖母山金班稱以李家外
孫偷斫松楸事
題查實推給次金班𨐭來對卞向事　狀民
梨谷面松峴老谷申奴快成呈以矣宅買山於月外斗李班
國鎭處矣李班身死後寡婦斫伐松楸事
題以寡婦冒弱斫松是何悪習是喻事當嚴懲是
矣姑為容恕是在果持此題旨往示寡婦是如乎若
一向不悛於寡婦獨無公決乎向事　彼隻
二十七日

月村面上龍鄭行一呈以奉基三處權賣並還退事
題從時價還退是矣奉班𨐭來歸正向事
在四金時左呈以矣身以馬差狀主均平灌漑而𨖲彼李德
浩冒錄各洞之民誣訴而至於枷囚之境豈不痛歎別定將
色形止查實後俾無呼冤事
題汝之悖習邑村所共知而非但狀之事也以悖悪之心行灌
漑之事則必無公平之道該洞之等呈良有以也向事
方洞面花城南錫有呈以命龍子婦塚過限不掘事
題既以秋成掘移云若有過限之弊更為來告向事
梨谷面九灘大幕洞任呈以矣洞六戶入於田祿結搆之方

特為助給事
題該洞田祿聞甚驚歎官之唉洒反風之材使此人民有安
捁尤極憫然每戶四兩式自官劃給是遣至於結搆之
方自附近洞并力區處無至臨農棲屑宜當向事 官廳色 公房
月村面内斗民人等呈以矣洞〃任例耕軍保沓外斗鄭班
令忽奪耕事
題穀雨已過田沓去來萬〃不可此所謂臨農奪耕持此題
旨以示鄭班無行法外之事宜當向事
方洞面中方居鄭鶴遠呈以民兄令前出他待入來處分事
題汝兄下來後文蹟持是遣使即來待兩造對質然後
可以息訟向事
慶尚道晋州李重熳呈以矣童筆負金漢稱以朴漢光
處有捧債奪去事
題朴漢光金漢并為𨐭來對卞然後事可公決向事
樓山金一龍呈以申班偷埋於矣先山而以今二月掘移之意納侤矣
終不掘去事
題限過不掘是何悪習是喻即為掘去使此殘民毋至呼冤
向事
萬升面梨木居鄭輔文呈以民子埋於無主山矣權鍾元稱以其
山是非事

題山主之有無惟在詳查後可悉故圖形以來向事　將校
京畿利川居權鍾元呈以鄭班聖弼葬子於民山不掘事
題對質之場一曰單靑龍一曰無主山圖形後決處向事　將校
白洛面葛灘姜鎭馨呈以民之祖母山買於夫昌居禹東奎而葬
矣禹班斫伐仰木且欲放賣事
題禹班率來對卞向事　狀民　證參亦待令次
三十日
西岳巖面上加柳奴金貴童呈以李世寬毆打之罪嚴刑遠配
事
題已爲嚴刑牢囚是在果勘配一款從當報營向事
稷山金一龍與栢榆谷申班山松事
追題不爲掘移亦不應訟非但惡習亦閔蔑法極爲駭
然卽爲率待向事
南邊面德培朴京大呈以三從侄長成抑賣園林故會宗
族責之後捧手標給價立旨成給事
題長成之悖習畧已聞之而有誣訴之弊將欲痛懲矣今
自汝矣宗中歸正則姑爲容恕是在果日後若有更侵
之弊此題便立旨向事
忠州居劉秉翼呈以民之親山買於吳致仁矣其子白
善欲爲抑奪事

題率來對卞向事　狀民
江原道鐵原黃琦絃呈以客地囊乏助給行糧事
題見此訴觀其貌則可謂文丐非救乞也空手來空手去
是何委折是喩愁鵑啼月必多不如歸之恨也孤燈旅
館尤添空腹之歎則綈袍之贈壺鐥之投猶可得重況大
江之濱惟物搖尾乞憐者乎以一酌水欲救涸轍而亦豈容
易哉三兩錢玆施給以爲三日之粮宜當向事
月村面上龍奉奴千石呈以垈田永買於鄭班處而今欲抑
退事
題捧準價還退宜當向事
月村面上龍鄭行一呈以民之位土以還退之意賣於奉班矣
今欲還退則不爲退給事
題期欲還退則從時價備給宜當向事
梨谷面日永韓洪錫呈以矣先山松楸山花田洪正汝無難
斫伐依法勘處事
題果如狀辭洪班以客作主反斫幾多年禁養之松
是何裝法是喩一邊之訴亦難準信洪班率待向事　狀民
通引方龍俊呈以矣身垈田柳小成起家後垈結一負外
二負不爲徵納還徵矣身事
題結出於土而土地自在則結將安歸自洞中齊會

公議平均分定以為息訟向事 該洞尊頭民 該書員
清州金相烈呈以與鄭化旻對質之場鳳逵以上京云
不為來待捉致下正事
題果如狀辭鄭班隱其兄不現是何惡習是喻事 當嚴
治欺忘隱蔽之罪姑為容恕而卽為來待向事 狀民
梨谷面山石里鄭符奎呈以李學奉本是無托之人不
得率待事
題李學奉汝弟并為對質後決處矣二漢卽為率待
是遣汝弟亦待令向事 狀民
京畿居民權鍾元與鄭輔文山訟圖形
題觀此圖形則權山昭然而步數亦所當禁則鄭璜
之落科是遣其枚掘移則農務方殷待秋成掘去為限
若過此限不掘更為來告向事
槐山金一龍呈以矣身先山在於栢龍津而榆谷居申 班塚督
掘事追
題此亦中當此農時不得移葬而以八月晦日更為納限若過
此限不掘更為來訴則當枚囚督掘次
多士稟目以閔公萬巡相碑收斂錢辭澤履乾沒不給自
官推給事
題以若有司乾沒碑錢尙有風化菁莪之志寧欲若是事

當嚴杖督捧是矣姑為容恕是在果卽為辦出以完
立碑而若一向延拖則為先捉囚懲礪是遣乾沒之錢
這〻推給向事 波叟
清州徐秉淳呈以治下方洞居李花集李化寶李
壽産李潛發等錢文三千兩以債得去矣延拖屢年
不報卽為推給事
題果如狀辭四李手題之昭然可考然不可無一次對卞矣
四李并為率待向事 主人
在囚權大用呈以矣身以長楊驛動鈴條馬貫錢屢
日捉囚今方畢納然馬戶結錢定色吏收刷事
題動鈴馬貫錢雖曰畢納馬戶結錢則所訴如是
定色吏眼同汝矣身出送是如終不殺日畢納是矣
若有過限之弊當枚囚督捧向事
栢谷面九水金達成呈以金德九處矣父玉振之清安浮費
錢〻推給事
題汝矣父寃枉兩邑之所共知也訟理亦已公決妥貼而噫彼
德九妄生賊心誣訴 營邑使汝父久滯獄中其所寃痛
不可形言其許多浮費德九豈曰不知乎向事
此亦中南班亦為率來對卞次

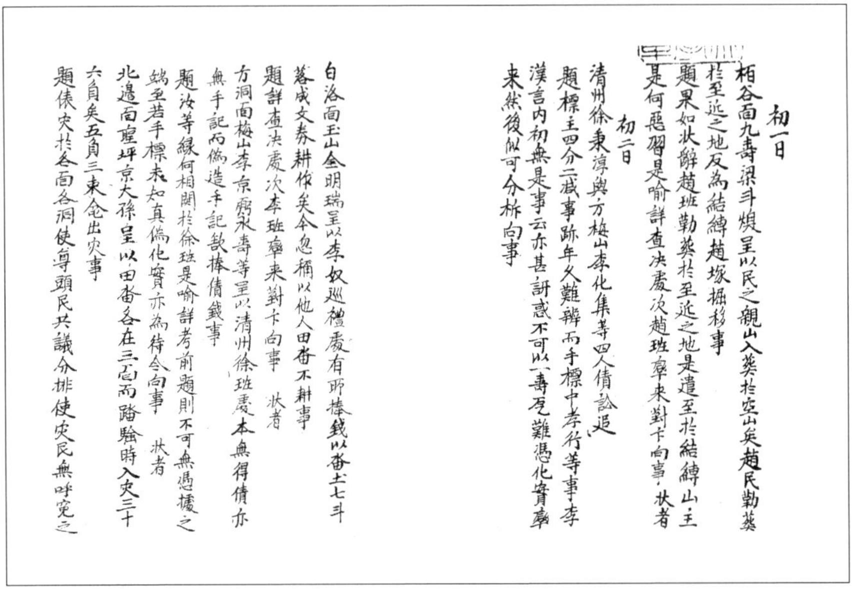

初一日
栢谷面九壽梁斗煥呈以民之親山入葬於空山矣趙民勒葬
於至近之地反為結縛趙塚掘移事
題果如狀辭趙班勒葬於至近之地是遣至於結縛山主
是何悪習是喩詳查決處次趙班率來對卞向事 狀者
初二日
清州徐秉淳與方梅山李化集等四人債訟退
題標主四分二減事跡年久難辨而手標中李行等事李
漢言内初無是事云亦甚訝惑不可以一壽乭難憑化賓率
來然後似可分析向事
白洛面玉山金明瑞呈以李奴巡禮處有所捧錢以畓十七斗
落成文券耕作矣今忽稱以他人田畓不耕事
題詳查決處次李班率來對卞向事 狀者
方洞面梅山李京宅永壽等呈以清州徐班處本無得債亦
無手記而僞造手記欲捧債錢事
題汝等緣何相關於徐班是喩詳考前題則不可無憑據之
端至若手標未知真僞化賓亦為待令向事 狀者
北邊面壇坪京大孫呈以田畓各在三處而踏驗時入灾三十
六負矣五負三束免出灾事
題俵灾於各面各洞使尊頭民共議分排使灾民無呼冤之

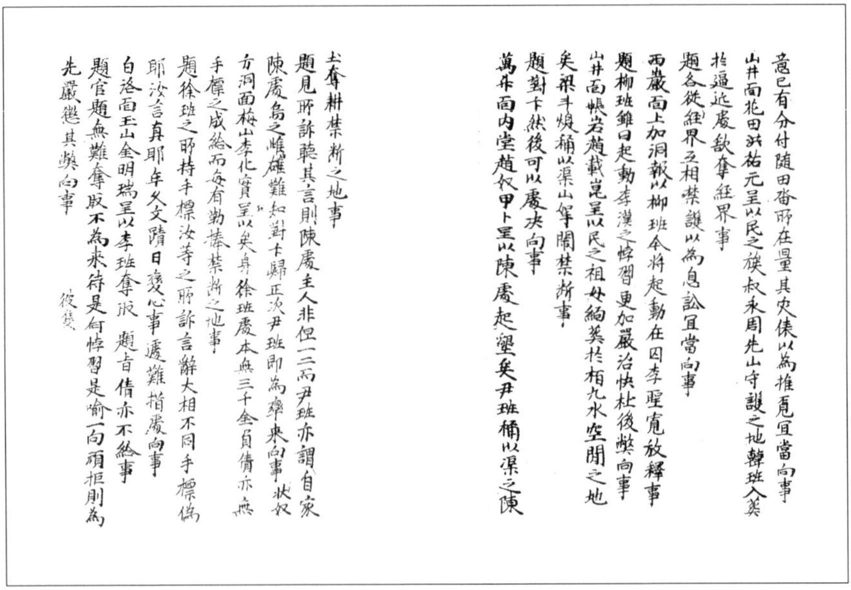

意已有分付隨田畓所在量其灾俵以為推免宜當向事
山井面花田洪祐元呈以民之族叔永周先山守護之地韓班入葬
於逼近處欲奪經界事
題各從經界互相禁護以為息訟宜當向事
西巖面上加洞報以柳班今將起動在囚李聖寬放釋事
題柳班雖曰起動李漢之悖習更加嚴治快杜後弊向事
山井面帳岩趙載崑呈以民之祖母緬葬於栢九水空閒之地
矣梁斗煥稱以渠山爭鬧禁斷事
題對卞然後可以處決向事
萬弁面内堂趙奴甲卜呈以陳處起墾矣尹班稱以渠之陳
土奪耕禁斷之地事
題見所訴聽其言則陳處主人非但一二而尹班亦謂自家
陳處烏之雌雄難知對卞歸正次尹班即為率來向事 狀奴
方洞面梅山李化賓呈以矣身徐班處本無三千金負債亦無
手標之成給而每有勒捧禁斷之地事
題徐班之所持手標汝等之所訴言辭大相不同手標僞
耶汝言真耶年久文蹟日後心事遽難指處向事
白洛面玉山金明瑞呈以李班奪耕 題旨債亦不給事
題官題無難奪耕不為來待是何悖習是喩一向頑拒則為
先嚴懲其弊向事
彼隻

栢谷面九壽洞梁斗煥與趙弁山訟事廷
題未知孰是圖形後決處向事　將校
文方面梨峙李奴順禮呈以矣宅白玉山金明瑞處有當報之錢以
畓替給矣金漢猶意不足誣訴事
題一土兩賣是何心法是喩事當懲治是矣姑爲叅恕是在
果旣以文券手標歸正故金明瑞則更勿推貳無至煩聒向事
北邊面龍巖金奴奉龍呈以矣宅七斗落畓放賣於鄭班處時
結卜以十六負成文矣稱有七負漏卜加出欲徵事
題結錢賭租皆出於土而作者徵出耶畓主徵出耶賭租徵
於作者結錢納于收租廳而其所加結詳查歸正向事

月村面內斗大小民人等呈以矣洞軍保畓三斗落使洞所任年年
耕食矣忽於今春他洞居鄭班勒奪耕作事
題以三斗軍保畓至於等訴爲公乎爲私乎鄭班則得於該
掌以爲落種云汝矣洞何不先得於該掌是喩畓之所在姑舍
得之先後顯殊今不可變通矣待秋後分付於該掌更爲移
作於該洞向事

初四日

方洞面中方鄭鶴遠呈以矣兄出他未還而金柱烈誣呈拒逆事
題使速待令以爲詳查公決向事
月村面上龍奉奴千石呈以鄭班以永賣之田今忽欲退事

題已悉於前題向事

初五日

邑底崔君必呈以矣身名下結錢移徵於尹黃潤宅事
題莫重公納尙不來納是如可今忽來訴稱以不當是何惡
習杖囚督捧向事
栢谷面九水梁斗煥與趙弁載崑山訟圖形
題觀此圖形則自梁塚距趙塚果是不遠則趙班置之落
科是遣待秋成後掘移宜當向事
萬升面九巖尹奴時三呈以矣宅陳田已有入來出給之地事
題果如所訴查問歸正向事

南邊面笛峴鄭寅春呈以韓隻之塚過限不掘亦不待令
事
題當掘不掘亦不來待使此鄭民有此屢訴是何惡習是
喩卽爲掘移無至煩聒向事　彼隻
梨谷面孟峰趙敬釗呈以毁戶四戶戶布頃給事
題何不呼訴于毁破之時是喩今若減其四戶之布則加徵於
何處耶依其前節目施行宜當向事
所畓面木洞韓漸東呈以民之親山入葬年久朴榮喆非理起
訟事
題所訴如是待秋成後移葬宜當向事

萬升面外堂金聖煥呈以隻湖金漢亻草於民之柴庄故以理
禁之金漢詬辱事
題 澗邊幽草汝獨憐之而禁乎草〻之所生蒭蕘者往焉此
是例也况春草年〻叢燒除還生是遣至於逢辱聞甚痛
歎是乃一邊之訴不可準信詳查懲礪次金漢率待向事 狀民
梨谷面松峴柳大龍呈以別遣色吏馬位結錢收刷之地事
題 所訴如是別遣色吏是在果汝亦眼同督刷無至迂延抵
罪宜當向事 色吏
十五日
栢谷面栢谷劉奴於仁禮呈以一斗落畓買得於禹班致成處
矣禹班以豪强之習欲奪事
題 向來對卞之時何不持此文券待令是喻更查決處次禹班
致成率來向事 主人
二十日
德文面下加趙存信呈以矣里一戶毁去於上加一戶布移送于上
加事
題 若有毁家移去之弊則戶布移徵於李班是遣若以賣買
則入處者烏可曰不知當納之布向事 該洞任
梨谷面九灘大嶼民人等呈以矣洞失火之狀已訴於前呈而飛
蓋材木即速助給事

題 患亂相救此是胥生之道而不待官令而宜乎行之之誼也
哀此兩洞回祿之禍慘愕極矣風餐露宿久矣向以結構之
方有所令飭於附近洞矣尚無一介木一把草助給又有此
訴聞甚慨歎當此農節雖難舒力各自公議斯速結構使
此洞民無至棲屑宜當向事
校宮西齋校生等稟目以校生孫翼煥父日順今春點考時
以千摠差出故代其子翼煥擧行而日順則老難擧行特爲
頉下事
題 子爲校生父爲千摠門閥華削華矣然一家兩役似有此訴
容或無怪其父千摠之任今姑頉給是遣其子校生之任着實
擧行宜當向事
山井面機池洞任呈以矣洞有一酒店或技或爭禁斷事
題 酗酒雜技禁斷事官飭非止一再而無賴輩一向不悛萬
〻痛惡爲先傳令是在果自該洞亦爲嚴禁宜當向事
梨谷面日永韓洪錫呈以民之先山買券帖聯更訴洪塚掘
移事
題 當初對卞之時文蹟胡不持是遣待令是喻已決之後忽有
此訴是何誣理欲爲好訟而然耶假托文蹟而然耶其眞贋
官當難處向事
訓聽班首洪淳英呈以戰服價二百兩尚未區別之地把摠之

後孫漢呈頉浩頉擧行有誰爲之事
題事在年久其時何不歸正是如可今至呼訴是何意生是旀
十柂段以父子兩役屢有呼訴故今姑頉給更擇可爲之人以入
則當差出擧行向事
方洞面古水鄭景玉呈以族人常遠處盜賣宗畓價一千五
百兩推給事
題今見此訴則常遠之賣食宗畓得罪於宗中也納限官
庭尙今不給欺罔之惡習萬萬痛駭僉除良況於技酒其所
犯禁尤極該然懲礪推給次常遠卽爲率待向事 主人
山井面斗村宋心鉉呈以先祖公常山伯墳山在於斗村後麓
而安樂奎偸斫松楸亂墾荻草捉致徵贖勘罪事
題常山伯之功烈雖愚夫愚婦皆知稱誦而況其衣冠藏在縣
東雖樵童牧竪亦知禁護芻蕘者不敢往焉其來已久矣
噫彼安班亦以士夫後裔應知事體而居在常山之地蔑視
常山之伯敢亦守護之松亦破栽植之荻山有童濯之歎墓有
荻汰之慮聞甚不良査實懲礪次安班捉待向事 主人
二十一日
栢谷面九水鄭奴春山呈以吳宅買畓於北倉巖金部將宅
矣結卜八負今忽加出事
題睹租零條何不備給是喩卽爲歸正是遣結卜之加出

未知緣何委折是喩其亦詳査區處無至煩聒向事 兩隻 該書員
梨谷面書院俞鎭鉉呈以先山松楸四百餘株李承驥無難
斫伐事
題已往斫伐之松楸禁在入山之前不必更論是遣延來長養
之松楸以謂山主之物而容或無怪向事
山井面斗上安載良呈以常山伯山所松楸初無斫伐而今被宋民
之誣訴事
題今見此訴則與宋班之訴大相不同對質後可以公決向事
二十二日
杏井面長管宋淳琦呈以山斗上安樂奎處斫松徵贖事
題摘奸詳査後決處向事 出面色吏
北邊面支石李兆浩等呈以李旻浩偸葬塚督掘事
題過限不掘專事延拖是何民習是喩卽爲掘去無至更煩
向事 彼隻
栢谷面九水鄭奴春山呈以北倉岩金弁處加結七卜三束及睹
租零條推給事 追
題査實之場萬無區定之道而結在於土土之自在則結將
焉歸向事
梨谷面長楊李德老呈以本洞李萬千無端破碑矣家毆
打矣妻事

題果如所訴萬千之無端惹鬧至於破碎門戶頑悖極矣然
而不有委折查覈決處次萬千率待向事　狀者
北邊面倉巖金部將宅奴奉龍與鄭班畓土結卜相訟事追
題追後移結是何委折是喩鄭班之呼訴容或無怪睹租
則卽為備給更無呼訴向事
文上面梨峙林奴宗結呈以本洞南班慶田二斥與崔奴永賁分
買矣結卜及坐結分錄于崔奴事
題夏至不遠公納尚今不納是如可今忽來訴是何民習是
喩結卜之去來與該書員查覈是遣結錢則卽為畢納無
至杖囚向事　該書員
北邊面支石李壓局呈以田結二十一負九束塵入於浦落而結卜年
年寃徵查覈歸正事
題使該書員查覈則汝田之浦落者為柳光心起墾結在
於土自在法典且有經界故量其多少右田結卜中七負三束
分排於柳土依此徵納使李漢俾無寃徵宜當向事
德文面太小民人等呈以上德金喜伊以洑主事裂破金班表
服依律勘配事
題向日上德等訴挺致金漢已有嚴杖牢囚更不必煩聒
向事
梨谷面日永韓洪錫呈以民山在於忠州地而花田洪班偷葬塚

督掘事
題更為詳探則隻在鎭川山在忠州凡於山訟在於山不在於
隻往訴于山在官向事
二十四日
梨谷面長楊驛民等呈以都馬戶結錢再徵於民等則卽為
禁斷事
題以若兩班為此馬戶事體不當而又行殘虐是豈兩班之
道乎這這出給無至呼寃而若一向不悛則別般嚴治向事
北邊面倉巖金部將宅奴正錄呈以矣宅置標於李成錄
之山而支石朴善在偷葬斫松禁斷之地事
題果如狀辭以常漢偷葬於士夫宅局標至近之地是何頑
習是於又敢斫松尤極痛惡事當嚴治徵贖是乃姑為
寬恕是在果若有一向不悛之習當痛懲其習是如乎此
題卽完文以此準考宜當向事
草坪面上通文致鎬呈以矣宅田畓放賣於各人處而仁山居
李班名下結錢還徵於矣宅事
題金班李班率來對卞以為歸正向事　狀民
二十五日
南邊面瞿殿朴敬先呈以矣子與林致寬孫僧為折草
之地以水戲弄矣林漢毆打矣子至於死境事

題査實決處次林致寬捉來向事　主人
杏井面明信李周榮呈以矣山腦唇之地金景道偸葬督掘
之地事
題金景道率來對卞向事　狀者
杏井面長管金好俊呈以民之六代祖山在於池九洞而汝亭居
民起塋禁斷事
題作人非止一再則不可遣〻査實矣塚之所在村洞任率來對
質向事　狀民
木川韓萬石呈以矣身初無白洛面大田耕作而昨年奪鋤今
年奪匙以去事

題果如所訴是喩査實頉給是遣持來汴物即爲出給無
至呼冤向事　該書員 收租色 收刷色
山井面斗村洞任等呈以安樂奎初無宋氏之山松楸斫伐明白
決處之地事
題兩隻之所訴大相矛盾故別遣査實矣莎土破壞處更
爲封築而如干穉松之犯斫或入於樵童之所爲是喩今
姑容恕是在果更勿侵犯無至抵罪宜當向事
清州閔順鎬呈以六代祖母山近處李君瑞暗葬督掘事
題掘去李塚則新塚亦爲移葬向事
月村面上龍鄭行一呈以位土欲退則倍增價呼事

題旣以從時價還退之意屢題矣不此之爲一向來訴可爲
好訟之民向事
梨谷面中洑洪奴小命吉呈以本面書院居李聖連大二下移
錄于矣宅而不當不徵査實歸正事
題詳査歸正俾無橫徵呼冤宜當向事
栢谷面栢谷劉奴於仁禮呈以杏井李禹寡處往示題敎則
禹班終不應卞事
題隱避不待是何惡習是喩即爲捉來先治頑拒之罪向事　主人
清州佳巖李禹敏呈以祖父山唇前新占塚移葬于他山事
題此山即官之族人家局內已掘之地故已爲占葬則閔班之起

訟事理當然而今此所訴果是橫出此等訟理非此官之聽
決向事
草坪面楊村金景道呈以矣妻入葬於李周榮局內旣有
落科待麥秋掘移之意　題下事
題誤知無后塚而入葬是如可旣是塚主自在至於呈訴
對卞之場自知理屈待麥秋掘移之意納侤是如乎若
過此限則杖囚督掘向事
杏井面明信李周榮與金景道山訟事追
題對卞之場金景道自知理屈待麥秋掘移之意納侤

是如乎若過限不掘則更爲來告向事
栢谷面栢谷劉班與萬金沓訟事追
題對頁之塲觀其文書則治成自在而聽其彼隻之言則
治水云汝則追覔於治成是遣更命煩聒向事
杏井面斗建與萬金呈以墓沓一斗落劉班處擧狀推覔
矣更爲起閙事
題向見劉寡之所訴則此沓之舊文券自在雖爲已決之
訟不可無一次更査然後歸正汝亦文券持是遣與劉班來
待則別般措處向事
方洞面古水鄭敬玉呈以族人常遠賣田賣牛納價于宗
中成完文無奬事
題常遠自知其罪以田文券牛一隻納價請和自汝矣宗中
相議措處是遣完文一款非關於汝宗中之事然屢次呈
訴數次爲限今纔處決可謂邑村所共知證參亦在則必
無異論向事
杏井面長峕金好俊呈以六代祖山在於本面池九石山下居民
火耕於墓側事
題聽其對質之言則不犯至近之地云其所爲先彼此想一
般矣依前起墾之意申飭是如乎以此禁護宜當向事
二十七日

南邉面校洞朴京先呈以矣子被打於林致寬矣今則起
動林漢放釋事
題汝子起動之前林漢到底嚴治矣有此和好之訴故
依訴放釋向事
山井面斗上宋淳琦呈以矣先山松楸安樂奎無難斫伐禁
斷之地事
題已送於該洞等訴之題而着實守護無至此等之
弊而若有更侵之端則這這痛治向事
栢谷面西水林基碩呈以本洞徐班家代結四負加錄於矣
家代結則詳査移錄事
題詳査歸正無使寃徵向事　該書員
陰城朴都事宅奴巡卜呈以　治下屈峙居崔班巡執處賭
牛二隻與來往浮貰推給事
題果如狀辭崔班無異賊心查實決處次崔班牽來白
事　狀奴
二十八日
梨谷面香林洞報以本洞七户内一户移作於萬花山則春
布與應役頉給事
題果若毁家移作則其户之布依洞報移定宜當向事　户布色
梨谷面梨谷柳基履呈以民之五代祖山肩甲族人寅恭晴英

其親抾至延之地事
題果如狀辭寅萩以其至親不顧至親之誼入葬於至親
五代祖塚肩甲至延之地此所謂借廳入室也對質決處
次寅萩即為率來向事　狀民
慶尚道醴泉李或石呈以小童鳩取雇錢結婚今忽背
婚至寃事
題汝之身勢飄零他鄉而況以總角幸得棄下三宿
之緣是如可棄田昌段海誓難期汝雖有尾生之信
其女之更耽他人不可說也向事
栢谷面上芳韓有龍呈以稷山居李萩鉉偷葬於民之
先山而屢次落科不掘事
題觀此所訴聞其文牘則李漢之當掘不掘可知矣即
為掘去無至枝囚督掘向事　使隻
白落面玉山申萩鉉呈以矣驛土結錢金明西為名漢仍
作已物終不備納使矣身觸當事
題同為公事舉行之地訴其所入分其所出無相葛藤可
也是去乙汝矣等胡為爭積久不和互相欲食是何人心
是於結錢則出於土地土地看檢者當徵納向事
栢谷面榆谷閏直長宅奴貴卜呈以矣宅置標於水門店
村後麓矣自韓叅議家任意掘標事

題觀其店紙則金連植手標也見其狀辭則閏奴貴卜之
白活也不得已許之果誰為之耶狀辭之頭尾甚不成說
韓奴金漢并為率來對卞向事　狀奴
二十九日
在囚金炳洙呈以今以橫罹之厄至此枷囚　特為處分事
題行此殊常之事是如可奸狀綻露烏可曰寃枉向事
清州權剡哲呈以屈峙林岐瑞處債錢一千三百兩具邊推給
之地事
題查實推給次林班岐瑞即為率待向事　主人
梨谷面守坪金仁萩呈以晚竹居林金两漢欲縛矣孀婦之
除動胎幾死事
題果如狀辭所謂林金两漢未知何許悖類是喻行此法
禁之事聞甚痛惡查實懲礪次林金两漢即刻捉待
向事　洞任亦眼同待令次　將差
三十日
邑底金在璘呈以月村面書員在條出給之地事
題從當出給矣姑俟處分向事
西巖上加民人李呈以金汗孫留居矣因移去他面則結錢
移徵于汗孫事
題詳查歸正無至寃徵向事　該書員

月村面蚕頭洞任柳祥雲呈以不知六戶結錢出秩于矣洞則
查實移徵事
題踏驗衿記何不移去移來是如可及其畢納之時有此
呼訴是何惡習是旀結錢之尚今延拖亦何民習歟事當
嚴懲是矣姑爲容恕是在果詳査都案籌板則汝矣洞
所當納之結也卽爲畢納無至杖罪宜當向事
栢谷面楡谷閔直長宅奴責卜與韓班山訟事追
題韓班金漢對質之場韓班言內稱以案山是遣金漢則
乘之先代塚前云其所當禁金漢也所謂先達則金漢之
甥姪也禁不禁責不責亶在乎金漢是遣不在乎他人
向事
栢谷面大三韓用直呈以民之親山龜案之地閔直長置標
故已爲掘送矣符同金漢誣訴眩亂事
題觀此訴聽其言則閔班之置塚於韓班之案也金漢之塚前卅
其所當禁非金而誰金則無一言半辭而汝之掘標可謂
越津乘船也坐於岳樓之上禁馬於洞庭湖七百里外之事
也汝之所禁如是不當向事
山井面星井鄭奴卜萬呈以矣宗畓盡賣於俞班處而結卜
九負七束出秩于矣宅名下則詳查移錄事
題田畓賣買時結卜去來何不消詳是如可今忽來訴責

在書員乎咎在官家乎賣買者同該書員詳査歸正向
事　追題歸正次俞班亭待次　狀奴
山井面下九李奴千禮呈以上九大卜戶結卜五負徵出於矣宅名
下還錄于大卜事
題詳査歸正向事　追題大卜戶亭待次　狀奴
月村面上龍鄭衍一呈以奉班處位土從時價還退事
題汝以位土事又有呼訴爲先之心不無是在果旣以從時價
還退則於奉班似無寃痛而從公歸正次奉班亭來向事狀民
梨谷面宮洞金奴廻丹呈以徐漢墓陳徵於矣宅至寃事
題徐漢墓陳之頉不頉何關於金民是喻沄有曲折是旀
徐漢雖云身故土地自在則結將焉歸乎向事
方洞面夫昌金永會呈以與白雲岳初無結卜相關而雲
岳之結錢徵於矣身事
題一諾重於千金況不多之結錢乎汝旣擔當則爲先
畢納是遣畓主之斗物依數放賣以充結錢之數宜當
向事
月村面城坪里任呈以矣洞畓名頉下之地事
題踏驗衿記時何不能詳去來是旀何不能詳指審是
如可及其畢納之時歸之於畓名責在書員耶咎在官
家耶農民捉囚官亦不得已行之者也結錢趁此農

時未納自有定式耶官家之收納總督耶民之所納遲

緩耶詳査之塲汝親目睹出語該洞使速了勘向事

月村面上龍許奴千禮呈以世奴安壓衣處矣上典無數被打

依法勘配事

題果如狀辭安漢之犯分罔甚痛歎査實嚴治次安漢

卽刻捉來向事　　差使

『사송록』 지명 일람표

분류	세분	항목	일련번호	설명
가)				
지명	동	가암(佳岩)	43, 188	현재 진천군 진천읍 가산리에 있는 마을. 마을 입구에 아름답고 큰 바위가 솟아 있어 가암(佳岩)이라 하였다. 또는 '갬절(개미절)'이라 하는데, 옛날에 이 마을에 작은 절이 있었는데 신도들이 개미같이 모여들어 개미절이라 속칭이 붙었다는 설과, 절 근처에 개미가 무수히 많아서 개미절이 되었다는 설도 있다. 조선시대에는 월촌면에 속했는데 1914년 행정구역 개편에 따라 다른 마을과 병합하여 가산리라 하고 군중면에 편입되었다. 군중면은 1917년에 진천면으로 개칭되었고, 1973년 진천면이 진천읍으로 승격되었다.
지명	외지	가암(佳巖) [청주]	319	현재 청주시 흥덕구 분평동에 속한 장암동 지역. 조선시대에는 청주군 남일하면에 속했는데 1914년 행정구역 개편에 따라 다른 마을과 병합하여 장암리라 하고 남일면에 편입했다. 1990년 장암동으로 개칭하여 청주시 산미분수곡동에 편입되었다. 1992년 산미분수곡동에서 수곡동이 분동되면서 산미분장동이 되었고 2008년에 분평동 관할로 편입되었다.
지명	산	가제곡 (可濟谷)	228	가재골의 한자식 표기로 보인다. 현재 진천군 덕산면 기전리 요골 동북쪽의 가재골 또는 덕산면 구산리 도장굴 남쪽의 가재골에 해당한다. 가재가 많다고 해서 가재골이라 불렀다. 조선시대에는 산정면에 속했는데 1914년 행정구역 개편에 따라 덕산면에 편입되었다.
지명	동	가척(加尺)	43, 48	현재 진천군 덕산면 신척리에 있는 마을. 지형이 가재형국이라 하여 가재울이라고도 한다. 조선시대에는 소답면에 속했는데 1914년 행정구역 개편에 따라 다른 마을과 병합하여 신척리라 하고 덕산면에 편입되었다.
지명	동	갈탄(葛灘)	243	현재 진천군 문백면 은탄리에 있는 마을. 갈궁저리라고도 한다. 조선시대에는 백락면에 속했는데 1914년 행정구역개편에 따라 다른 마을과 병합하여 은탄리라 하고 문백면에 편입되었다.

지명	동	개평(開坪)	147, 164, 171, 175	현재 진천군 백곡면 석현리에 있는 마을. 조선시대부터 백곡면에 속했는데 1914년 행정구역개편에 따라 다른 마을과 병합하여 석현리라고 했다.
지명	동	거락(巨洛)	158	현재 진천군 문백면 태락리에 있는 마을. 조선시대에는 서암면에 속했는데 1914년 행정구역개편에 따라 다른 마을과 병합하여 태락리라 하고 군중면에 편입되었다. 1917년 군중면을 진천면으로 개칭하였다. 태락리는 1930년 다시 문백면에 편입되었다.
지명	동	거락(巨洛)	149	'백락면 거락'은 '서암면 거락'의 오기로 보인다.
지명	동	고석(古石)	137	미상.
지명	동	고수(古水)	222, 293, 324	현재 진천군 덕산면 산수리에 있는 마을. 고수말이라고도 한다. 조선시대에는 방동면에 속했는데 1914년 행정구역개편에 따라 다른 마을과 병합하여 산수리라 하고 덕산면에 편입되었다.
지명	외지	곡천(曲川)[안성 북면]	37, 115	현재 안성시 보개면 곡천리. 내가 마을을 휘돌아서 흐르므로 고부내 또는 곡천이라 했다. 조선시대에는 기좌면에 속했는데 1914년 행정구역개편에 따라 보개면에 편입되었다. *북(좌)면과 가까운 지역이므로 '안성 북면 곡천'이라고 한 것으로 추정됨. 곡천(谷川)[안성 북면]은 곡천(曲川)의 다른 한자 표기로 보인다.
지명	동	괴상(槐上)	104	미상.
지명	동	교동(校洞)	326	현재 진천군 진천읍 교성리에 있는 마을. 진천향교가 있는 마을로, 행저골, 남산골이라고도 한다. 조선시대에는 남변면에 속했는데 1914년 행정구역개편에 따라 다른 마을과 병합하여 교성리라 하고 군중면에 편입되었다. 1917년 군중면이 진천면으로 개칭하였고, 1973년 진천면이 진천읍으로 승격했다.
지명	동	구봉(九峰)	36	현재 진천군 진천읍 장관리에 있는 마을. 뒷산이 아홉 봉우리로 되었다고 구봉이라 불렀다. 조선시대에는 행정면에 속했는데 1914년 행정구역개편에 따라 다른 마을과 병합하여 장관리라 하고 군중면에 편입되었다. 1917년 군중면을 진천면으로 개칭하였고, 1973년 진천면이 진천읍으로 승격했다.

지명	동	구수(九水, 九壽)	26, 97, 111, 136, 169, 193, 260, 261, 268, 272, 279, 295, 300	현재 진천군 백곡면 구수리. 구슬, 구수굴이라고도 한다. 조선시대부터 백곡면에 속했는데 1914년 행정구역개편에 따라 다른 마을과 병합하여 구수리라고 했다. 구수(九壽)는 구수(九水)의 다른 한자 표기로 보인다.
지명	동	구암(九巖)	280	현재 진천군 이월면 내촌리에 있는 마을. 조선시대에는 만승면에 속했는데 1914년 행정구역개편에 따라 다른 마을과 병합하여 내촌리라 했다. 1983년에 이월면에 편입되었다.
지명	동	구탄(九灘)	236, 288	현재 진천군 이월면 송림리에 있는 마을. 조선시대 이곡면에 속했는데 1914년 행정구역개편에 따라 다른 마을과 병합하여 송림리라 하고 이월면에 편입되었다.
지명	동	굴치(屈峙)	329, 337	현재 진천군 문백면 구곡리에 있는 마을. 굴티고개, 굴고개라고도 한다. 조선시대에는 문방면에 속했는데 1914년 행정구역개편에 따라 다른 마을을 병합하여 구곡리라 하고 문백면에 편입되었다.
지명	동	궁동(宮洞)	347	현재 진천군 이월면 노원리에 있는 마을. 궁골이라고도 한다. 조선시대 이곡면에 속했는데 1914년 행정구역개편에 따라 다른 마을과 병합하여 노원리라 하고 이월면에 편입되었다.
지명	동	근어(謹語)	23, 24	현재 진천군 이월면 내촌리에 있는 마을. 지형이 금붕어가 노는 형국이라 하여 근어골, 근네골이라고도 한다. 조선시대에는 만승면에 속했는데 1914년 행정구역개편에 따라 다른 마을과 병합하여 내촌리라 했다. 1983년에 이월면에 편입되었다.
지명	동	금성(錦城)	149	현재 진천군 진천읍 금암리에 있는 마을. 금성골, 금성굴이라고도 한다. 1914년 행정구역개편에 따라 다른 마을과 병합하여 금암리라 하고 군중면에 편입되었다. 1917년 군중면을 진천면으로 개칭하였고, 1973년 진천면이 진천읍으로 승격했다.
지명	동	기지(機池)	157, 290	현재 진천군 덕산면 기전리에 있는 마을. 트미실이라고도 한다. 조선시대에는 산정면에 속했는데 1914년 행정구역개편에 따라 다른 마을과 병합하여 기전리라 하고 덕산면에 편입되었다.

나)

지명	면	남변면(南邊面)		현재 진천군 진천읍 교성리, 신정리, 원덕리 일대. 1914년 행정구역개편에 따라 남변면은 북변면, 행정면, 성암면과 함께 군중면으로 통합되었다. 이후 1917년에 군중면이 진천면으로 개칭되었으며, 1973년에 진천면이 읍으로 승격되었다.
지명	동	내굴(內屈)	59, 64, 81, 85, 177, 213	현재 진천군 문백면 구곡리에 있는 마을. 내구(內九), 안굴티라고도 한다. 조선시대에는 문방면에 속했는데 1914년 행정구역개편에 따라 다른 마을과 병합하여 구곡리라 하고 문백면에 편입되었다. '문상면 내굴'이라고도 나오는데, 문상면은 문방면의 다른 이름이다.
지명	동	내당(內堂)	2, 16, 211	현재 진천군 이월면 내촌리에 있는 마을. 조선시대에는 만승면에 속했는데 1914년 행정구역개편에 따라 다른 마을과 병합하여 내촌리라 했다. 1983년에 이월면에 편입되었다. 내동의 일부는 1914년 장양리[현재 진천군 이월면]에 병합되었다.
지명	동	내동(內洞)	82, 93	미상. 내동(內洞)이 내곡(內谷, 안골, 백곡)의 별칭일 가능성이 있음. 내곡은 현재 진천군 백곡면 석현리에 있는 마을이다.
지명	동	내두(內斗)	237, 275	현재 진천군 진천읍 송두리에 있는 마을. '텃골'이라고도 한다. 조선시대에는 월촌면에 속했는데 1914년 행정구역개편에 따라 다른 마을과 병합하여 송두리라 하고 이월면에 편입되었다. 1983년에 진천읍에 편입되었다.
지명	동	노곡(老谷)	8, 29, 222, 232	현재 진천군 이월면 노원리에 있는 마을. 노은곡(老隱谷)이라고도 하며, 평산신씨(平山申氏) 세거지이다. 조선시대에는 이곡면에 속했는데 1914년 행정구역개편에 따라 다른 마을과 병합하여 노원리라 하고 이월면에 편입되었다.

다)

지명	동	대막(大幕, 大幙)	236, 288	현재 진천군 이월면 송림리에 있는 마을. 대막거리, 대막삼거리라고도 한다. 조선시대에는 이곡면에 속했는데 1914년 행정구역개편에 따라 다른 마을과 병합하여 송림리라 하고 이월면에 편입되었다.
지명	동	대명동(大明洞)	131	현재 진천군 백곡면 성대리에 있는 마을. 조선시대부터 백곡면에 속했는데 1914년 행정구역개편에 따라 다른 마을과 병합하여 성대리라고 했다.

지명	동	대삼(大三)	343	현재 진천군 백곡면 대문리에 있는 마을. 조선시대부터 백곡면에 속했는데 1914년 행정구역개편에 따라 다른 마을과 병합하여 대문리라고 했다.
지명	동	대음(大陰)	33, 148	현재 진천군 문백면 도하리에 있는 마을. 조선시대에는 백락면에 속했는데 1914년 행정구역개편에 따라 다른 마을과 병합하여 대음리라 하고 문백면에 편입되었다.
지명	동	덕가(德加)	19	현재 진천군 백곡면 용덕리에 있는 마을. 조선시대부터 백곡면에 속했는데 1914년 행정구역개편에 따라 다른 마을과 병합하여 용덕리라고 했다.
지명	면	덕문면(德文面)		현재 진천군 덕산면 산척리, 상신리, 중석리 일대. 1914년 행정구역개편에 따라 덕문면은 산정면, 방동면, 소답면 등과 함께 덕산면으로 통합되었다.
지명	동	덕배(德培)	103, 181, 184, 246	현재 진천군 진천읍 원덕리에 있는 마을. 조선시대에는 남변면에 속했는데 1914년 행정구역개편에 따라 다른 마을과 병합하여 원덕리라고 하고 군중면에 편입되었다. 군중면은 1917년에 진천면으로 개칭되었고, 1973년 진천면이 진천읍으로 승격되었다.
지명	동	도봉(道峰)	217, 229	현재 진천군 전천읍 장관리에 있는 마을. 약 700년 전에 도봉이라는 마을이 있었는데 병오년의 홍수로 인해 마을이 분산하여 구봉, 사미 등의 마을을 형성하였다고 한다. 조선시대에는 행정면에 속했는데 1914년 행정구역개편에 따라 다른 마을과 병합하여 장관리라 하고 군중면에 편입되었다. 군중면은 1917년에 진천면으로 개칭되었고, 1973년 진천면이 진천읍으로 승격되었다.
지명	동	도산(刀山)	117, 127, 202	현재의 진천군 이월면 중산리에 있는 지역. 뒷산이 칼처럼 생겼다고 해서 갈미라고도 한다. 조선시대에는 이곡면에 속했는데 1914년 행정구역개편에 따라 다른 마을과 병합하여 중산리라 하고 이월면에 편입되었다.
지명	동	동곡(東谷)	95	미상. 현재 이월면 동성리에 있는 동곡(황습배, 동실리)[조선시대 월촌면 속함]을 가리키는 것일 가능성이 있다. '서암면 동곡'이 '월촌면 동곡'의 오류일 가능성이 있다.

지명	동	동덕(東德)	63	현재 진천군 문백면 문덕리에 있는 마을. 문딕이라고도 한다. 조선시대에는 문방면에 속했는데 1914년 행정구역개편에 따라 다른 마을과 병합하여 문덕리라 하고 문백면에 편입되었다. '문상면 동덕'이라고 나오는데, 문상면은 문방면의 다른 이름이다.
지명	동	두건(斗建)	54, 119, 318, 323	현재 진천군 진천읍 건송리에 있는 마을. 조선시대에는 행정면에 속했는데 1914년 행정구역개편에 따라 다른 마을과 병합하여 장관리라 하고 군중면에 편입되었다. 군중면은 1917년에 진천면으로 개칭되었고, 1973년 진천면이 진천읍으로 승격되었다.
지명	산	두리산(頭里山)	214	현재 진천군 덕산면 석장리에 있는 두리봉을 가리키는 것으로 보인다. 석장리는 조선시대에 산정면에 속했는데 1914년 행정구역개편에 따라 다른 마을과 병합하여 석장리라 하고 덕산면에 편입되었다.
지명	동	두상(斗上)	78, 297, 298, 327	현재 진천군 초평면 금곡리에 있는 마을. 조선시대에는 산정면에 속했는데 1914년 행정구역개편에 따라 다른 마을과 병합하여 금곡리라 하고 초평면에 편입되었다.
지명	동	두촌(斗村)	294, 314	현재 진천군 덕산면 두촌리에 있는 마을. 조선시대에는 산정면에 속했는데 1914년 행정구역개편에 따라 다른 마을과 병합하고 덕산면에 편입되었다.

마)

지명	동	마차보(馬差洑)	234	'마차'에 있는 보(洑)를 가리키는 것으로 보인다. 현재 진천군 광혜원면 금곡리에 속한 마차리에 있었다. 마차리[모치울]는 조선시대에는 만승면에 속했는데 1914년 행정구역개편에 따라 다른 마을과 병합하여 금곡리라 했다. 2000년 만승면이 광혜원면으로 개칭되었다.
지명	동	만승(萬升)	63	현재 진천군 광혜원면 죽현리에 있는 마을. 만디, 만죽리라고도 한다. 조선시대에 만승면에 속했는데 1914년 행정구역개편에 따라 다른 마을과 병합하여 죽현리라 했다. 2000년 만승면이 광혜원면으로 개칭되었다.
지명	면	만승면(萬升面)		현재 진천군 광혜원면 일대. 조선시대부터 만승면이었는데 1914년 행정구역개편에 따라 경기 죽산면 남면 일부와 음성군 사다면 일부를 편입하였다. 1983년 행정구역개편에 따라 내촌리와 사당리가 이월면에 분속되었으며 2000년 만승면이 광혜원면으로 개칭되었다.

지명	동	만죽(晩竹)	6, 338	현재 진천군 광혜원면 죽현리에 있는 마을. 만승이라고도 한다. 조선시대에는 만승면에 속했는데 1914년 행정구역개편에 따라 다른 마을과 병합하여 죽현리라 했다. 2000년 만승면이 광혜원면으로 개칭되었다.
지명	동	매산(梅山)	146, 227, 262, 264, 270	충청북도 진천군 덕산면 산수리에 있는 마을. 뒷산의 모양이 매화와 같다고 해서 매산이라고 한다. 조선시대에는 방동면에 속했는데 1914년 행정구역개편에 따라 다른 마을과 병합하여 산수리라 하고 덕산면에 편입되었다.
지명	동	맹봉(孟峰)	282	미상.
지명	동	명신(明信)	83, 179, 311, 321	현재 진천군 백곡면 명암리에 있는 마을. 웃말, 명심(明心)이라고도 한다. 조선시대에 행정면에 속했는데 1914년 행정구역개편에 따라 다른 마을과 병합하여 명암리라 명명하고 군중면에 편입했다. 군중면은 1917년 진천면으로 개칭되었고, 1930년 백곡면에 편입되었다.
지명	동	목동(木洞)	283	현재 진천군 덕산면 합목리에 있는 마을. 목골, 목동(牧洞)이라고도 한다. 조선시대에는 소답면에 속했는데 1914년 행정구역개편에 따라 다른 마을과 병합하여 합목리라 하고 덕산면에 편입되었다. 목동(木洞)은 목동(牧洞)의 다른 표기일 가능성이 있다.
지명	외지	목천(木川)	25, 118, 170, 219, 313	현재 충남 천안시 목천읍, 동면, 병천면, 북면, 성남면, 수신면 지역. 조선시대에는 목천현이었는데 1894년에 군으로 승격되었다가 1914년 천안군에 편입되었다.
지명	동	묵동(墨洞)	135, 208, 223, 231	현재 진천군 진천읍 송두리에 있는 마을. 주민들이 먹을 만들어 팔았는데, 먹뱅이라고도 한다. 조선시대에는 월촌면에 속했는데 1914년 행정구역개편에 따라 다른 마을과 병합하여 송두리라 하고 이월면에 편입되었다. 1983년에 진천읍에 편입되었다.
지명	면	문방면(文方面) *별칭-문상면(文上面)		현재 진천군 문백면 구곡리, 문덕리, 사양리, 장월리, 평산리 일대. 1914년 행정구역개편에 따라 문방면은 백락면과 함께 문백면으로 통합되었다.
지명	동	문성(文城)	176	현재 진천군 진천읍 문봉리에 있는 마을. 조선시대에는 서암면에 속했는데 1914년 행정구역개편에 따라 다른 마을과 병합하여 문성리라 하고 군중면에 편입되었다. 1917년 군중면을 진천면으로 개칭하였고, 1973년 진천면이 진천읍으로 승격했다.

지명	동	미래(美來)	89, 99	현재 진천군 문백면 문덕리에 있는 마을. 미륵이 있었다고 해서 미력골이라고도 한다. 조선시대에는 문방면에 속했는데 1914년 행정구역개편에 따라 다른 마을과 병합하여 문덕리라 하고 문백면에 편입되었다. '문상면 미래'라고 나오는데, 문상면은 문방면의 다른 이름이다.

바)

지명	동	반하(盤下)	114	미상. 현재 진천군 이월면 사곡리에 있는 반지(盤池) 마을을 가리키는 가능성도 있음. 사곡리는 조선시대 이곡면에 속했는데 1914년 행정구역개편에 따라 다른 마을과 병합하여 사곡리라 하고 이월면에 편입되었다.
지명	동	방동(方洞)	258	현재 진천군 덕산면 산수리에 있는 마을. 방골, 방굴이라고도 했다. 조선시대에는 방동면에 속했는데 1914년 행정구역개편에 따라 다른 마을과 병합하여 산수리라 하고 덕산면에 편입되었다.
지명	면	방동면(方洞面)		현재 진천군 덕산면 산수리, 인산리, 화상리 일대. 1914년 행정구역개편에 따라 방동면은 덕문면, 산정면, 소답면 등과 함께 덕산면으로 통합되었다.
지명	동	백곡(栢谷)	286, 318, 322	현재 진천군 백곡면 석현리에 있는 마을. 안골, 내곡이라고도 한다. 조선시대부터 백곡면에 속했는데 1914년 행정구역개편에 따라 다른 마을과 병합하여 석현리라고 했다.
지명	면	백곡면(栢谷面)		현재 진천군 백곡면 일대. 조선시대부터 백곡면이었는데 1914년 행정구역개편에 따라 행정면 명암리를 편입하였고, 1930년 진천면 사송리를 편입하였다.
지명	동	백락리(白洛里)	27	미상. 27번 백락면 백락리 정해교의 소장. 연일정씨(延日鄭氏)의 세거지인 어은리(漁隱里, 은골)가 있는 현재 진천군 문백면 봉죽리일 가능성이 있음. 봉죽리는 조선시대에는 백락면에 속했는데 1914년 행정구역개편에 따라 다른 마을과 병합하여 봉죽리라 하고 문백면에 편입되었다.
지명	면	백락면(白洛面)		현재 진천군 문백면 계산리, 도하리, 봉죽리, 옥성리, 은탄리 일대. 1914년 행정구역개편에 따라 백락면은 문방면과 함께 문백면으로 통합되었다.
지명	동	보시동(保時洞)	185	미상.

지명	동	봉암(鳳岩)	5, 53	현재의 진천군 문백면 봉죽리에 있는 마을. 조선 영조 때의 학자 봉암(鳳岩) 채지홍(蔡之洪)이 머물렀다고 해서 봉암이라고 한다. 조선시대에는 백락면에 속했는데 1914년 행정구역개편에 따라 다른 마을과 병합하여 봉죽리라 하고 문백면에 편입되었다.
지명	동	봉평(鳳坪)	197	현재 진천군 진천읍 문봉리에 있는 마을. 조선시대에는 서암면에 속했는데 1914년 행정구역개편에 따라 다른 마을과 병합하여 문봉리라 하고 군중면에 편입되었다. 1917년 군중면이 진천면으로 개칭하였고, 1973년 진천면이 진천읍으로 승격했다.
지명	동	부창(夫昌)	12, 243, 348	현재 진천군 초평면 용정리에 있는 마을. 조선시대부터 초평면에 속했는데 1914년 행정구역개편에 따라 다른 마을과 병합하여 용정리라 했다. '방동면 부창'이라고 나오는데, 초평면 부창의 오기인 듯하다.
지명	면	북변면(北邊面)		현재 진천군 진천읍 벽암리, 성석리, 읍내리 일대. 1914년 행정구역개편에 따라 북변면은 남변면, 행정면, 성암면 등과 함께 군중면으로 통합되었다. 이후 1917년에 군중면이 진천면으로 개칭되었으며, 1973년에 진천면이 읍으로 승격되었다.
지명	동	비립(碑立)	3, 20	현재 진천군 진천읍 연곡리에 있는 마을. 비석이 있다 하여 비선골이라고도 한다. 조선시대에는 서암면에 속했는데 1914년 행정구역개편에 따라 다른 마을과 병합하여 연곡리라 하고 군중면에 편입되었다. 1917년 군중면을 진천면으로 개칭하였고, 1973년 진천면이 진천읍으로 승격했다.

사)

지명	외지	사동(寺洞) [목천]	170	현재 천안시 동남구 동면 광덕리에 있는 절골 마을. 옛날에 광덕사가 있었다고 하며 청주이씨의 세거지다. 조선시대에는 목천현 일동면에 속했는데 1914년 행정구역개편에 따라 다른 마을과 병합하여 광덕리라 하고 천안군 동면에 편입되었다.
지명	동	사산동(沙山洞)	30	현재 진천군 이월면 사당리에 있는 마을. 예언에 천명이 살 수 있는 땅이라고 해서 살천이라고도 한다. 조선시대에는 만승면에 속했는데 1914년 행정구역개편에 따라 다른 마을과 병합하여 사당리라 했다. 1983년에 이월면에 편입되었다.

지명	동	사정(沙亭)	133, 312	현재 진천군 백곡면 사송리에 있는 마을. 조선시대에는 행정면에 속했는데 1914년 행정구역개편에 따라 다른 마을과 병합하여 사송리라 명명하여 군중면에 편입했다. 군중면은 1917년에 진천면으로 개칭되었고, 1930년에 백곡면에 편입되었다.
지명	동	산석리(山石里)	254	현재 진천군 이월면 신계리에 있는 마을. 조선시대에는 이곡면에 속했는데 1914년 행정구역개편에 따라 다른 마을과 병합하여 신계리라 하고 이월면에 편입되었다.
지명	면	산정면(山井面)		현재 진천군 덕산면 구산리, 기전리, 두촌리, 석장리, 옥동리 일대. 1914년 행정구역개편에 따라 산정면은 덕문면, 방동면, 소답면 등과 함께 덕산면으로 통합되었다.
지명	동	산직(山直)	18, 152	현재 진천군 진천읍 산척리에 있는 마을. 경주이씨 산지기가 살았다고 해서 산직말, 산직리라고도 한다. 조선시대에는 덕문면에 속했는데 1914년 행정구역개편에 따라 다른 마을과 병합하여 산척리라 하고 덕산면에 편입되었다. 1930년 진천면에 편입되었다. 1973년 진천면이 진천읍으로 승격되었다.
지명	동	삼선(三仙)	5, 132	현재 진천군 초평면 신통리에 있는 마을. 예전에 신선 셋이 흰 꿩 세 마리를 데리고 놀던 곳이라 하여 톳골, 삼선이라고도 한다. 조선시대부터 초평면에 속했는데 1914년 행정구역개편에 따라 다른 마을과 병합하여 신통리라 했다.
지명	외지	삼한(三閑)[충주]	150	현재 음성군 대소면 삼정2리 삼한이 마을. 조선시대에는 충주목 대조곡면에 속했는데 1906년 음성군에 편입되었고 1914년 행정구역개편에 따라 다른 마을과 병합하여 삼정리라 하고 음성군 대소면에 편입되었다.
지명	동	상가(上加)	55, 244, 267, 340	현재 진천군 진천읍 지암리에 있는 마을. 조선시대에는 서암면에 속했는데 1914년 행정구역개편에 따라 다른 마을과 병합하여 지암리라 하고 군중면에 편입되었다. 1917년 군중면을 진천면으로 개칭하였고, 1973년 진천면이 진천읍으로 승격했다.
지명	동	상가(上加, 上佳)	9, 70, 84, 138, 287	현재 진천군 진천읍 상신리에 있는 마을. 지형이 우렁처럼 생겼다고 해서 우렁터라고도 한다. 조선시대에는 덕문면에 속했는데 1914년 행정구역개편에 따라 다른 마을과 병합하여 상신리라 하고 덕산면에 편입되었다. 1983년 진천읍에 편입되었다.

지명	동	상고(上古)	142	현재 진천군 덕산면 화상리에 있는 마을. 위고재, 상고척이라고도 한다. 조선시대에는 방동면에 속했는데 1914년 행정구역개편에 따라 다른 마을과 병합하여 화상리라 하고 덕산면에 편입되었다.
지명	동	상곡(上谷)	226	현재 진천군 진천읍 연곡리에 있는 마을. 조선시대에는 서암면에 속했는데 1914년 행정구역개편에 따라 다른 마을과 병합하여 연곡리라 하고 군중면에 편입되었다. 1917년 군중면이 진천면으로 개칭하였고, 1973년 진천면이 진천읍으로 승격했다.
지명	동	상구(上九)	345	현재 진천군 덕산면 구산리에 있는 마을. 웃개미실이라고도 한다. 조선시대에는 산정면에 속했는데 1914년 행정구역개편에 따라 다른 마을과 병합하여 구산리라 하고 덕산면에 편입되었다.
지명	동	상덕(上德)	60, 187, 305	현재 진천군 진천읍 삼덕리에 있는 마을. 웃덕문이라고도 한다. 조선시대에는 덕문면에 속했는데 1914년 행정구역개편에 따라 다른 마을과 병합하여 삼덕리라 하고 덕산면에 편입되었다가 1930년 진천면에 편입되었다. 1973년 진천면이 진천읍으로 승격되었다.
지명	동	상로(上蘆)	333	현재 진천군 백곡면 갈월리에 있는 마을. 소터골이라고도 한다. 조선시대부터 백곡면에 속했는데 1914년 행정구역개편에 따라 다른 마을과 병합하여 갈월리라고 했다.
지명	동	상룡(上龍)	56, 233, 249, 250, 277, 316, 346, 350	현재 진천군 이월면 삼용리에 있는 마을. 조선시대에는 이곡면에 속했는데 1914년 행정구역개편에 따라 다른 마을과 병합하여 삼용리라 하고 이월면에 편입되었다.
지명	동	상리(上里)	87	현재 진천군 진천읍 읍내리에 있는 마을. 조선시대에는 북변면에 속했는데 1914년 행정구역개편에 따라 다른 마을과 병합하여 읍내리라 하고 군중면에 편입되었다. 군중면은 1917년에 진천면으로 개칭되었고, 1973년 진천면이 진천읍으로 승격되었다.
지명	동	상목(上木, 上沐)	118, 125	현재 진천군 진천읍 상계리에 있는 마을. 위멱수라고도 한다. 조선시대에는 서암면에 속했는데 1914년 행정구역개편에 따라 다른 마을과 병합하여 상계리라 하고 군중면에 편입되었다. 1917년 군중면이 진천면으로 개칭되었고, 1973년 진천면이 진천읍으로 승격했다.

지명	동	상백(上白, 上栢)	106, 107, 110, 144, 162, 182, 192, 210	충청북도 진천군 백곡면 양백리에 있는 마을. 웃말이라고도 한다. 조선시대부터 백곡면에 속했는데 1914년 행정구역개편에 따라 다른 마을과 병합하여 양백리라고 했다.
지명	동	상사(上沙)	40, 134	현재 진천군 이월면 사곡리에 있는 마을. 조선시대 이곡면에 속했는데 1914년 행정구역개편에 따라 다른 마을과 병합하여 사곡리라 하고 이월면에 편입되었다.
지명	동	상월(上月)	35, 81, 212	현재 진천군 이월면 신월리에 있는 마을. 열마지기, 십두락이라고도 한다. 조선시대에는 월촌면에 속했는데 1914년 행정구역개편에 따라 다른 마을과 병합하여 신월리라 하고 이월면에 편입되었다.
지명	동	상통(上通)	309	현재 진천군 초평면 신통리에 있는 마을. 음성군과 경계 지역이므로 진천말(鎭川末)이라고도 한다. 조선시대부터 초평면에 속했는데 1914년 행정구역개편에 따라 다른 마을과 병합하여 신통리라 했다.
지명	동	서수(西水)	15, 328	현재 진천군 백곡면 갈월리에 있는 마을. 서수원(西水院)이라고도 한다. 조선시대부터 백곡면에 속했는데 1914년 행정구역개편에 따라 다른 마을과 병합하여 갈월리라고 했다.
지명	면	서암면(西岩面)=성암면(聖巖面)		현재 진천군 진천읍 금암리, 문봉리, 사석리, 상계리, 연곡리, 지암리 일대. 1914년 행정구역개편에 따라 서암(성암)면은 남변면, 북변면, 행정면과 함께 군중면으로 통합되었다. 이후 1917년에 군중면이 진천면으로 개칭되었으며, 1973년에 진천면이 읍으로 승격되었다.
지명	동	성전(聖殿)	310	향교성전(鄕校聖殿)을 가리키는 것으로 보인다. 진천향교는 현재 진천군 진천읍 교성리 행저골에 있다. 교성리는 조선시대에는 남변면에 속했는데 1914년 행정구역개편에 따라 다른 마을과 병합하여 교성리라 하고 군중면에 편입되었다. 1917년 군중면이 진천면으로 개칭되고, 1973년 진천면이 진천읍으로 승격했다.
지명	동	성정(星井)	57, 344	미상.
지명	동	성평(城坪)	2, 35, 45, 174, 203, 211, 265, 349	현재 진천군 이월면 동성리에 있는 마을. 잿들이라고도 한다. 조선시대에는 월촌면에 속했는데 1914년 행정구역개편에 따라 다른 마을과 병합하여 동성리라 하고 이월면에 편입되었다.

지명	동	성평(聖坪)	265	현재 진천군 진천읍 성석리에 있는 마을. 조선시대에는 북변면에 속했는데 1914년 행정구역개편에 따라 다른 마을과 병합하여 성석리라 하고 군중면에 편입되었다. 1917년 군중면이 진천면으로 개칭되고, 1973년 진천면이 진천읍으로 승격했다.
지명	동	소강정(小江亭)	80	현재 충청북도 진천군 진천읍 신정리에 있는 마을. 소강정이, 신대리라고도 한다. 백곡천 변에 있었던 조선시대 정자 이름에서 유래했다. 백곡천의 옛 이름은 세금천으로, 이 세금천의 절벽 위에 약천(藥泉) 남구만(南九萬)이 정자를 세웠다고 전한다. 조선시대에는 남변면에 속했는데 1914년 행정구역개편에 따라 다른 마을과 병합하여 신정리라 하고 군중면에 편입되었다. 군중면은 1917년에 진천면으로 개칭되었고, 1973년 진천면이 진천읍으로 승격되었다.
지명	면	소답면(所畓面)		현재 진천군 덕산면 신척리, 용몽리, 한천리, 합목리 일대. 1914년 행정구역개편에 따라 소답면은 덕문면, 방동면, 산정면 등과 함께 덕산면으로 통합되었다.
지명	동	송현(松峴)	232, 285	현재 진천군 이월면 송림리에 있는 마을. 안말이라고도 한다. 조선시대에는 이곡면에 속했는데 1914년 행정구역개편에 따라 다른 마을과 병합하여 송림리라 하고 이월면에 편입되었다.
지명	동	수문(水門)	151, 335	현재 진천군 백곡면 대문리에 있는 마을. 조선시대부터 백곡면에 속했는데 1914년 행정구역개편에 따라 다른 마을과 병합하여 대문리라고 했다.
지명	동	수평(守坪)	338	현재 진천군 이월면 사곡리에 있는 마을. 옛날에 도적이 많았을 때 이 마을에서 도둑을 지켰다고 해서 수평(守坪)이라 한다. 조선시대 이곡면에 속했는데 1914년 행정구역개편에 따라 다른 마을과 병합하여 사곡리라 하고 이월면에 편입되었다.
지명	동	습지(濕地, 濕池)	77, 87, 92	현재 진천군 덕산면 화상리에 있는 마을. 지미실이라고도 한다. 조선시대에는 방동면에 속했는데 1914년 행정구역개편에 따라 다른 마을과 병합하여 화상리라 하고 덕산면에 편입되었다.
지명	동	신리(新里)	165	현재 진천군 진천읍 지암리에 있는 마을. 새말이라고도 한다. 조선시대에 서암면에 속했는데 1914년 행정구역개편에 따라 다른 마을과 병합하여 지암리라 하고 군중면에 편입되었다. 1917년 군중면을 진천면으로 개칭하였고, 1973년 진천면이 진천읍으로 승격했다.

지명	동	쌍호(雙湖)	284	현재 진천군 이월면 미잠리에 있는 마을. 바람부리라고도 한다. 조선시대에는 월촌면에 속했는데 1914년 행정구역개편에 따라 다른 마을과 병합하여 미잠리라 하고 이월면에 편입되었다.

아)

지명	외지	악양루 (岳陽樓) [중국]	343	중국 후난성 동정호구 악주부(岳州府)에 있는 부성(府城)의 서쪽문 누각. 동정호 동안에 위치하여 호수를 한눈에 전망할 수 있고 풍광이 아름다운 것으로 널리 알려져 있다.
지명	외지	양지리 (陽地里) [청주 북면]	109	현재 충북 청원군 오창읍 양지리. 조선시대에는 청주목 북강외일하면에 속했는데 1914년 행정구역개편에 따라 다른 마을과 병합하여 양지리라 하고 오창면에 편입되었다. 1949년 청주군에서 청원군으로 편제되었고, 2007년 읍으로 승격되었다.
지명	동	양촌(楊村)	90, 98, 320	현재 진천군 초평면 용정리에 있는 마을. 경주이씨(慶州李氏)의 세거지다. 조선시대부터 초평면에 속했는데 1914년 행정구역개편에 따라 다른 마을과 병합하여 용정리라 했다.
지명	동	어두앙 (魚頭央)	215	현재 진천군 이월면 신계리에 있는 마을. 어당(魚堂)이, 어두라고도 한다. 조선시대에는 만승면에 속했는데 1914년 행정구역개편에 따라 다른 마을과 병합하여 신계리라 하고 이월면에 편입되었다.
지명	동	어은(漁隱)	167	현재 진천군 초평면 영구리에 있는 마을. 서울에서 낙향한 경주이씨가 은퇴하여 한가한 날을 보냈다고 해서 은골, 어은이라고 한다. 조선시대부터 초평면에 속했는데 1914년 행정구역개편에 따라 다른 마을과 병합하여 영구리라 했다.
지명	동	영신 (永新, 榮新)	70, 75, 84	현재 진천군 초평면 오갑리에 있는 마을. 새말이라고도 한다. 조선시대에는 산정면에 속했는데 1914년 행정구역개편에 따라 다른 마을과 병합하여 오갑리라 하고 덕산면에 편입되었다가 1930년에 초평면에 편입되었다. 영신(榮新)은 영신(永新)의 다른 한자 표기로 보인다.
지명	동	옥동(玉洞)	190	현재 진천군 덕산면 옥동리. 옥이 난다고 해서 옥골, 옥동이라고도 한다. 조선시대에는 산정면에 속했는데 1914년 행정구역개편에 따라 다른 마을과 병합하여 옥동리라 하고 덕산면에 편입되었다.

지명	동	옥산(玉山)	145, 263, 271, 273, 334	現在 진천군 문백면 옥성리에 있는 마을. 앞에 낮은 산이 있다고 해서 오미라고도 한다. 조선시대에는 백락면에 속했는데 1914년 행정구역개편에 따라 다른 마을과 병합하여 옥성리라 하고 문백면에 편입되었다.
지명	동	옹암(瓮岩, 瓮巖)	32, 122, 193, 274, 295, 300, 302, 308	현재 진천군 진천읍 삼덕리에 있는 마을. 독바위라고도 한다. 조선시대에는 북변면에 속했는데 1914년 행정구역개편에 따라 다른 마을과 병합하여 삼덕리라 하고 덕산면에 편입되었다가 1930년 진천면에 편입되었다. 1973년 진천면이 진천읍으로 승격되었다.
지명	동	옹정(瓮井)	166	현재 진천군 진천읍 신정리에 있는 마을. 도구머리라고도 한다. 조선시대에는 남변면에 속했는데 1914년 행정구역개편에 따라 다른 마을과 병합하여 신정리라고 하고 군중면에 편입되었다. 군중면은 1917년에 진천면으로 개칭되었고, 1973년 진천면이 진천읍으로 승격되었다.
지명	외지	와곡(瓦谷) [목천]	25	현재 천안시 동남구 북면 오곡리에 있는 마을. 조선시대에는 목천현 북면에 속했는데 1914년 행정구역개편에 따라 다른 마을과 병합하여 오곡리라 하고 천안군 북면에 편입되었다.
지명	동	와조동(瓦鳥洞)	133	현재 진천군 백곡면 석현리에 있던 마을. 왁새골이라고도 한다. 조선시대부터 백곡면에 속했는데 1914년 행정구역개편에 따라 다른 마을과 병합하여 석현리라고 했다. 1927년에 폐동이 되었다고 한다.
지명	동	외굴(外屈)	185	현재 진천군 문백면 구곡리에 있는 마을. 외구(外九), 박굴티라고도 한다. 조선시대에는 문방면에 속했는데 1914년 행정구역개편에 따라 다른 마을과 병합하여 구곡리라 하고 문백면에 편입되었다.
지명	동	외당(外堂)	113, 284	현재 진천군 이월면 사당리에 있는 마을. 관지미라고도 한다. 조선시대에는 만승면에 속했는데 1914년 행정구역개편에 따라 다른 마을과 병합하여 사당리라 했다. 1983년에 이월면에 편입되었다.
지명	동	외두(外斗)	232, 237	현재 진천군 진천읍 송두리에 있는 마을. 지형이 바가지 같이 생겨서 박말(방말)이라고도 한다. 경주이씨의 세거지이다. 조선시대에는 월촌면에 속했는데 1914년 행정구역개편에 따라 다른 마을과 병합하여 송두리라 하고 이월면에 편입되었다.

지명	동	용소(龍沼)	209	현재 진천군 광혜원면 금곡리에 있던 마을. 용소께라고도 한다. 조선시대에는 만승면에 속했는데 1914년 행정구역개편에 따라 다른 마을과 병합하여 금곡리라 했다. 2000년 만승면이 광혜원면으로 개칭되었다.
지명	동	용진(龍津)	19, 207, 256	현재 진천군 백곡면 용덕리에 있는 마을. 조선시대부터 백곡면에 속했는데 1914년 행정구역개편에 따라 다른 마을과 병합하여 용덕리라고 했다.
지명	동	원동(院洞)	105	현재 진천군 진천읍 원덕리에 있는 마을. 조선시대에는 남변면에 속했는데 1914년 행정구역개편에 따라 다른 마을과 병합하여 원덕리라 하고 군중면에 편입되었다. 군중면은 1917년에 진천면으로 개칭되었고, 1973년 진천면이 진천읍으로 승격되었다.
지명	동	원암(元岩)	21	현재 진천군 문백면 문덕리에 있는 마을. 자라바위라고도 한다. 조선시대에는 문방면에 속했는데 1914년 행정구역개편에 따라 다른 마을과 병합하여 문덕리라 하고 문백면에 편입되었다.
지명	동	원앙(元央)	135	현재 진천군 진천읍 신정리에 있는 마을. 원앙골이라고도 한다. 조선시대에는 남변면에 속했는데 1914년 행정구역개편에 따라 다른 마을과 병합하여 신정리라 하고 군중면에 편입되었다. 군중면은 1917년에 진천면으로 개칭되었고, 1973년 진천면이 진천읍으로 승격되었다.
지명	동	월굴(月屈)	159	현재 진천군 광혜원면 월성리에 있던 마을. 조선시대에는 만승면에 속했는데 1914년 행정구역개편에 따라 다른 마을과 병합하여 월성리라 했다. 2000년 만승면이 광혜원면으로 개칭되었다.
지명	면	월촌면(月村面)		현재 진천군 이월면 가산리, 동성리, 미잠리, 삼용리, 송두리, 신월리 일대. 1914년 행정구역개편에 따라 월촌면은 이곡면과 함께 이월면으로 통합되었다.
지명	동	유곡(楡谷)	19, 245, 256, 335, 342	현재 진천군 백곡면 용덕리에 있는 마을. 조선시대부터 백곡면에 속했는데 1914년 행정구역개편에 따라 다른 마을과 병합하여 용덕리라고 했다.
지명	동	은성(銀城)	200, 216	현재 진천군 문백면 은탄리에 있는 마을. 은재라라고도 한다. 조선시대에는 백락면에 속했는데 1914년 행정구역개편에 따라 다른 마을과 병합하여 은탄리라 하고 문백면에 편입되었다.

지명	동	읍저(邑底)	74, 167, 207, 221, 339	현재 진천군 진천읍 읍내리 지역. 조선시대에는 진천현의 치소가 있었으므로 남변면 지역을 읍내(邑內)라 불렀다. 1914년 행정구역개편에 따라 다른 마을과 병합하여 읍내리라 하고 군중면에 편입되었다. 군중면은 1917년에 진천면으로 개칭되었고, 1973년 진천면이 진천읍으로 승격되었다.
지명	동	이곡(利穀)	331	현재 진천군 이월면 사곡리에 있는 마을. '은행정'이라고도 한다. 조선시대 이곡면에 속했는데 1914년 행정구역개편에 따라 다른 마을과 병합하여 사곡리라 하고 이월면에 편입되었다. 이곡(利穀)은 이곡(梨谷)의 다른 표기로 보인다.
지명	면	이곡면(梨谷面)		현재 진천군 이월면 노원리, 사곡리, 송림리, 신계리, 장양리, 중산리 일대. 1914년 행정구역개편에 따라 이곡면은 월촌면과 함께 이월면으로 통합되었다.
지명	동	이목(梨木)	241	현재 진천군 광혜원면 회죽리에 있는 마을. 배나무골이라고도 한다. 조선시대에 만승면에 속했는데 1914년 행정구역개편에 따라 다른 마을과 병합하여 회죽리라 했다. 2000년 만승면이 광혜원면으로 개칭되었다.
지명	외지	이인(利仁)[공주]	4, 17	현재 공주시 이인면 이인리 지역. 조선시대에는 공주목 목동면에 속했는데 1942년 목동면에서 이인면으로 개칭하면서 이인면에 속하게 되었다.
지명	동	이치(梨峙)	58, 129, 273, 303	현재 진천군 문백면 평산리에 있는 마을. 배티라고도 한다. 조선시대에는 문방면에 속했는데 1914년 행정구역개편에 따라 다른 마을과 병합하여 평산리라 하고 문백면에 편입되었다. '문상면 이치'라고도 나오는데, 문상면은 문방면의 다른 이름이다.
지명	동	일영(日永)	124, 251, 291, 306	현재 진천군 이월면 장양리에 있는 마을. 세종 때 일영대(日影臺)가 있다고 해서 일영, 일영거리라고도 한다. 조선시대 이곡면에 속했는데 1914년 행정구역개편에 따라 다른 마을과 병합하여 장양리라 하고 이월면에 편입되었다.
지명	동	입장(笠長)	173, 178, 189	현재 진천군 진천읍 지암리에 있는 마을. 지형이 갓처럼 생겼다고 해서 입장골이라고도 한다. 조선시대에는 서암면에 속했는데 1914년 행정구역개편에 따라 다른 마을과 병합하여 지암리라 하고 군중면에 편입되었다. 1917년 군중면이 진천면으로 개칭하였고, 1973년 진천면이 진천읍으로 승격했다.

자)

지명	동	자래리(自來里)	179	현재 진천군 이월면 동성리에 있는 마을. 자내실, 자래곡이라고도 한다. 조선시대에는 월촌면에 속했는데 1914년 행정구역개편에 따라 다른 마을과 병합하여 동성리라 하고 이월면에 편입되었다.
지명	동	잠두(蠶頭)	341	현재 진천군 이월면 미잠리에 있는 마을. 누에머리처럼 생긴 산 아래 있다고 해서 누에머리라고도 한다. 조선시대에는 월촌면에 속했는데 1914년 행정구역개편에 따라 다른 마을과 병합하여 미잠리라 하고 이월면에 편입되었다.
지명	동	장결보(長結洑)	155	현재 진천군 이월면 삼룡리에 있는 보. 조선시대에는 월촌면에 속했는데 1914년 행정구역개편에 따라 이월면에 편입되었다.
지명	동	장관(長管)	118, 298, 312, 325	현재 진천군 진천읍 장관리에 있는 마을. 조선시대에는 행정면에 속했는데 1914년 행정구역개편에 따라 다른 마을과 병합하여 장관리라 하고 군중면에 편입되었다. 1917년 군중면이 진천면으로 개칭되었고, 1973년 진천면이 진천읍으로 승격했다.
지명	동	장산(長山)	130, 156, 191, 225	미상. 현재 진천군 이월면 장양리(長楊里)의 별칭일 가능성이 있다.
지명	동	장암(帳岩, 長岩)	77, 268	현재 진천군 덕산면 석장리에 있는 마을. 아래돌실, 하석(下石)이라고도 한다. 조선시대에는 산정면에 속했는데 1914년 행정구역개편에 따라 다른 마을과 병합하여 석장리라 하고 덕산면에 편입되었다. 장암(長岩)은 장암(帳岩)의 다른 표기로 보인다.
지명	동	장야평(長夜坪)	13	미상. '장양(長楊)'의 오기일 가능성이 있다.
지명	동	장양(長楊)	7, 14, 49, 199, 224, 301, 307	현재 이월면 장양리. 조선시대 장양역(長楊驛)이 있어서 장양, 역말, 역촌이라고도 한다. 조선시대 이곡면에 속했는데 1914년 행정구역개편에 따라 다른 마을과 병합하여 장양리라 하고 이월면에 편입되었다.
지명	역	장양역(長楊驛)	91, 259	현재 충청북도 진천군 이월면 장양리 일대에 있었던 역참이다. 고려시대에는 충청도에 속한 주요 역참의 하나였으며, 조선시대에는 충청좌도 율봉도(栗峰道) 찰방 소속이었다. 1751년(영조 41)에 편찬된 『여지도서(輿地圖書)』 진천현 역원 방리조에 의하면, 장양역

				은 말 15필과 역리 38명, 남자 노비 66명, 여자 노비 30명이 있었고, 장양역이 있는 곳은 편호 98호, 남자 193명, 여자 210명이나 되는 큰 역마을이었다고 기록되어 있다. 장양역은 원래 이월면 장양리 원장양 마을에 있었으나, 1900년에 작성된 진천군 양안(量案)에는 노곡리(老谷里)로 기록된 것으로 보아 장양역이 조선 후기 어느 시기에 원장양 마을에서 노곡리로 이전되어 기능을 유지해 왔음을 알 수 있다.
지명	동	장척(長尺)	187	현재 진천군 진천읍 산척리에 있는 마을. 장자울이라고도 한다. 조선시대에는 덕문면에 속했는데 1914년 행정구역개편에 따라 다른 마을과 병합하여 산척리라 하고 덕산면에 편입되었다. 1930년 진천면에 편입되었다. 1973년 진천면이 진천읍으로 승격되었다.
지명	동	적현(笛峴)	44, 121, 128, 281	충북 진천군 진천읍 벽암리에 있는 마을. 겨자머기, 저자매기라고도 한다. 조선시대에는 남변면에 속했는데 1914년 행정구역개편에 따라 다른 마을과 병합하여 벽암리라 하고 군중면에 편입되었다. 군중면은 1917년에 진천면으로 개칭되었고, 1973년 진천면이 진천읍으로 승격되었다.
지명	외지	전의(全義)	3, 10, 39	현재 충남 연기군 전의면, 전동면 지역. 조선시대에는 연기현이었는데 1895년 군으로 승격했다가 1914년 연기군에 편입되었다.
지명	동	점촌(店村)	335	현재 진천군 광혜원면 금곡리에 있던 마을. 조선시대에는 만승면에 속했는데 1914년 행정구역개편에 따라 다른 마을과 병합하여 금곡리라 했다. 2000년 만승면이 광혜원면으로 개칭되었다.
지명	동	주구(周九)	212	현재 진천군 진천읍 가산리에 있는 마을. 지형이 거북이 숨어 있는 것 같다고 하여 은구리(隱九里, 隱龜里)라고도 한다. 조선시대에는 월촌면에 속했는데 1914년 행정구역개편에 따라 다른 마을과 병합하여 가산리라 하고 이월면에 편입되었다. 1983년에 진천읍에 편입되었다.
지명	동	주평(周坪)	88	미상. 현재 진천군 진천읍 성석리에 있는 주평(舟坪, 벌터)일 가능성이 있음. 성석리는 북변면 지역인데 월촌면 내두리 일부를 병합했으므로, 주평[벌터]이 내두리 지역이었다면 주평(周坪)이 주평(舟坪, 벌터)일 것이다.

지명	외지	죽산(竹山)	106, 107, 110, 182	현재 경기 안성시 죽산면, 일죽면, 삼죽면 지역과 용인시 원삼면, 백암면 지역. 조선초기에는 죽산현이었는데 1596년 도호부로 승격했고 1895년 군으로 바뀌었다가 1914년 안성군과 용인군에 편입되었다.
지명	동	중리(中里)	187	현재 진천군 초평면 중석리에 있는 마을. 중말, 덕문이라고도 한다. 조선시대에는 덕문면에 속했는데 1914년 행정구역개편에 따라 다른 마을과 병합하여 중석리라 하고 덕산면에 편입되었다. 1983년에 초평면에 편입되었다.
지명	동	중방(中方)	238, 276	현재 진천군 덕산면 산수리에 있는 마을. 경주정씨(慶州鄭氏)의 세거지였다. 조선시대에는 방동면에 속했는데 1914년 행정구역개편에 따라 다른 마을과 병합하여 산수리라 하고 덕산면에 편입되었다.
지명	동	중보(中洑)	317	현재 진천군 이월면 중산리에 있는 지역. 마을 근방에 보(洑)가 셋 있는데 그 복판에 있는 보 근처라 하여 중보개, 중복, 중복개라고도 한다. 조선시대에는 이곡면에 속했는데 1914년 행정구역개편에 따라 다른 마을과 병합하여 중산리라 하고 이월면에 편입되었다.
지명	동	지구동(池九洞)	312, 325	현재 진천군 백곡면 사송리에 있는 마을. 지구머리라고도 한다. 조선시대에는 행정면에 속했는데 1914년 행정구역개편에 따라 사송리라 하고 군중면에 편입되었다. 1917년 군중면이 진천면으로 개칭되었고, 1973년 진천면이 진천읍으로 승격했다.
지명	동	지석(支石)	13, 166, 299, 304, 308	현재 진천군 진천읍 성석리에 있는 마을. 고인돌이 많아서 괸돌이라고도 한다. 조선시대에는 북변면에 속했는데 1914년 행정구역개편에 따라 다른 마을과 병합하여 성석리라 하고 군중면에 편입되었다. 1917년 군중면이 진천면으로 개칭되었고, 1973년 진천면이 진천읍으로 승격했다.
지명	동	진석(眞石)	66, 79	미상.

차)

지명	동	차상(次上)	4, 17, 60, 187	현재 진천군 진천읍 삼덕리에 있는 마을. 조선시대에는 덕문면에 속했는데 1914년 행정구역개편에 따라 다른 마을과 병합하여 삼덕리라 하고 덕산면에 편입되었다가 1930년 진천면에 편입되었다. 1973년 진천면이 진천읍으로 승격되었다.
지명	동	차하(次下)	60, 187	미상

지명	외지	청안(淸安)	111, 120, 136, 260	현재 충북 괴산군의 청안면, 증평군의 증평읍, 도안면, 청원군의 북이면 일부와 오창면 일부 지역. 조선시대에는 청안현이었는데 1895년 군이 되었다가 1914년 괴산군에 편입되었다. 2003년에 증평군이 신설되면서 증평읍, 도안면이 다시 편입되었다.
지명	면	초평면(草坪面)		현재 진천군 초평면 일대. 조선시대부터 초평면이었는데 1914년 행정구역개편에 따라 산정면 일부와 문방면 일부를 편입하였다. 1930년 덕산면과 문백면, 청원군의 북이면 일부를 편입하였다.
지명	동	추동(楸洞)	31, 42, 123	현재 진천군 문백면 사양리에 있는 마을. 가래나무가 많아서 가래골이라고 한다. 조선시대에는 문방면에 속했는데 1914년 행정구역개편에 따라 다른 마을과 병합하여 사양리라 하고 문백면에 편입되었다. '문상면 추동'이라고도 나오는데, 문상면은 문방면의 다른 이름이다.
지명	동	칠리(七里)	126	미상. 126번 '백곡면 칠리'는 동리의 이름이 아니라 백곡면 7개 리(里)의 의미로 보인다.

타)

지명	동	통산(通山)	143	현재 진천군 문백면 평산리에 있는 마을. 성주머니, 통미라고도 한다. 조선시대에는 문방면에 속했는데 1914년 행정구역개편에 따라 다른 마을과 병합하여 평산리라 하고 문백면에 편입되었다.

파)

지명	동	평정(平亭)	214	미상.

하)

지명	동	하가(下加)	287	현재 진천군 진천읍 상신리에 있는 마을. 조선시대에는 덕문면에 속했는데 1914년 행정구역개편에 따라 다른 마을과 병합하여 상신리라 하고 덕산면에 편입되었다. 1983년 진천읍에 편입되었다.
지명	동	하구(下九)	62, 69, 77, 345	현재 진천군 덕산면 구산리에 있는 마을. 아래개미실이라고도 한다. 조선시대에는 산정면에 속했는데 1914년 행정구역개편에 따라 다른 마을과 병합하여 구산리라 하고 덕산면에 편입되었다.
지명	동	하룡(下龍)	22, 52	현재 진천군 이월면 삼용리에 있는 마을. 조선시대에는 이곡면에 속했는데 1914년 행정구역개편에 따라 다른 마을과 병합하여 삼용리라 하고 이월면에 편입되었다.

지명	동	하리(下里)	141, 194	현재 진천군 진천읍 행정리에 있는 마을. 조선시대에는 행정면에 속했는데 1914년 행정구역개편에 따라 다른 마을과 병합하여 행정리라 하고 군중면에 편입되었다. 1917년 군중면이 진천면으로 개칭되었고, 1973년 진천면이 진천읍으로 승격했다.
지명	동	하백(下白)	107, 182	충청북도 진천군 백곡면 양백리에 있는 마을. 바깥말이라고도 한다. 조선시대부터 백곡면에 속했는데 1914년 행정구역개편에 따라 다른 마을과 병합하여 양백리라고 했다.
지명	동	하장(下長)	47, 116	현재 진천군 이월면 삼용리에 있는 마을. 조선시대에는 이곡면에 속했는데 1914년 행정구역개편에 따라 다른 마을과 병합하여 삼용리라 하고 이월면에 편입되었다.
지명	동	학당(學堂)	98	현재 진천군 백곡면 명암리에 있는 마을. 서당이 있었다고 해서 학당(學堂)이라고 하다. 조선시대에는 행정면에 속했는데 1914년 행정구역개편에 따라 다른 마을과 병합하여 명암리라 명명하여 군중면에 편입했다. 군중면은 1917년에 진천면으로 개칭되었고, 1930년에 백곡면에 편입되었다.
지명	동	한천(閑川)	35, 180, 196, 221	현재 진천군 덕산면 한천리. 한내라고도 한다. 조선시대에는 소답면에 속했는데 1914년 행정구역개편에 따라 다른 마을과 병합하고 덕산면에 편입되었다.
지명	동	행정(杏井)	38	현재 진천군 진천읍 행정리에 있는 마을. 조선시대에는 행정면에 속했는데 1914년 행정구역개편에 따라 다른 마을과 병합하여 행정리라 하고 군중면에 편입되었다. 1917년 군중면이 진천면으로 개칭하였고, 1973년 진천면이 진천읍으로 승격했다.
지명	면	행정면(杏井面)		현재 진천군 진천읍 건송리, 장관리, 행정리 일대. 1914년 행정구역개편에 따라 행정면은 남변면, 북변면, 성암면 등과 함께 군중면으로 통합되었다. 이후 1917년에 군중면이 진천면으로 개칭되었으며, 1973년에 진천면이 읍으로 승격되었다.
지명	동	향림동(香林洞)	330	현재 진천군 이월면 송림리에 있는 마을. 조선시대에는 이곡면에 속했는데 1914년 행정구역개편에 따라 다른 마을과 병합하여 송림리라 하고 이월면에 편입되었다.
지명	동	현암(玄岩)	24	현재 청원군 북이면에 있는 마을.

지명	동	화산(花山)	217, 330	현재 진천군 이월면 신계리에 있는 마을. 화산당, 화산동이고도 한다. 조선시대에는 만승면에 속했는데 1914년 행정구역개편에 따라 다른 마을과 병합하여 신계리라 하고 이월면에 편입되었다.
지명	동	화성(花城, 花成)	8, 14, 201, 235	현재 진천군 덕산면 화상리. 산에 꽃이 많다고 하여 고재, 곶재, 고척이라고도 한다. 조선시대에는 방동면에 속했는데 1914년 행정구역개편에 따라 다른 마을과 병합하여 화상리라 하고 덕산면에 편입되었다.
지명	동	화전(花田)	251, 266, 306	현재 진천군 덕산면 기전리에 있는 마을. 큰 꽃밭이 있어서 화전이라 한다. 조선시대에는 산정면에 속했는데 1914년 행정구역개편에 따라 다른 마을과 병합하여 기전리라 하고 덕산면에 편입되었다.
지명	외지	황간(黃澗)	278	현재 충북 영동군 황간면, 매곡면, 상촌면 지역. 조선시대에는 황간현이었는데 1895년에 군이 되었으며 1906년 경북 금산군 황금소면(현재 추풍령면)을 병합했다가 1914년 영동군에 편입되었다.
지명	동	회안(會安)	205	현재 진천군 광혜원면 회죽리에 있는 마을. 조선시대에는 만승면에 속했는데 1914년 행정구역개편에 따라 다른 마을과 병합하여 회죽리라 했다. 2000년 만승면이 광혜원면으로 개칭되었다.

찾아보기

* 번호는 해당 주제의 본문 항목 번호임

_ㅅ

_ㅇ

_ㅈ

_ㅊ

최 윤 오

연세대학교 사학과를 졸업하고 동 대학원에서 문학박사학위를 받았다. 2003년부터 연세대학교 사학과 부교수로 재직하고 있다.
『조선후기 토지소유권의 발달과 지주제』(2006, 혜안) 등의 저서를 비롯하여 「조선후기 소유론과 토지론」, 「조선후기 양안의 기능과 역할」, 「대한제국기 광무양안의 토지소유구조와 농민층의 동향-충북 진천군 양안 전체분석」, 「대한제국기 진천군 양안의 자작농과 경영지주」 등 다수의 논문이 있다.

재판으로 만나본 조선의 백성

충청도 진천 『사송록』

최 윤 오 옮김

2013년 3월 1일 초판 1쇄 발행

펴낸이 | 오일주
펴낸곳 | 도서출판 혜안

등록번호 | 제22-471호
등록일자 | 1993년 7월 30일

㊖ 121-836 서울시 마포구 서교동 326-26번지 102호
전화 | 3141-3711~2 / 팩시밀리 | 3141-3710
E-Mail hyeanpub@hanmail.net

ISBN 978-89-8494-467-1 93360

값 16,000 원